日據時期臺灣儒學參考文獻 下冊

林慶彰 編

日據時期臺灣儒學參考文獻 目次

上冊

洪棄生（一八六七—一九二九）……二三

胡南溟（一八六九—一九三三）

周定山（一八九八—一九七六）……二七九

下冊

廖文奎（一九〇五—一九五二）

作者簡介

廖文奎，本名溫魁。原籍福建漳州府南靖縣永豐里。第十世祖廖丁選，在清順治年間，鄭成功病歿前，遷移來臺，居於濁水溪畔。生於清光緒三十一年（明治三十八年，一九〇五），卒於民國四十一年（一九五二），得年四十八。

文奎公學校畢業後，隨兄長入京都同志社中學。在學中深受同志社創立者美國教會的影響。畢業後，於民國十二年（大正十二年，一九二三）赴中國，進入教會學校金陵大學，專攻中國政治思想。由於對語言有特殊天分，在學中學會北京話、南京話，也學會法語、德語。

民國十七年（昭和三年，一九二八）金陵大學畢業後，赴美國芝加哥大學社會學系就讀，除專攻社會學之外，也涉及政治哲學、政治理論，課餘熟練聲樂和辯論術。民國二十三年（昭和九年，一九三四）獲社會學博士，與美籍瑞典裔人古列特在東京結婚，婚禮引起很大的騷動和好奇。

結婚後，文奎夫婦至南京，擔任中央政治學校、中央陸軍軍官學校、金陵大學等校之哲學系教授。民國二十五年（昭和十一年，一九三六）出版《人生哲學之研究》，作為軍官學校哲學教本。民國二十六年（昭和十二年，一九三七）十二月，日本佔領南京，文奎辭去教職，一家三人，至上海叔父家避難，專心於著述。次年，因中國局勢惡化，離開上海，回到臺灣。當時，父親廖承丕已生病，次年，因腎臟炎惡化，心臟衰竭而死。父親逝世前不久，文奎英譯本《韓非子》在香港出版。

民國二十八年（昭和十四年，一九三九）五月，文奎成立大承興業株式會社，並擔任社長，廖文毅任專務取締役，廖溫進任常務取締役。由於文奎曾留學美國，任職中國大學教授，日本警察對文奎之舉動相當注意，文奎為了躲避戰爭逼近所帶來的壓迫感，於同年七月再次赴上海。他認為上海是國際性大都市，比較自由。直至日本戰敗，一直沒有回臺灣，會社的經營，委託廖文毅、廖溫進。戰爭結束後，廖文奎一度回臺，後與廖文毅同赴上海，再轉往香港大學教書。民國四十一年（一九五二）六月，客死香港。

文奎的著作有《人生哲學教程》、《人生哲學之研究》和英譯本《韓非子》。《人生哲學教程》（民國二十五年十月），臺灣並無藏本，託華東師範大學出版社朱杰人社長印自上海圖書館。《人生哲學之研究》臺灣也無藏本，託復旦大學中文系王水照教授印自該校圖書館。兩書內容相差不多，《人生哲學之研究》後出，本《參考文獻》僅取後出之《人生哲學之研究》。兩位先生之鼎力相助，謹表示萬分之謝意。

人生哲學之研究

著者自序

蔣委員長曰：「不修哲學，不知爲人」。然哲學一門卻爲今日我國最高學府所最忽視，青年學子所最不願修之課程者，其故安在？

回憶五四運動餘風未息之際，以青年思想之導師自命者，乃以千古大哲之風度，喚起研究哲學之興趣，時街衢市井，頗有非談哲學無足以語人之概。比及民國十一年冬，全國教育聯合會新學制課程標準起草委員會，在南京開會，乃議決「人生哲學」爲高中必修課程。於是，海內學者，爲應一時之急需，特潛心於「人生哲學」課本之編纂，而以舒新城先生之《新中學人生哲學》（十三年九月，中華）爲其成績之嚆矢。邇來，以「人生哲學」爲標題之著述，陸續問世，若馮友蘭（十五年九月，商務）、李石岑（十五年十一月，商務）、杜亞泉（十八年八月，商務）、謝扶雅（二十年八月，世界）、彭彼得（二十年十一月，廣學會）等之《人生哲學》是也。先是，國內學術界，曾一度發生所謂「科學與人生觀之論戰」，傑作輩出，而於十二年底，由亞東圖書館編印出版，其博辯深思，凡欲建設一人生觀者，宜有所借鑑焉。研究哲學之成績，斐然若是。然而自是以還，教育當局與青年學生，其求知多治標而不治本，其就事多重實利之追求而輕義理之認識，惜乎五四遺風，遂如朝露，往日瀰漫學府之哲學風氣，頃刻之間，無復存焉。毋怪教師厭教哲學，學員則厭讀哲學，哲學課程便爾拋置于一般人之腦後矣。

二十一年夏，著者由歐歸國，重還新都，而於鼓樓北電線路燈間，遙望標立總理「人生以服務不以奪取爲目的」之遺訓，因益以增強研究人生哲學之志趣。是年秋起，著者在京中數處講授「人生哲學」，乃搜羅坊間所行《人生哲學》，終屬勞而無功，不特適用課本無所獲，即內容之足引用爲教材者，亦寥寥無幾！夫舒、彭二家之作，似覺佛耶宗教口味過重；杜、謝之書，則似科學實證有餘，而哲學理論不足，且其思想之前提，極鮮精確之點；至於馮、李二氏，素以哲學史家聞名，故其著述每偏于各家各派之解說與批評，其固有思想或有特出處，然而非倡機械說，即據唯物史觀以立論矣。值茲國家危難之秋，青年俊彥之人生觀，必須建設於國粹思想之上，其人生哲學，必須兼備玄學理論與科學實證。若唯物論與機械說，既已失時落伍於西方科學先進諸國，獨第三國際藉以麻醉科學落後民智未智之國族，則其不合于吾人需要也，明矣。故當著者開講「人生哲學」時，既乏成書，可資選用，乃不得不自編講義，以供臨時之需，本書之草，蓋肇於此，時光荏苒，忽已四載於茲矣。

是書乃著者整理數年來所試用之講義而成者，其範圍，乃根據　孫總理與　蔣委員長所重視之《大學》、《中庸》，藉期提倡國粹思想之眞諦。其內容，乃網羅中外古今之哲學理論與夫現代科學實證，藉以暗示採長補短之切要。其旨趣，既不偏於唯心，亦不偏於唯物，既不趨于機械說，亦不趨于目的論。而是於兼容並蓄之中，折取精華，組成一「唯生哲學」，歸結於一「共生主義」之人生觀。所謂「共生主義」者，蓋以我國族內憂外患交迫，其處于國際風浪間，猶片帆孤舟之航于汪洋怒濤之中；國者，猶船也；領袖者，猶船長也；文武官吏者，猶事務機關之職員也；而國民者，猶船客也。夫同船同命，同生同死。船在，人共存；船破，人共亡。故惟一圖存救亡之道，胥賴政府人民深明共存共榮之理，而行執兩用中之實，和衷共濟，戮力同心，共生主義之眞諦，其斯之謂歟？

故本書章題，在形式上，雖似據古訓詁之事，然其實質乃博證諸說以創新者也。斯固爲本書之最難處，亦即爲其特徵，讀者諸君或可諒其肫誠，抑亦著者之所可引以自慰者乎？

民國二十五年十二月

例言

一、本書以《大學》、《中庸》爲範圍，採取古今哲學理論及現代科學實證爲資料，間且點綴黨國領袖之言論思想，藉以組成系統的人生哲學並倡導一貫的革命人生觀。故全書足爲大學、專科學校、及軍事學校之教科書。

二、職是之故，凡採用本書爲課本以講授人生哲學者，除《四書》而外，當熟諳中外哲學史，現代泰西哲學思潮，科學趨勢，並黨國領袖之言論及思想。

三、《學》《庸》道理爲人生處世、爲人千古不變之金科玉律，各教員上堂講授，舉例引證，務借暗示之法，善分析，能比較，而於無意之間，擇善固執，執兩用中，以導入學員於正道眞理。

四、教養之道，不爲目前，而重未來。人以時移，因地異，時勢環境亦從之變。故爲學目的在準備解答未來新問題，應付未來新環境。學員在校，須練習治學之法，體驗《學》《庸》道理，以期將來服務黨國，平日克勤堅苦，臨難不趨極端，如斯可不負《大學》《中庸》之旨趣焉。

五、本書分十章，共二十節，以一週一節計算，足供一學期講授之用。

第一章　導　論

甲、哲學之界說

哲學者，乃學者運用科學知識，研究宇宙萬象，抽出基本原理，以組成系統見解之學問也。

上下左右曰「宇」，古往今來曰「宙」，處此汎漠時空之際，微渺之人類生於斯，長於斯，蕃衍於斯，凡目之所睹，耳之所聞，身之所觸，心之所悟，無一非其處世之環境。而所謂「環境」者，即由時空所構成之現象也。夫宇宙森羅萬象，變幻莫定，或隱或現，有使人懼怕而思逃避者，又有令人欣賞而生愛慕者，更有使人驚奇以起疑慮者。吾人居常，對於環境事物，每以驚奇而起疑慮，因疑慮而認定問題，凝思熟考，至索得解答而後已。而此解答者，乃吾人對此事物之特殊局面所尋獲之見解。於是可見「疑慮」爲學問之緣起，亦知識之緒端焉。故曰：「學貴善疑。」蓋吾人關於宇宙萬象所具之學識莫非出自好奇與善疑者也。

明乎此，則哲學與科學，爲出自人類好奇善疑之緒端，自不待論。故由好奇而善疑以求知者，哲學科學之共同的動機也。人智啓蒙、文化萌芽之初，中外民族，對於哲學與科學，未嘗辨其蓄義而分其語詞。若古代希臘人，則以一切學術上之努力爲

「愛智」之工作，而在我國，先秦諸子百家均以「好學」自命，食無求飽，居無求安，以求知識，然先秦列聖及希臘諸哲之分辨學識爲哲學與科學者，未之有也。至於希臘人所用以表示「哲學」（Philosophy）一詞，原係「愛智工作」之義。夫「愛智」者「好學」之體也，「好學」者「愛智」之用也。「好學近乎知」❶。吾人由好奇而善疑，因善疑而求知，求知有所得，乃愛所以能求知，「愛智」之謂也；又以求知有所用，乃更務求知，「好學」之謂也。先秦列聖與希臘諸哲，或好學、或愛智，既已善脫離神祇之教條並能抑制個人之情感，乃佔據純粹客觀立場以索求知識之增進，其名雖異，其實則同。

故哲學之爲學問，乃吾人對於環境事物有所驚奇，以驚奇而起疑慮，由疑慮而生問題，爲問題凝思熟考以索解答者，約言之，求知工作是也。與表情工作，若詩詞歌舞之類，大有分別。然而科學亦爲求知工作。何以「科學」一詞，古希臘文無之，而於希臘文化傳入羅馬累年積代之後，始見諸拉丁文者乎？夫哲學科學，其求知動機相同，其文化起源不分，獨此求知工作演進既久，其範圍愈推愈廣，其方法愈用愈精，其內容從而益繁富而精緻，遂不得不依問題對象分門別戶，而其求知結果乃亦分立爲

❶ 《中庸》。

特殊之學識矣。於是，題別之科學出，而科別之專家現焉。故經濟學之成爲專門的科學，僅有二百年之歷史。二百年以前，凡經濟上諸問題，不爲純哲學家所研究，即由政治思想家負責檢討。迨至十八世紀中葉，英國哲學家，史密斯亞丹（Adam Smith, 1723-90）潛心研究經國濟世之道以後，經濟學方面，專家接踵輩出，而經濟學之爲學，遂不復長處哲學家卵育之下矣。又社會學之有獨立史，蓋自法國哲學家孔德（Auguste Comte, 1798-1857）大成以還，亦不過百年。至於心理學之具實驗科學之規模，當由德儒封德（W. Wundt, 1832-1920）在來比錫（Leipzig）創辦心理實驗所之年（一八七九）起。其他特殊科學之經過哲學之卵育而得以自立者，不勝枚舉。坐是之故，由文化史之縱斷而觀之，有稱哲學爲「科學之母」者焉。

更從文化史之橫斷而觀之，則某時代之哲學，某地域之哲學，或某派某家哲學，不僅反映當時當地某派某家關於自然與文化所注目各種問題，並且表示當時當地學術之情況以及某派某家知識之程度。蓋凡學者欲求得各問題之解答者，必據其所學，用其所知，以索尋貫徹之見解，而其所學與所知，大都爲環境與時代之產品耳。換言之，各家各派哲學，又各種系統的見解，乃吾人欲解答問題，運用一切學識，凝思熟考所得之結晶者也。約言之，哲學即溫故知新之成績。溫故惟運用一切學識事實，知新則須致力至疑釋題解而後已。是以學者有稱哲學爲「科學之科學」者，亦非過言焉。

職是之故，凡研究孔子之言論思想者，每得藉以明白我國春秋時代自然與人文諸問題，並可窺察當時一般學術情況。蓋孔子躬集春秋學術之大成，並且以憂世救人爲己任。南宋大儒，朱晦菴之著述，亦善反映時代之環境與代表學術之結晶。其在今日，則 孫總理之遺教又爲一大「科學之科學」矣。哲學之於我國如是，其於西方更是。惟我國學術界所沿用之方法秦漢以後停頓不振，而西方學界人士自古以來治學必先求得法，故其科學方法愈用愈精，從而其哲學之爲「科學之科學」亦更爲顯著，若十八世紀學術思想之大成者康德（Jmmanuel Kant，1724-1804）之哲學與夫十九世紀學識之大成者斯賓塞（Herbert Spencer，1820-1903）之著作，是其明例也。今日黨國先賢之倡「採長補短」，尤以學習歐美人士治學之法爲切要者，固有由來矣。自是我國哲學之科學化當必變本加厲焉。

綜上觀之，則哲學家之運用科學知識以研究宇宙萬象，更無疑義。至其抽出基本原理以組成系統見解，茲須加以說明。蓋原理有屬基本者，有爲非基本者，又一切見解有具系統者，有不具系統者，而其具系統者，更有規模大小之別故也。

人生在世，爲適應生活之條件，乃不得不盡力與環境謀調節。而環境也者，或屬皮膚外之事物，或爲皮膚內之血氣，無時無刻，不予吾人以各種刺激，而喚起各種反應。反應之最直接且最自然者，厥爲物理的反應，若黑夜更深，單人獨走河畔，偶而左臂被擊，立揮右手以抗暴力，此類之反應是也。繼此物理的反應，即有生理的反應，蓋物理的衝動每引起體內器官發生調適作用，結果有喜怒愛懼驚奇等類之情感油然生焉。故每於無端被擊之後，必有忿怒或恐怖之情緒出沒於心際，或使左右手繼續抵抗，或促神經系之中樞開始推想作用。吾人據此推想以求知，其作用，不僅欲認清刺激之實質，並欲圖謀應付之辦法。此所謂「倫理的反應」者，凡問題之解答與事物之見解，莫不據之爲科學的途徑，而一切科學的知識，無不經過此階段者也。

由上觀之，則知識之內容無非問題之解答與現象之見解。故知識因其對象之性質與數量之差異，遂而有系統絕無者，有具系統而僅限於某一局部者，又有系統貫徹而與一切問題相關聯者。如知識之以單獨一問題爲對象而具其解答者，俗謂「常識」是也。然以問題與問題之間每不備聯絡，甚至常識與常識每彼此互相矛盾，故粗夫俗子對於事物之見解，無稽之談殊多，其意志亦朝秦暮楚。故常識者，每係淺浮之理論，毫無系統之見解也。

反是，學識也者，固非常識可比。蓋其所具理論必深，其所擁見解必有貫徹的系統。然而學識更有科學與哲學之分者，蓋其對象有全體與部分之別而其系統之規模有高低大小之異。凡知識對象之能包括一群互相聯絡之問題者，例如政治上各種問題，社會上各種問題，教育上各種問題，或生物上各種問題，乃可成立爲一特殊的科學，政治學、社會學、教育學、生物學等，是也。無如科學之研究愈演愈細，其內容益發益詳，每於一問題之內，發現無數附帶問題，而期學者索求解答，於是原來一科學乃更細分爲若干附屬的科學，若教育學之有教育行政、教育心理、教育管理等類之附帶科學，是也。故科學上之求知釋疑，概趨於分析。反是，哲學上之求知釋疑，多偏于綜合。故哲學乃爲聯貫一切問題之解答而綜合各種科學之基本原理以組成一最大規模之系統的見解之學問也。是以常識之互相貫徹者，可合成爲科學的知識；而科學的知識之互相聯貫者，亦可合成爲一大哲學系統。夫大賢碩學之善創論立說以教人者，俱係博學宏聞多才多藝之士，原因豈非哲學係「科學之科學」而其內容爲最大規模之系統的見解者乎？

何謂「哲學」？答曰：「哲學，乃學者運用科學知識，研究宇宙萬象，抽出基本原理，以組成系統見解之學問也。」

乙、人生哲學之性能

人生哲學，乃以一哲學系統爲基礎，以確立健全之人生觀之學問。夫哲學之界說，既申述於上節，至於「何謂人生觀？」，「人生觀與一般哲學有何干涉？」，是又研究人生哲學而欲以確立一健全之人生觀者，所必問必答之要題。

何謂「人生觀」？「人」者，人類也；「生」者，生命也；「觀」者，見解也。故「人生觀」也者，即對於人類生命之見解。此即「人生觀」一詞最簡潔之定義。談「人生觀與一般哲學有何干涉？」者不乏其人，其能立答之者，幾希？凡以人類生命爲對象，凝思熟慮，以求其見解者，對此問題，必善解答，否則治學不得頭緒，其終必徒勞無功矣。

夫人生觀既爲人類生命之見解，當係一種知識之結晶。茲試溯其起源，有出自街頭之常識者，有來自課堂之學識者。課堂學識之爲人生觀之根據者，莫若哲學。蓋哲學以宇宙森羅萬象爲對象，對於一切對象所有之見解，必求其互相貫徹無疵，遂使其對于人生之見解必善與其餘各種見解組合成爲一貫之系統焉。

哲學之分野，不外乎手續哲學、純粹哲學，以及應用哲學三種。手續哲學以方法論自命，包括心理學、認識論、論理學等。純粹哲學即爲形而上學，內更分爲本體論與宇宙論二部。至於應用哲學者，乃以價値論爲前題，據以闡明貴賤之準則，故若倫理學、審美學、宗教哲學、政治哲學、教育哲學等均應用的實踐的哲學。人生者，宇宙萬象之一，是以談宇宙論者必提及人生問題，否則不得其最大要領，尤其在應用哲學方面，更無法可施矣。蓋猶 孫總理所言，「生爲宇宙之中心，民生爲人類歷史之中心」，不知人生之爲何，焉知價値之爲何？中外古今大哲碩學之不談人生問題而能推演其實踐哲學者，未之有也。其不涉及人生與實踐問題，而只拘泥於方法論與本體論者，晚近歐美少壯學者，頗有其人。反是，我國今日之知識分子，凡倡論立說者流，大都浮游於實踐哲學之領域，對于價值問題未嘗作何研究，若本體論、宇宙論、人生觀等，每武斷爲無稽之談，置諸腦後。結果，所論所說，既無純粹哲學之基礎，又缺實踐哲學之規範，知識無根蒂，思想無中心，貴賤無準則，是非無論據，遂致生活腐化人格墮落者，不知凡幾！雖然，此原非我國文化現象之正體，而係過渡時期之變態。統觀我國文化啓蒙以來，先聖前哲，無有不以人生問題爲其釋疑求知之主題，據以聯貫純粹與應用哲學，並打通理論與實踐間之關鍵者。是以我國學術直以人類現世生活之理法爲中心，先儒對於此方面諸問題之解答，索求詳盡，而往往有獨到之處，世界思想史上，吾國人所以能佔領位置者，蓋恃此焉。

雖然，課堂內之學識，非人生觀惟一之淵源；杜門謝客而埋頭讀書之士大夫者流，固非人生哲學之專賣者。街頭巷里之民衆，處世自有其道，對於宇宙人生，素具其見解，居常據爲思想之前題及行動之準則；其知識雖單純，其習俗雖粗野，然其所「言」與其所「行」之相符，較諸士大夫輩，每有過而無不及者。但若是見解原非本人用心致力之結晶，而係世傳因襲之產品，不然則爲個人經驗之所得，固著腦際，牢而不可破者。故此類見解每陷於不合理之弊，或不貫徹之患，蓋街頭巷里之鄉黨，其知識多係斷片而無體系之常識。反是，課堂學識必須合理透徹，其所持之見解必具組織而有系統者。

是故，一般民衆所持之見解，每不若專家論說之具哲學的理論與科學的證明，遂致其生活乃聽天由命，委心任運，其思想則隨波逐浪，行動則一意盲從，毫無出於主動之疑慮與精密之計謀，是以承平之世或尚可安分守己，紛亂之秋則不知措手足矣。

當政治鼎革，新舊過渡之秋，一般民衆輒失所宗，因思想失其前題，行動一無準則，遂易陷於暴動騷擾。當是時也，必須有仁人志士先知先覺者，以思想救國爲己任，創論立說，提倡新主義以領導民衆。是則街頭巷里之百姓，身爲不知不覺者，自願向仁人志士輩求有條理之新教訓，而課堂之人生觀大可一躍而上街頭成爲黑暗世界之燈光矣。然而課堂內之學識一躍而出街頭，是否如斯之易？夫思想救國之成敗，課堂街頭間之交通，大有關係。其交通便利者，成功奏效；其交通被阻者，失敗無遺。統觀我國之前賢先哲，其生於先秦者，皆以濟世救民自命，其治學求知，自有用途，其講學傳道，概無定所，若孔孟之周遊列國，楊墨之遍傳教義者，固無課堂街頭之分也。秦漢以降，直至今日，治學之輩，既不自審其所以爲學，更以士大夫名流自居，大都以不染世俗爲清高，以不聞時事爲耿介，結果，其處心積慮之成績，竟成架上之古董，而不得爲暗室之明燈矣。方國族當此危機一髮之秋，圖存救亡之所恃者，原非此類貴族化之士大夫者流，而係革命化的民衆化的知識分子，若　孫總理之善以書房內所得之學識領導億兆民衆，若　蔣院長之能以課堂內所談之理論（禮、義、廉、恥）改進全國民衆生活者，乃青年知識分子應引爲自勉者也。

夫人生哲學位置在全哲學體系之中樞，舉足輕重，前後反映，由上所述，或可明矣。是以各人之人生觀也者，亦爲其人一切思想之前題，如其人生觀改變，則其知識之重心移而思想之前題異。於是，行爲之準則變，新行爲積久成爲新習慣，新習慣可造成新人格，並影響及其體格。如心（人格）身（體格）俱得改進，則其人之個性必得改進。如全國民衆各個人改進其品性，則民族性從而改進，於是國族興盛立可待焉。故人生觀之性能與政治之趨勢，每互相因果。若竹林七賢所倡導之清談脫俗之見解，既係三國幾十年內爭之果，又爲五胡亂華之因。當清淡風氣盛行，晉代衰亡於焉萌芽。至於漢唐宋明列代，每於建國當時，必宗儒學，藉其積極健全之人生觀，以消滅前代頹風惡習，是可謂政治之興兆也。若元人誤採喇嘛教爲國教，而建築樓閣於泥砂之上，其政治腐化之速，民族衰亡之甚，固意中事也。是以一國前途，每可以其現行人生觀之性能預料其得失焉！

故先知先覺者，既倡思想救國，當無忽視思想之作爲者。於此，　總理曾說：「主義就是一種思想，一種信仰，和一種力量。大凡人類，對於一件事情，研究當中的道理，最先發生思想，思想貫通以後，便起信仰，有了信仰，就生出力量。」人生觀亦爲一種思想，一種信仰，一種力量。一個人能由厭世的人生觀轉入淑世的人生觀，則其日常必產生新力量以適應個人活命之新條件。若一群人改變其人生觀，則所產生之新力量當可以應付團體活命之新要求。是故，大凡一政治革命或社會運動，若無任何中心哲理爲前題，無任何固定主義爲準則，其結果，必猶行動之無腦筋之指揮，成爲非理之暴動，只管破壞，不能建設，其去適生之道遠矣。反是，如果群衆在偉大領袖指導之下，有中心之思想，有健全之主義，有堅固之信仰，是則必發生積極奮鬥百折不撓之力量，以圖存救亡。

由上以觀，哲學不是紙上之空論，校內之高談，如其能由紙上傳入腦裡，由校內遷至街上，殊有可以移人品性，改變江山者。尤以其所倡之人生觀，吾人苟能用諸適當，便爲「人生之指南」。故　蔣院長曰：「哲學爲人人必修之學課。不修哲學，不知爲人。」

哲學之性能若是，思想救國一詞當不謬矣。雖然，查我國教育現狀，最高學府之基本課程，惟黨義一門爲思想方面之必修者，至於哲學課程，有以論理學一門爲各科之必修者，有以此爲文理科之必修者，又有以此爲各科選修者，更有無一門哲學課程者。轉觀社會科學各系，思想理論方面之課程，若政治思想、社會思想、法律思想等，似乎可有可不有。何以？質之當局，則有以經費困難爲辭者，有以專重實際自負者，更有以國內風氣之使然爲理由者。質之教員，則曰：「學生怕難而不肯選。」質之學生，則大都以爲教授不得其人。總之，當局也，教員也，學生也，應分負其責。假使當局確認思想建設爲救國大計之一，而增設必修課程，又教授得人，則學生當踴躍就學。其在我國之今日，「科學救國」、「經濟救國」、「產業救國」等，各種口頭禪如雷貫耳。至於倡「思想救國」者，寥寥無幾。夫思想者，根也；品性者，果也。一人如無健全思想，則其習何科目不但無用，且將有害。習法律者，如無健全思想以明爲人之道，則爲法官可受賄，爲律師可爲非。習政治者，如無健全思想以明爲人之道，則上台爲污吏，下野爲劣紳。其他亦然。故曰：「思想建設爲救國之根本大計」，亦非過言，而人生觀之性能，可想而知焉。

試觀百年前德意志民族之善圖存救亡者，原爲康德、腓息特、黑格爾等之思想建設成功，而百年來德意志民族之能崛起勃興者，無非因健全思想之奏效。百年前之德人，猶一盤散沙，故拿破崙大軍侵德，勢如破竹。於是，普魯斯兵士乃集中伊也納，勉作最後抵抗，結果，全軍覆沒，一敗塗地，士氣沮喪，不克再戰。故拿破崙軍隊，如入無人之境，直搗柏林。時腓息特在柏林大學課堂講學，門人偶聞鎗炮聲音一哄將散。氏乃止之曰：「諸君請坐，試想爲何德意志民族今日被法蘭西人欺壓到此地步？

其因吾族天賦不及人耶？非也。其爲戰士臨陣退卻耶？非也。然則何故？民心不和，士氣不齊也。俗謂『英人佔海，法人佔陸，德人佔空』，實則德人病在空論之不能救國。今後吾輩之哲學不應長爲專家之高談，而應成爲民族之燈光，以指示圖存復興之道，使民衆能矢忠愛國，使政治家有統一之思想，使軍士有整齊之行動。今日拿破崙以暴力征服德人，吾輩當立志而期以哲學征服法國。」諸生聞此壯烈偉論，乃重新就席聽講。爾後，氏平日即與同事及門人在校內努力研究思想問題，暇時即領諸同志或至街頭，或往鄉下，或進兵營，講演救國思想。氏學識超凡，辯舌出衆，加之人物品行在在令人景仰，故其思想運動開始未幾，即風靡一時。一日，氏適在柏林大學門首之空地對衆講演，有七歲小孩毛奇（H.K.B.von Moltke, 1800–91）趨入人叢中聽講。先，拿破崙大軍攻入伊也納城時，附近鄉鎮無不受其蹂躪。故纍代富貴兩全之毛家，財寶被奪，地產被毀，遂使乃父不得不攜眷避難於丹抹親戚處。翌年父親乃送小孩毛奇入陸軍小學。肄業未幾，即回柏林觀光。初，毛奇在大學門前一望一群人叢，以爲有把戲可看，不期走近乃知腓息特教授方在演講，毛奇傾耳即聽說：「何以德意志民族今日被法蘭西人欺壓至此？假使民族全體均有愛國之忠誠，政府有統一之思想，士卒有整齊之訓練，則拿破崙豈敢弱肉強食乎？普魯斯豈須忍辱求和耶？故今後圖存救亡之道，根本在乎陳腐思想之剷除，健全思想之建設……。」毛奇爲之動容而立志，一生前程必以光復祖國爲使命。比及一八七〇年，俾士麥主張對法用兵，執普魯斯軍隊之指揮者，厥爲七十歲之老將毛奇！腓息特之創論立說，誠可謂「治病得藥」，而成功奏效矣。

方今吾國之懦弱，因人民思想上之病態殊多，蓋多數人只知奪取，不肯服務；只知紛爭，不願合作，猶一盤散沙，今後國人，其知所儆惕乎？

丙、人生觀之建設法

大凡知識之所貴者，盡其性能以貢獻人類生活之改進是也。然以生活之境遇以時移，因地異，各種哲理必逢其時，必得其所，始得成功奏效。是以志士仁人之創論立說而以思想救國自命者，必須認識時代之潮流及團體之需要，於是，乃先診斷思想病症之所在，次即索求病症之來源，然後講究其救策。故，凡主義之能圖存救亡者，必具三大條件：㈠診斷無誤，㈡病源索對，㈢藥方成效。人生觀亦然。❷

方今我國國勢之懦弱與民族之衰微，千態萬樣，均集中在思想問題。何以國內士氣不齊，民心不和，猶一盤散沙？蓋思想多以奪取不以服務爲前題。故合作不顧，分

❷ 參照拙著《孫中山之政治醫學——總理遺教綜論》。

爭是事。此又何以？曰：「對於人生一義，惟注目個人及家族之生計，而不關心民族與國家之生存。」故　總理之講民生主義也，乃力言人民之生活、社會之生存、國民之生計，及群衆之生命，居常訓諭同志曰：「人生以服務爲目的，不以奪取爲目的。」是又可謂「治病得藥」矣。

蔣院長曾謂：「中國人的毛病，是懷疑、妬忌、懶惰、虛僞、空泛、不肯做，祇是說。」❸如是變象，無非人生觀之病癥。其對於人生抱悲觀者，凡事則懷疑於未然之前而妬忌於已然之後。以其抱消極的見解，平時則懶惰，有事則虛僞。復因其誤信「知易行難」之說，爲人空泛，多言寡行。結果，國人居常不講禮義，不重廉恥，長此以往，欲國之不亡，不可得也。坐是之故，　蔣院長力言，「生活的目的，在增進人類全體之生活；生命的意義，是創造宇宙繼續之生命」，而倡堅苦卓絕寡言力行之革命哲學，並倡導以禮義廉恥四維爲準則之新生活運動，其處心積慮，可謂遠且大矣。

且自新文化運動以來，文妖學狐逍遙學府，異端邪說有雨後春筍之概，遂使國人言論無從所宗，行爲失其軌道，思想救國之需要，於此益形迫切。誠如陳立夫先生所說：

---

❸《革命哲學》第四十六頁第一面。

這幾年來唯物的論調，日見其囂張，唯心的論調，又失之空寞，結果徒使舉世滔滔；既沉淪於物慾的追求，更憂傷於心靈的桎梏，在這唯心與唯物兩種偏見戕賊下之中國人，尤其是一般思想未熟的青年學生，我們不可不有一種新的正確的理論，把他們從斷潢絕港中喚回，指示他們一條光明快樂的大道。這就是說，要使他們於唯心或唯物的兩個偏見之外，另外得到一個充實美滿生趣盎然的哲學的新認識。我並且相信，這是解救當前嚴重的國難一個最根本的途徑，因爲只要是我們對於宇宙一切自然現象與法則有了明確的認識，進而推知民族生存所必需具備的若干條件，求根本自救的辦法，確定了各人的人生觀，向前共同努力，國難一定可以在最近的將來完全解除。❹

轉觀輿論界，輓近則有《中央日報》以「思想界一種病態心理」爲題發表社評曰：

思想與現狀，常苦不能銜接，古今如此，中外如此。雖然思想與現狀，必求其調和銜接，又必求思想之能轉移環境，而勿使環境支配思想，思想界必須能發生此種力量，然後思想之價值可以增高，效用可以強大。從過去歷史研究，

❹《唯生論》第六頁。

某一時代的現狀，大半由於一種思想造成，及其現狀既成，現狀所生之毒流天下，雖有大力者，欲謀挽救匡持，亦非易事。往代先哲，每當時代變換之際，輒舉風會人心之說，以挽既倒之狂瀾。狂瀾之能否挽救，轉瞬不可見，一時期亦不易見。然苟一群之中，多數人有此感覺，尤在先知先覺之思想界有此感覺，則時代自隨風會人心而轉移。

中國今日之現狀，在思想界大可危懼，在思想界心理狀態上尤可危懼。此種狀態，在歷史上亦常見之，然其事實上之結果則何如？曰大混亂，大分割而已。思想上先失其中心，思想上先自造成其混亂。思想上之混亂；濟之以現狀之混亂。則所謂陸沉之橫禍，自易於造成。由最淺顯之史例言，兩晉之時，毒亂天下者，虛無玄妙之思想也，揮麈清談之色相也。天下之士孰能談玄，孰得高名，全國承其風以成東晉之局，當此之時，宇內士夫，觸目皆王夷甫也。朝士縉紳，滿眼皆王謝也。孰不知老莊，孰不能談玄，孰不齒於士大夫，孰有訾清靜無爲，孰或立異不苟，孰即昧於時務。終晉之世以及南朝，百餘年間，風俗不易，大亂不止。及夫宋明，南方士大夫晚年學佛，北方士大夫晚年學僊，一生仕宦，老去標榜者乃爲仙佛。積習相沿，久而莫變。蓋在當時，不如是不足爲通達，不足爲超脫，以今語繹之，必如是而後思想不落伍，又必如是而後可譁眾取寵。殆哉岌岌乎，今日之思想界也。自著作家，言論家，以至教授名家，其思想之中心何在乎？果眞有其中心乎？國粹主義早成糞土，自由主義亦成陳垢。廣坐私室，竊竊默議者，果爲何物？赤匪漢奸，何莫不有其理論？所謂王道，與所謂唯物史觀，其流毒何莫不同？然而今日士夫，群知指斥漢奸，又群知目笑「王道」，若言赤匪，茍有倡言誅鋤，必且動色咋舌，以爲未可，蓋不如是不足以表現其思想之前進，不如是不足以表示其特異，凡此人倫，貌視天下富貴利祿，皆可故爲敝屣，而惟落伍及守舊之名，乃望望然去之惟恐不速。以爲蒙此不潔，且爲終身之戳辱。本黨以五十年之流血而成今日之革命，革命之三民主義，乃在革命完成之後，聲光若反減歇，此本黨同志之責，亦全國思想界之責，今日事勢，内憂外患之癥結，最表著者爲赤匪與漢奸，勦滅赤匪，誅鋤漢奸，軍事行動以外，尤在思想，思想界之流行病態心理既去，剷匪除奸，乃克大奏膚功。❺

❺〈中央日報〉民國二十五年十二月十一日。

由是可見，憂國愛民之士，其注重思想建設之一斑，而人生觀之改造爲救亡圖存之初步，自無疑義焉。

綜觀我國人衆之積弱，莫不由於思想上之疾病，而思想病症之來源又在求知不得其法，爲學不明其道。因求知不得其法，故其結論每趨于異端；因爲學不明其道，故宗旨每陷于邪說。然則何以矯正求知之法與爲學之道？何以撲滅異端邪說？曰：「以復興正統之思想並闡發精確之方法，是也。」

溯自我國文化啓蒙以來，數千年於茲，正統思想之體用，已昭著於〈中庸〉與《大學》，儒家之處世據爲原理，爲人據爲步驟者，此也。總理曰：「中國的哲學道德，是由堯、舜傳禹、湯，禹、湯傳文、武，文、武傳周公，周公傳孔子，孔子以後，即有一個長期的中斷。如今我自己的生命，可說就是從傳統的中國哲學思想來的。」總理一生以天下爲己任，致力國民革命凡四十年，逕以心理建設爲建國方略之首要，其重視正統思想之復興以及精確方法之闡發，自不待論。既而總理遺訓以「革命尚未成功，同志仍須努力」，凡努力思想救國者，其爲改變人生，必先確立革命的人生觀，理應然也❻。

❻ 參照蔣委員長講《科學的學庸》第二〇七頁以降。

坐是之故，總理逝世以還，蔣院長乃以雙肩負起完成革命之職責，而於思想問題，每謂：「《大學》之道爲吾同志革命與建國最基本最重要之道理。」又曰：「〈中庸〉一書爲吾人修己立身成德立業之要道。」

民國二十五年一月六日，院長在中央黨部紀念週報告，曾謂：

《大學》之道，就是我們做人革命和建國最基本重要之道理，並且將《大學》之道的三個綱領，所謂「在明明德」、「在新民」、「在止於至善」，向大家解釋明白……

《大學》原理「古之欲明明德於天下者，先治其國，欲治其國者，先齊其家，欲齊其家者，先修其身，欲修其身者，先正其心，欲正其心者，先誠其意，欲誠其意，先致其知，致知在格物。」接著再說：「格物而后知至，知至而后意誠，意誠而后心正，心正而后身修，身修而后家齊，家齊而后國治，國治而后天下平。」

這兩段話就是由終而始，而由始而終的反覆指明我們由做人以至平天下八個緊要的節目與合理的階段。總理對於這一段由本而末，由內而外，由小而大，由近而遠之精微開展的政治哲學，極端賛佩。他說：「《大學》《中庸》

所說的格物、致知、誠意、正心、修身、齊家、治國、平天下那一段話，把一個人從內發揚到外，由一個人的內部做起，推到平天下止。像這樣精微開展的理論……就是我們政治哲學的知識獨有的寶貝。」

我們革命最後最大的目的，就是要做到「世界大同」，就是要「平天下」，也就是要「明明德於天下」。所謂「明明德於天下」者，就是要使天下一切的人，都能發揮其固有光明純正靈明美善之德性。換言之，就是要使世界人類都臻於文明康樂之境。世界人類如何才可以臻於文明康樂之境呢？這就是要實現我們 總理的三民主義。所以「明明德於天下」這一句話之現實的政治的眞義，就是要全世界人類個個人信仰並奉行三民主義，使三民主義的光輝，普遍照耀於全世界，使全人類都能革除過去一切不光明正大，不合乎公理正義之心理和事物，而造成和平康樂光華燦爛的新世界新文明。

但是這個理想很高，這個目的很遠，我們要達到這個平天下的目的，一定要「先治其國」，就是要將我們自己的國家治理好，先要使我們全國國民一切思想行動，生活習慣，能夠徹底革新，實實在在篤信並力行三民主義，建設一文明強盛之三民主義的新國家出來，必須先做到了這步，然後才能使世界人類都信仰並力行三民主義，日新其固有之道德，共同來建立一個和平康樂的大同世界。如果我們自己的國民仍舊污穢，偷惰萎靡不振，做了一個落伍的野蠻的人，我們的社會國家始終是紛亂，黑暗，脆弱，貧困，不像一個現代的社會和現代的國家，那末，不論三民主義如何博大高明，不論我們的理想如何高尚美滿，人家無論如何不會佩服，不會相信；無論如何三民主義不會普遍實行於全世界。所以說：「古之欲明明德於天下者，先治其國。」

但是國家很大的，國民是很多的，國事是很難的，我們要治好一個國家，當然也不是隨便可以做到，必須先由一部分一部分做起。所以說：「欲治其國者，先齊其家。」所謂「家」，照字義呆板的解釋，就是「家庭」。不過我們應推廣家庭的意思，泛指全國的家家户户，或國家以内一切團體，機關和社會，例如我們的革命黨，就是一個家庭，我們一個學校也可以說是一個家庭。所謂「齊家」，就是從我們各人所屬的家庭、學校、機關、團體、和所在的社會做起，利用政治和教育上一切方法，使全國家家户户之事事物物，都能整整齊齊，有條有理，社會上個個人都能有理守法，秩序井然，尤其是在經濟方面，要照孔子所謂「均無貧，和無寡，安無傾」的理想，藉調查、統計、調整、合作等一切有效的手段，來求得合理的分配，使人民的生活和社會的生存，得到平衡普遍的發展，大家衣食住行等一切物質生活，絕無過分的懸殊與很大的不平，然後社會才能根本上求其安定和平，整齊劃一。

我們要使一個家庭，一個團體，一個黨或一個社會能夠事事整齊劃一，有條有理，又要從什麼地方做起呢？《大學》上說：「欲齊其家者，先修其身。」一切要由我們本身的修身做起。講修身的重要，兄弟實在非常慚愧、懺悔。我想如果自己個人早能遵守 總理的教訓，照著我們固有的最寶貴的政治哲學來努力修身的話，我們國家社會應當不致如現在這樣危險、紛亂，一般青年也一定不致如現在這樣痛苦。現在國家社會一切之所以不能治好，就是因爲我們一般革命黨員過去沒有注意修身，不能事事以身作則，不能使民衆相信我們革命黨員說什麼就能做到什麼。像過去那樣只知道貼標語、喊口號、發宣言，而不能身體力行，實事求是，那裡有不失敗的道理。古人說：「爲政不在多言，顧力行如何耳。」又說：「其身正，不令而行，其身不正，雖令不從。」可見我們今後要領導民衆，要改造社會，治好國家，只有實實在在從修身做起。修身的第一工夫，就是要革新自己的生活習慣，實行「整齊、清潔、簡樸、勤勞、迅速、確實」的新生活。

不過「身者，心之器。」我們一切習慣的革新，還只是發露於外部的修養，其眞實的根本工夫，還在乎包藏於內體之心意。必須心正意誠，然後眞能言行端美而毫無虛僞。所以說：「欲修其身者，先正其心，欲正其心者，先誠其意。」所以我們無論何時何地，必須克制邪念，平息意氣，凝聚心神，端正意向，並且所講的話，所作的事，隨時要自己省察，一切要「仰不愧於天，俯不怍於人」，「裁之吾心而安，揆之天理而順」。我們要每一思想，每一言行，必須根於善念，發於誠心，愼所獨處，造次勿離。要知道天下萬事萬物，都由此誠心所生，都靠此誠心維繫，如果一念不誠，則萬物皆假，一切皆歸於虛無。所謂「誠者物之終始，不成無物」，我們一定要體認得這個至理，並且以戒愼恐懼之心，時刻身體力行，然後才是正心誠意的道理，才可以完成修身的工夫。

所謂「誠意」的工夫，最要緊的是「擇善固執」。所以我們在誠意之先，必須對於事事物物之是非善惡，能加以明確的辨別。例如我們必先確切認識並相信三民主義是救國救世惟一盡善盡美的革命主義，然後可以赴湯蹈火，犧牲自己的一切，來實現主義。反之，如果不能分明白三民主義是盡善盡美的革命主義，便不能篤信力行，到處要怕危險，怕犧牲了。所以說：「欲誠其意者，先致其知。」 總理對我們一般革命軍人，也就是我們一般革命黨員的教訓，首先就是講：「軍人之智」，第一要「別是非」，第二要「明利害」，第三要「識時務」，第四要「知彼己」。此外 總理還說過：「革命的基礎，在高深的學問。」這些寶貴的遺教，就是要我們努力致知。必須致知，然後能誠心誠意來奉行主義，完成革命。

至於「致知」的方法，就是要「格物」。「格物」的意思，就是講我們隨時隨地要注意體察分析研究一切事事物物，以求明白其中的道理。程子解釋這個道理最爲明白。他說：「所謂致知在格物者，言欲致吾之知，在即物而窮其理也。蓋人心之靈，莫不有知，而天下之物，莫不有理，惟於理有未窮，故其知有不盡也。是以《大學》始教，必使學者即凡天下之物，莫不因其已知之理，而益窮之，以求至乎其極，至於用力之久，而一旦豁然貫通焉，則萬物之表裡精粗無不到，而吾心之全體大用，無不明矣。此謂物格，此謂知之至也。」我們讀了他這幾句話，便可知所謂「致知在格物」者，就是要「即物窮理」。比方我今天到中央黨部來，沿途便到處可以看見很多應當改進的事物，我們要做一個革命家，就是要做一個政治家，要治理好眾人和國家的事，最要緊的根本修養，就是要隨時隨地留心考察研究一切事物，尤其是一切社會現象，否則你根本就不會懂社會國家的事，更如何可以談得上治理好社會國家完成革命呢？所以「格物」又是我們一切修養與事業之始……

蔣院長於結論更倡《大學》之道爲做人革命之理，乃謂：

《大學》之道的內容，就是「明德」、「新民」、「止於至善」之三個綱領，和以上「格致誠正修齊治平」八個節目。我們要做人，必知做人的道理。做人的道理就是在此。我們要革命，要治國平天下，必知革命和治國平天下的道理。革命、治國、平天下的道理，也就在此。這個精微開展完整一貫的道理，不僅是我們中國政治哲學中獨有的寶貝，而且是我們做人和辦事業之基本的科學方法論。所以我說《大學》之道完全是科學的，完全是科學的《大學》。我們照《大學》之道做去，什麼事業都可以成功；不照《大學》之道去做，不僅一切徒勞無功，而且一定要做到失敗爲止。過去我們一般同志革命，未嘗不努力，而且非常肯犧牲。但何以到現在革命五十年，還沒有成功，甚至國家還弄到如此危急存亡呢？這個道理，我們一定要切實反省，徹底覺悟，否則國家亡了，我們都不知道什麼道理。如果我們能反省覺悟，及時努力，從此以後，大家同心一德，照著革命道理去做，我們還來得及，國家一定可救，革命一定可以完成。兄弟從前在十八歲的時候，《大學》、《中庸》不知道唸過多少遍，但是並不知道其中道理的重要。甚至因爲革命思想發達，以爲這些陳腐的東西，完全無用。後來直到了二十八歲的時候，聽到　總理告訴我《大學》、《中庸》的重要，自己還不甚注意。直到三十八歲的時候，自己一切經驗閱歷增加了，再拿這部書來研究，才覺得是重要，差不多一切做人和做事業的道理統統都在此。以後再每年至少看一遍，愈看愈覺得其中有無限的道理，無窮的奧蘊。直到現在四十八歲，一方面由於不斷的研究，一方面又不斷的反省過去革命不成功的道理，與懺悔過去沒有早照著《大學》之道來完成革命。自己深覺有得於心，可以自信。所以今天在新年第一次　總理紀念週中敢將這一番意願，供獻給各位同志……❼

如斯所言，《大學》乃爲中外古今最精微博大完美之人生處世哲學。或有以爲《學》、《庸》出於先秦聖賢之著述，恐不適於當今哲學的理論與科學的實證，殊不知眞確道理超時越世尙能成功奏效，否則其不爲眞理矣。今日西方所謂「現代哲學思潮」者，大都祖述希臘、羅馬、及希伯來人之遺教，惟今人依據個人之哲學眼光，如以科學上之證據，而作推演者也。凡依科學的要旨以求知與辦事者，其程序必由近而

---

❼ 見〈黨軍日報〉民國二十五年一月八日、九日。

遠，自卑而高，爲大於微，圖難於易；其精神，必實事求是，精益求精，繼續不斷，貫徹始終。❽由是以觀，則《學》、《庸》道理誠爲我國固有科學方法之結晶，在爲學求知如是，在爲人處世更是。

夫吾人天性，喜眞理而惡異端，樂正道而厭邪說。而《大學》、《中庸》也者，乃不偏不易逐步改進之道理。故吾人既已欲順應天性，捨《學》、《庸》之外，道理何尋？而欲研究人生哲學以建設健全之人生觀者，捨《學》、《庸》之外，道理安出？中者，不走極端，庸者，有用可容，而大學者，由微而大以學爲人處世是也。茲著者之研究人生哲學，以《大學》、《中庸》爲範圍，而務求現代哲學的理論與科學的實證爲根據者，以此也。因此，本書內容尤據《中庸》爲原理，緣《大學》爲步驟，凡屬本體論者均倡「不走極端有用可容」之理，至於方法論方面，全以三綱八目爲題旨，逐章推論明明德，新民，以及止於至善之道，藉以探討人生爲人處世之奧旨，而於結論一章綜合各種解答以組成一系統的革命人生觀，由是讀者對於本書之要領可得一貫之認識，此著者之引以爲幸者也。

❽ 參照《科學的學庸》第一〇九頁以降。

第二章　中庸格物

甲、所格何物？

夫格物致知之義，夙既亡矣。故朱子乃取程子之意，以爲「所謂致知格物者，言欲致吾之知，在即物而窮其理也。蓋人心之靈，莫不有知，而天下之物，莫不有理，惟於理有未窮，故其知有不盡也。」

然則何爲「物」？以所格之「物」爲物質之「物」者，此膚見也。曰「天下之物，莫不有理」，玆所謂「天下之物」者，宇宙森羅萬象也。換言之，凡緣空間與時間而形成之現象，均屬「天下之物」。故所謂「天下之物」，乃包括一切物質的與精神的現象，而凡欲致力於「格物」者，須就此一切物質的與精神的現象，窮究其理，以至求得一系統透徹之見解而後已。

夫「格物」云者，即係窮究統制一切精神方面及物質方面各種現象之原理。蓋「物」也者，森羅萬象之謂耳。溯自我國文化啓蒙，伏羲氏仰觀象於天，俯觀法於地以來，所謂「萬物」也者，莫不包括吾人眼所睹、耳所聞、身所觸，與心所悟之環境諸現象。然而即諸象而窮其理也，歷代聖賢，大都善取中庸之道，既不偏于佔據空間之物質，又不趨于佔據時間之精神，而由心物儀態之間，每能抽出萬象之通則，若「易理」是也。職是之故，統觀我國思想史上，每一大哲學系統必能致中和，既不走極端，又善容兩儀。中古思想因受印度宗教之唯心思想之影響，雖曾一度偏依極端，然入宋朝，奇材輩出，重建本位文化、復興正統思想。如今歐美科學之唯物論調又風靡全球，波及吾國，於是國粹思想，重逢凶刧，文妖學狐或倡唯物哲學以割據學府，共產匪類遂似毒蛇猛獸橫行國內矣！夫宋明人士之能重建本位文化，復興正統思想者，蓋以學者求知明其道治學得其法故也。民國人士若不能重整祖傳文化，光復國粹思想，圖存不成，救亡不能，則將有何面目見前聖先賢乎？

夫泰西哲學，自希伯來思潮與希臘傳統混合以後，乃形成中古所謂「經院哲學」，一切思想皆以教會之權威爲中心，各家哲學則以《聖經》之教義爲前題，如是者綿綿不斷，繼續千年有餘。迨至十五世紀，北方日爾曼民族之文化天才萌芽，自由之求知與夫客觀之治學成爲學界之風氣，中古之神本主義漸爲現代之人本主義所侵蝕矣。進入十六世紀，德國神學教授路得瑪丁（Martin Luther，1483-1545）斷行宗教改革，波蘭天文學家哥柏尼克（Copernicus，1473-1543）倡地球繞日之說以推翻太陽繞地之論，而及十六世紀末葉，英國碩學培根（Francis Bacon，1561-1626），大揮辯舌，中古經院道士求知方法與治學精神，被駁無完膚，從而現代科學上所用之歸納法遂由氏之力而出演於學術界之舞臺焉。

邇來西方思想界皆以歸納法爲主演繹法爲輔——先歸納以至一透徹之結論，而後據此論斷爲推理之大前題以演繹。故十七世紀初葉，法國碩儒笛卡兒的（Rene' Descartes, 1596-1650）多年凝思熟考之後，始悟「吾思，故吾在」之理，由是推演其心物二元之哲學思想。同世紀末葉，英國洛克（John Locke, 1632-1704）由吾人居常感覺方面之經驗出發，亦歸納以至二元論。於是現代西方正統思想，居然在歐洲大陸與英愛島嶼確樹基礎焉。

十八世紀之初，愛爾蘭教士勃克萊（George Berkeley, 1685-1753），乃由笛卡兒的與洛克之二元哲學排除物質元素，而以心靈爲一切現象之動因，外界所見物體之存在，亦不過由於內心之精神之知覺作用耳。勃克萊之唯心論經蘇格蘭人休謨（David Hume, 1711-76）手傳至普魯斯康德（Immanuel Kant, 1724-1804），始得大成。康德認時間空間爲附屬吾人感覺之兩大門徑，而統制萬象之原則也者，乃吾人悟性所具各種作用之所制定，固無客觀之存在。因此，氏以爲外界之現象俱係內心之反映，而外界之具有客觀之存在者，惟不可知之本體耳。所謂「本體」，既無由知其爲精神或物質，康德由是逃回唯心論陣內，然其玄學之屬二元論也，自難否認之矣。是故其嫡系門人若腓息特（Fichte, 1762-1814），色林（Schelling, 1775-1854），黑格爾（Hegel，1770-1831）等，既據唯心論營盤而欲深溝高壘，以與唯物論對峙，乃不得不修改康德思想，以爲心即本體，固無所謂不可知之本體存乎外界。於是現代西方右傾思想——唯心論——至黑格爾之世，達其絕頂。

至左傾思想——唯物論——由霍布斯（Thomas Hobbes，1588-1679）之著書立說時起，與唯心論調殆有平行對峙之勢，而其每被貶爲異端邪說者，一因霍氏之後二百年間幾無後起之秀，且因基督教之心尊物卑之思想，影響尚未可侮故也。然以物理的科學自十八世紀起，又生物的科學自十九世紀起，其進步日有千里，比及唯心論達其絕頂也，唯物論亦一躍而登臺上足與火拚焉。當黑格爾威震全歐不可一世時，少壯唯物論者斐兒白（Ludwig Feuerbach，1804-72）者，乃自告奮勇，到處揚言「人即其所食之物而已」，其絕對的唯物論，先有馬克思（Karl Marx，1818-83）及恩格爾士（Engels，1820-95）之輩，後有列寧及特洛資基之流，採爲本體論以對抗唯心論並排斥宗教思想。

左傾思想家格物結果，其本體論若是。至其宇宙論，則有法國拉馬克（Lamarck，1744-1829）、英國達爾文（Charles Darwin，1809-82）、斯賓塞等，倡進化論以代創造說。若法國聖西門（Saint-Simon，1760-1825）、孔德及彭卡列（Henri Poincaré，1854-1912）等，則絕對固著科學之方法與科學之結論，而反對一切非科學的方法及超科學之臆測，所謂「實證主義」是也。

由上以觀，現代西方唯心、唯物二大思潮之爭即在形而上學與方法論，原因唯心論派居心欲輸誠於宗教，而唯物論派始終欲盡忠於科學。結果，其即物窮理也，兩派俱走極端，其右傾者唯心是事，其左傾者唯物是尙，實則二者俱失中庸，勢成冰炭之不可相溶矣。其在實踐哲學方面，有崇唯物哲學之共產黨與奉唯心哲學之法西斯蒂，互相水火，爭伐不休，若今日西班牙國土，即既成爲「心」「物」角逐勝負之前線，且開演法西斯蒂與布爾札維逐鹿火拚之序幕。夫唯心與唯物俱失中庸之軌，各偏一端之極，吾人以此爲西方文化史上之佳兆，不若爲其亡徵矣。

當此宗教科學暗鬥與夫唯心唯物明爭之秋，唯實論與唯行論異軍突起，各樹一幟，或調解宗教與科學，或排斥心物二派，然只搖旗吶喊，在事實上尙未能左右大局，此十九世紀交入二十世紀時期泰西哲學潮流之勢面是也。夫唯實與唯行二派，其對唯心唯物二派作戰，而尙未能取以代之者，蓋各派鬬將以其立場一致遠不如敵愾相同故也。是以派下之衆，獨在攻擊敵派時寧可合作，至於內部之團結與系統之建築，固非其所擅長也。若唯行派之詹姆士（William James，1842–1910）、施拉（F.C.S. Schiller，1864–　）、杜威（John Dewey，1859–　）等輩，其善合作者即在抨擊唯心派之方法論及倫理學與反對唯物派之本體論。又若唯實派之羅素（B. Russell，

1872- ）、莫爾（G.E. Moore, 1873- ）、亞力山大（S. Alexander, 1859- ）等，則以反對唯心派之知識論與本體論、唯物派之本體論、又唯行派之倫理學，爲合作之互相交換之條件。結果，唯實與唯行二新派，皆有建設力不足，破壞力有餘之患，迄今其所造就者，大都未能超出手續哲學範圍之外，若其純粹哲學與應用哲學，則尙在幼稚時期，是誠爲其難處，亦係其弱點。

上述各派哲學，思想由極端走至極端，偏依動搖，無所不至，皆失中庸之道，今吾國人士之欲採長補短，藉泰西哲學理論及科學實證以重整正統思想者，宜細察明辨，孰是孰非，否則將陷異端邪說矣！若李石岑先生之提倡新唯物論，胡適先生之宣傳杜威之唯行論，張崧年先生之祖述新唯實論驍將羅素，賀麟先生之崇拜唯心派導師黑格爾，其餘各家各派之徒屬，其即物窮理殊有可欽佩者❾，然其宏論巨說是否可不入歧途，而善處中庸之道，以應國族圖存救亡之急，尙屬疑問。志士仁人之以思想救國爲己任者，其即物窮理也，不僅須辨明所格爲何物，並當審察何以格物焉。

❾ 參照郭湛波先生著《近五十年中國思想史》與蔡尙思先生著〈卅年來的中國思想界〉《天籟季刊》第廿五卷第二期。

乙、何以格物？

吾人研究人生哲學，既以《大學》、《中庸》爲範圍，而欲據現代哲學的理論及科學的實證以闡明《學》、《庸》之道理。故凡即物窮理也，當明察輓近科學影響之足以波及哲學思想者。哲學既爲科學之科學，是以十九世紀哲學乃映照機械論、原子論、演化論諸原理，或精力不滅與物質不滅諸原則，或實驗敘述等諸科學方法。而二十世紀開幕以來，科學上之革命亦將改變新時代哲學之面目，自不待論。就中，其最能左右哲人之思慮者有二：一爲對于宇宙穹蒼之大小及內容複雜之新見解；一爲笛卡兒的及洛克式之二元論之廢弛。

最新天地學，在時空二面，大張吾人科學知識之限度。宇宙之大，今日則以「光年」測量。光年乃光線一年所經過之距離，據此爲單位計算，則光線每秒速度十八萬英里，由太陽走至地球僅須八分間。夏夜天際由北至南所見之銀河，乃與吾人所住之地球同屬於行星系。此行星系周圍有無數星群，故全系直徑至少有二十萬光年之距離，其境域之外，則有螺線形星雲構成別部分之世界。且所謂「空間彎曲說」者，皆倡宇宙有界限，而光線經十億年之久必繞之一周，回轉至其出發點。若是見解蓋已改變人類想像之界限矣。

至於微小方面，似有同樣情形。從來認爲物體終極之原子，今則成爲一電子系矣。故化學之原素既非不可變者，蓋電氣之單位成爲各原素之最終極故也。據量子說，則一切精力之振作無非由長生不滅之脈動所構成者。且夫電子與量子俱得測量之者，例如電子之直徑爲其軌道之十萬分之一，一公尺之二百億分之一是也。

如是云，則二十世紀吾人所知之宇宙萬有，大者大於前世紀所知者矣，小者亦小於其所知者矣。既而其規模有若是變異，同時其大小限度亦比前確定，蓋測量之可能性有加無減。是爲人智初到之境域，亦人心之所樂聞而願問者。且夫最近物理學家一律承認宇宙萬有，屬大屬小，到處均爲電磁的動作所遍透無遺，處此情景之下，不特二元論哲學，唯物與唯心二派，誠恐復無安身之餘地矣。

二十世紀之所以格物者既異，其所格之物必殊。夫笛卡兒的式之二元論每力維持心物二元之均衡，而唯物與唯心二派哲學則互相排擠不共戴天。而今日科學趨勢似一面否認宇宙萬有之二元性，一面乃欲制止心物二派之分爭，蓋二元如更有共同之本元，二者俱非「元」矣，且心物既失其所以爲爭，更無可爭矣。

物理學方面，除「電磁動作遍透空間說」之外，尚有「相對論」者，對于時空之關係，創造一新概念，以爲各種物體非以其空間性爲基要的，時間性爲暫時的，物體猶事件，其時空性不可分離以想像之，故於物質之縱橫厚三分量之外，當加以「時」

之第四分量。復次，物體之時空性與機械性，從來學者以為可歸於物質與絕對的時空之間之位置關係者，今則認為與觀察者之位置及動作有相對的關係，故觀察者之位置或動作不同，則物體之時空性及機械性亦必從而更異矣。由此內心外界之主客關係，乃產生「透視」（Perspective）問題，故凡一物體之時空性或機械性，以其為唯物論所倡之有絕對的客觀存在，或唯心論所言之絕對的依存主觀，不若係主客間相對關係之所形成者也。如斯新式見解，亦足以打破內心外界之隔膜，並溝通主客間之實質，於是不特二元論，唯心論與唯物論亦各無立足之地矣。

轉觀生物學界方面，有所謂「新活命論者」，雖占少數人員，然其格物結果，頗能使生命現象之不可以物理化學之條件為動因者，況其所指明生命現象中之組織的因素，固物理化學之定律束手無法以解釋者也。此新見解，似已於二方面發生影響。第一：關于此「組織」，學者有藉此以聯鎖有形體的與無形體的世界者，或認此為宇宙萬有之共同容態者，於是笛卡兒的式之二元乃不得不冰消矣。第二：學者之倡「突現演化論」者，以為有機的現象與無機的現象之差異，不過大自然諸階級上之差異之一種，例如下級有物理現象與化學現象之差，上級乃有生物現象與心理現象之別是也。如是云，據第一方面之見解，則自然萬象同性；據第二方面之見解，則成為一分級魚貫之體系。然而依任何著想，笛卡兒的式之二元論，黑格爾式之唯心論，與夫斐兒白式之唯物論，勢必瓦解無遺焉。

是故，處於目前科學眼光之下，凡依自然主義即物窮理者，既不倣十九世紀自然主義者之反精神爲物質作辯護，更不倡機械論以與目的論對峙矣。是以失時落伍之唯物論者，其在英美德法等諸科學先進之國不能得志，獨在科學落後民衆愚蠢之俄羅斯，大顯神通，然則異日新科學思想普遍，民智啓蒙，唯物論之將被淘汰，蓋無疑矣。

由上以觀，新科學之自然主義，既與二元論勢成水火，乃不得不擁護一元論，既不偏于唯物論或唯心論，又不依唯實論與唯行論，蓋前二者失時落伍，後二者破壞有餘建設不足。然則新時代之一元論者，何屬？唯生論是也。唯生論潮，其在西方，早已萌芽於遠古，潛伏以至今日，乘此二十世紀新科學之灌沃，或將長生茂盛，風靡全球。其在我國，自文明開幕以來，即成爲本位文化之基礎與正統思想之中心，間雖經過中古印度宗教傳來之唯心思想，又十九世紀泰西科學之唯物哲學之侵蝕，然今日國中人士之倡思想救國者，頗能辨正邪，識是非，一意努力唯生哲學之建設，更藉新科學之實證，採長補短，以重建本位文化復興正統思想，若是創舉之成敗，其將與國族興衰成爲正比例也，固不待論。學者有鑑乎此，凡其即物窮理，務須辨正邪，識是非，是吾人之所以格物者也。

夫哲學爲科學之科學，新哲學當爲新科學之科學。而今日泰西人士所談之活命論者，猶十九世紀達爾文之設演化論，尙在生物學卵育之下。達爾文之後，有斯賓塞崛起，大開宏模，生物演化論一躍變成一最大系統之萬有演化哲學。今日泰西學者之努力擴張活命論為一最規模之萬有唯生之哲學系統者，罕有其人而未聞其功。職是之故，凡國人之即物窮理以致知者，不須拾人牙慧，當自告奮勇，學人之未學，問人之未問，專心矢志以組成一最新規模之唯生哲學，苟能如此，不特我國思想界之大幸，且全人類文化上之一大貢獻也。

第三章 中庸致知

甲、所致何知？

程子曰：「所謂致知在格物者，言欲致吾之知，在即物而窮其理也。蓋人心之靈，莫不有知，而天下之物，莫不有理，惟於理有未窮，故其知有不盡也。是以大學始教，必使學者，即凡天下之物，莫不因其已知之理，而益窮之，以求至乎其極。至於用力之久，而一旦豁然貫通焉，則衆物之表裡精粗無不到，而吾心之全體大用無不明矣。此謂物格，此謂知之至也。」

然則何為知？凡格物結果，對於統制現象之原理所具之熟識，謂之「知」。故

「知」者，明白事物之情形也。

凡事物之爲人所知者，莫不有其名詞。有其名者，須具其實，蓋名者知之表示也，實者知之對象也。故名與實相參而與相符者，眞；不與相符者，假。知者，其作一名時，對其所名之實，必有所蓄意，而此蓄意之藉最簡明之語言以表現者，定義是也。故定義者，乃知之最簡潔之表示，不知其實則不能定其義以正其名也。

夫定義之功，在使問者處於緊張時空之下，由所獲之回答，對於某名詞之所包含，得有要領的感悟。假使問者不滿定義之所與，更欲闡發該名詞之蓄意，是則答者於定義之外當加以明細之解說矣。解說與定義相差，只在分量，不在性質，蓋定義僅包括其對象直接所屬之類及其與同類有異之別。例如「兩棲類者，屬脊椎動物，以其可棲水陸之能與別類脊椎動物有所區別」是也。廣義言之，定義爲解答之最簡單者。故解說短則只限於一句，長則幾千百萬言，尚未可窮盡，誠如程子所謂「天下之物，莫不因其已知之理，而益窮之，以求至乎其極」。既而知無窮境，凡答者之作解說也，當按時空之多寡，以酌量其內容之長短，並當依問者——或聽衆或讀者——學識之程度及種類，以決定其文字及語法。此外，其最重要最難決定者，即解說之動向是也。

吾人對於某事物，既而不滿於簡潔之定義，更欲檢討其蓄意，乃有對其起源發生好奇心者，又有努力追求其來歷者，復有處心辨明其性能者，更有積慮研究其功用者，各有其興趣而定其趨向。夫事物無時不易，無處不易。人類亦然。雖然，統觀吾人之解說名詞之蓄意，其所著目之動向，大別之亦不過上舉四項，起源、來歷、性能、功用，是也。換言之，「何出？」，「何來？」，「何能？」，「何用？」四題，包括一切解說之動向。故解說有係單面者，有屬全體者。按之哲學體系，惟全體的解說，始得以稱爲系統的解說。單面之解說，終必走于極端而失中，更排擠異己而不相容。故惟作全體的解說，始合中庸之道。因是，吾人欲闡明所致之知，當按上述四題，作全體的解說。

知識何出？曰：「知識出自吾人適生之動作。」夫人生在世，既欲維持生命，更欲改進生活，不問有意無意，其盡力與環境調節以適應生命之條件也，自不待論。環境，無論屬皮膚之外，或在皮膚之內，對於吾人，無時無刻，不予以各種刺激，而喚起各種反應。反應之最直接而最自然者，厥爲物理的反應，其次即爲生理的反應，最後而最複雜者爲倫理的反應，神經系中樞之開始推想作用，以認清刺激之實質，並計謀應付新境遇之辦法，是也。吾人求知之門徑，除此推理作用而外，尙有直覺與感覺，然前者右傾而走唯心之端，後者左傾而趨唯物之極，推理不特適乎兩極之中，且殊能容納兩者之效。故倫理的反應，誠爲吾人求知最緊要門關，既而爲使吾人適應生命條件而產生者，求知之最高目的亦無非適生。約言之，生即知之動機。故曰：「凡知由生。」

知識之起源若此。然生命之條件，以時移，因地異。故知識之演進，莫不以求適生爲轉移。是以一知識，或因時消長，或因地棄取。且種類不同及程度相隔之知識，又每因適生之要，或分或合。大凡知識可分爲常識與學識，而學識可更分爲科學的知識與哲學的知識。吾人知識之以單獨一問題爲對象者，按之主觀則意見，按之客觀則常識是也。知識對象如能包括一群之問題，例如政治各問題，社會各問題，或教育各問題，則其純爲客觀者爲科學，其屬主觀者爲學說。而所謂「哲學」者，乃綜合一切科學學識及各種學說之一貫的系統的學問是也。因此，談人生觀者，有據常識而發表片面之意見者，又有據某一科學的知識而宣揚單獨之學說者，更有據哲學的立場倡立一系統貫徹的見解者。斷片常識與特殊科學俱有失中偏依之虞，獨哲學立場能執兩用中。然而一切知識皆求適生而發展者，故曰「知識求生而來」，亦非過言。

轉觀知識何能一題，是爲吾人之所必問必聞者。夫現有知識之所以存在者，原因其性能之可以適應生命之條件者，凡知識之不能以適生者，則係死知識而非生知識，終必被淘汰無遺。是以因適生性能之大小有無，知識之間，常有新陳代謝之作用，以達到適生之目的。故現有之知識既能適應生命之條件，對於舊來知識之落伍者，或矯正之，或取而代之；對於由新環境所產生之生命之新條件，則圖謀設法以應付之至產現生之別，當有個人生命之條件與團體生命之條件之別，現生新知識而後已。至於生命之條件，當有個人生命之條件與團體生命之條件之別，現有知識既可以適生，對於個人，則增進自恃之力量，對於團體，則推進群化之作用。故知識之所能，厥爲適生。約言之，知識惟生爲能。

關於知識何用？學者素來有談其「眞」而不問其「用」者，又有以其「用」斷其「眞」者。然而談眞不談用，則過於玄幻，以用爲眞不免浮淺。故眞用二項不可棄一，更不可同一視之。夫知識之「眞」、「假」在乎名形之相符與否，言行之相當與否，又事功之相責與否。然而名形之相符，言行之相當，及夫事功之相責，以時移，又因地變。故所謂「眞」，所謂「假」，常易。知識之理論的價值皆變異無定若此，於是人生在世乃不得不更求其實際的價値，其用是也。夫知識之「用」，不在其分量之多寡，或既往性能之益損，而在其對於吾人適生之過程有否貢獻。然以生命之條件常易，知識之善助適生者，非恆在演進之中不可。然則何以知識可常演進？誠一大問題焉。

昔人云：「此心如水，不流即腐。」大凡學術文物落後之民族，其知識必陳腐不堪，對於適生一途有弊無利，蓋其知識作用停頓，既不能演進，更不可應付無時不易之生命之條件。反是，學術文物之善與時移以適生者，其人對於知識必具動的概念而棄靜的見解。然而動的與靜的概念有何區別？孔子曰：「學而不思則罔，思而不學則殆。」此爲知識之一動的見解也。明儒王陽明所倡之良知說——知即行，知行合一，致良知——又一動的概念也。民國大哲　孫總理曰：「知難行易」。其知識之概念無非動的。

民國十年十二月九日　總理在桂林學界歡迎會演講「行易知難」一題，關於知識之功用有宏論數段如下：

諸君都知道世界上文明的發達，是在近來二百多年。最快的時期，是近來五六十年。以後人類的知識越發達，文明的進步當然是越快。中國兩千多年以前，都有很好的文化，而且文化的進步也是很快的。近二千多年以來，沒有甚麼文化。現在的文化不如唐虞，不如秦漢。近人的知識，不如古人。所以中國人崇拜古人的心思，比那一國人都要利害些。

爲甚麼近來二千多年沒有進步呢？推究這個原因，詳細的說，可分作兩項。第一項是政治上的關係。從前政府做事，是很寬大的。譬如「公天下」的時候，堯把天下讓到舜，舜把天下讓到禹。政府把天下的政權都可以讓到別人。其餘對於人民的事情，該是何等寬宏大量呢？就是「家天下」的時候，湯武革命，「順乎天應乎人」，「弔民伐罪」，也都是求人民的幸福。所以人民便能夠自由去發展思想，便有思想去求文化的進步。到了後來，政府一天專制一天，不是「焚書坑儒」，便是「興文字獄」，想種種方法去束縛人民的思想。人民那裡能夠自由去求文化的進步呢？第二項是古今人求進步的方法不同。二三千年以前，求進步的方法，專靠實行。古人知道宇宙以內的事情，應該去做，便實行去做。所謂見義勇爲。到了成功，更再去做，所以更進步。譬如后稷知道人民饑餓，非有適用的農業方法，產生五穀不可，便親自去教民稼穡。禹見到人民受洪水的痛苦，非用相當的治水方法，洩去高地之水不可，便親自去疏通九河。其餘像燧人氏發明火，試問他不去鑽木，怎麼能取出火來呢？神農氏發明醫藥，試問他不去嘗百草，怎麼能知道藥的性質呢？到了後來，不是「好讀書不求甚解」，便是「述而不作」，「坐而論道」，把古人言行的文字，死讀死記，另外來解釋一次，或把古人的解釋，再來解釋一次。你一解釋過去，我一解釋過來，好像炒陳飯一樣。怎麼能夠有進步呢？⑩

照以上那兩個理由來看，古人進步最大的理由，是在能實行。能實行便能知。到了能知，便能進步。從前中國人因爲能實行，所以進化的文學哲理道德

⑩ 著者有鑑乎此，故本書雖以《大學》、《中庸》爲範圍，其內容專以組成人生哲學爲事，至於《學》、《庸》文字之解釋，原非其本旨也。

等學，不但是現在中國人不知道，就是外國人也有不知道的。⓫

先哲遺教既如斯矣。今者，青年學子，對於知識，每抱靜的見解，以為學問一朝成就可萬世不朽，非也。夫知識或學而得之，或問——不問人，則問己——而獲之。故知識之善演進者，其學必敏捷，其問必絡繹。但今日青年之治學者，大都以文憑之數目決定學問之階級，以書籍之多寡，酌量知識之程度，遂致學校畢業之日即為知識停頓之始，三年五載之後，不僅新學識無增進，且舊學識多減退，長此以往，欲學術文物之不落後，國家民族之不衰亡，不可得也。

夫生產的知識，惟生產的學問是賴。總理說：「革命的基礎，在高深的學問。」而學問之有無，不在文憑；知識之功用，不在藏書。凡人之有學問者，其學必有方法，其問必成習慣。學有方法者，凡新現象出現，或新問題發生之際，必不致徬徨失措，束手待斃，而能運籌設計，解答新問題，對付新環境，以適應生命之新條件。問成習慣者，在其知識及興趣範圍之內，對於各要領，居常必聞必問，或溫故、或知新，營

⓫ 胡漢民編《總理全集二》「行易知難」第二二六頁至第二二八頁——民國十年十二月九日在桂林學界歡迎會演說詞。

營孜孜，盡力以求知識之與時共進。例如留學海外專攻外交者，其學問之有無與知識之功用，不由其學位以定之，而在其回國之後對於外交問題、國際關係、國際法等門，是否繼續研究，而於外患臨頭之秋，能否運籌對策以應付國族生命之新要求。習政治者，亦然。習哲學者，尤然。坐是之故，著者竊以為，欲學術之不落後，國族之不衰亡，應革新青年求知治學之旨趣，使其對于知識之概念變成生產的，對于學問之見解變成往前展動的。因此，其學，務有方法；其問，須成習慣。左宗棠〈與陶少雲書〉亦云：「學業才識，不日進，則日退。」殆即此意。

綜上以觀，則知識盡生以用，蓋凡知識之不可以盡益人生者，無有以用也。人生一世猶逆之常易，吾人求知，學無方法，問缺習慣，則欲才之有進無退，識之長用不廢，不可得也。

乙、何以致知？

致知之道，大分為三：有感覺而知者，有直覺而知者，又有推想而知者。所謂「感覺而知」者，乃吾人居常由眼睹、臭嗅、耳聽等等，所得之知也。夫吾人一生時間有限，能力有限，事事物物，均須由此類感官之知覺以致知者，誠不可能。且感覺所致之知，有變幻無常大不可恃者，例如鐵道雙軌始終平行，單以感覺致知，則不然。

其在藝術上，大都因此成功奏效，尤在繪畫、音樂、戲劇、電影等類，在科學上，則大都因此使人生疑積慮，學者治學致知，其陷于懷疑態度者，亦大都先被感覺欺弄而生厭惡之情故也。其次，所謂「直覺而知」者，吾人伏意識作用之波及於現意識，偶然予以特殊觀念以悟所欲致知之對象是也。譬如某甲幼時由偵探小說與戲劇屢聞見青臉獠牙之輩聚衆爲非，及其長大成人爲司法檢察官也，凡遇臉色青白或犬齒突出者，即直覺認爲嫌疑犯。是以伏意識內之成見愈多者，直覺愈敏，其在宗教上，大都因此釀造薰陶與感化之力，在科學上，則大都因此使人固執偏見，武斷是非，學者治學致知，其陷于獨斷傲慢態度者，亦大都先因幾次直覺致知無誤之故也。

如斯感覺與直覺，各走一端，失中偏傾，遂入歧途邪道者，不遑枚舉。推想則不然，既處二端之間，不失其中，對於二大極端之感覺與知覺，凡有用者必容納之。蓋推想作用之所據以推測之理，有由直覺而知之者，例如幾何公理；又有由感覺而知之者，例如色彩聲音。故推想爲致知之最主要關鍵，吾人治學辦事之基本科學方法與程序，若㈠組織與範圍，㈡立案與預備，㈢分工與合作，㈣研究與實驗，㈤分析與統計，㈥改進與發明等，莫不藉推想之力；而吾人欲發揮科學精神，運用科學方法，以重建本位文化，復興正統思想者，當不忘推想以致知之功效。夫先秦學者之談正名之學，近世泰西人士之習論理之術，居心原非爲無聊藉以自適，實則多以爲格致之功可達治平之實。蓋以思想救國自命者，每悟必須先明思想之法與知識之道故也。

上章格物，既明極端與中庸之別，而歸結於唯生哲學。夫泰西活命論只限于生物學界，而茲吾人奮勇即物窮理者，殊期組成一萬有唯生哲學，是不僅國族圖存救亡之急需，誠爲格物致知之成果所驅使者也。

茲先就西方活命論，格致之，殊怪其不能超脫生物學界。蓋西方活命論者，若狄爾泰（W. Dilthey, 1833–1912）、柏格森（Henri Bergson, 1859–　）、與杜利施（Hans Driesch, 1867–　）等，其格物始終徘徊於生物現象之間，未嘗涉及物理化學等別種現象，故其致知亦只限于生物學界，其趨勢似乎偏依動搖，別界傍證之有用者，乃不思設法容納之。且柏格森所言之「活氣」（élan vital）者，乃緣時間以作用，較諸唯心論派所談之心靈，則有名異實同之概；又杜利施之「生命現極」（entelechy）者，每有被誤解爲物質之患。夫物質據空間以存，精神緣時間以在，凡就由時空所構成之現象窮理而不即時空窮理者，其所致知必受時空之限制，結果不倡浮淺之二元論，則偏依於唯心或唯物矣。故西方活命論者所據之科學的實證只限于生物學，既已太狹，其哲學的理論因而發生極大缺陷。

茲吾人欲建一大思想系統，當由格致始，而必悟所格之物，現象也；所欲致知者，本體也。前者，果也；後者，因也。因也者，與以力材；果也者，取以力材。故因化爲果；而伏存於果。果生於因，而潛帶因在。夫現象之因果關係，殊含有時空之性能。若本體與現象之因果關係，當由論理上之蓄意著想之。蓋時空，雖係心物現象之依據，然亦格致之對象也。若新唯實派之急先鋒，亞力山大之倡空時（即「宇」與「宙」）爲本體，既已膚淺，乃更加以神靈爲萬象演進之原動力，可謂好事多磨矣。夫宇宙萬象之「元」，必係體（本體）用（功能）兼備者，否則失其爲「元」之意義⓬。前車之覆，後車之鑑。吾人所格之物，必包括時空，所致之知，必至求得體用兼備之「元」而後已。若是「元」者，必非心非物，非時非空，吾人須就各方面現象，以格物致知，始可獲科學的實證及哲學的理論。

試觀幾何學之所謂空間上之「體」者，「面」之所積以成也；「面」者，「線」之所積以成也；「線」者，「點」之所積以成也。點者，何也？是「有」？是「無」？屬「實」？屬「虛」？此今日數學家尚在爭議討論之中。試以「點」爲實，則吾舉手擊鐘，手鐘之間，漸由一線之距離縮小至一點，手爲此點所阻，擊鐘不著且不得以鳴焉。夫鐘擊而鳴者，手鐘間隔虛無之證，故距離之空間似可由有縮小至無，而點似實非實焉。反是，若以「點」爲虛，則何以車輪與軌道之接點能載運幾十百萬斤重之物

⓬ 幾何學上之所謂「元」（element）即係體用兼備者。

乎？故點又似虛非虛矣。單就平面一角論之，由積極至消極方面之空間者，縮有至無之例證也，又由消極至積極方面之空間者，乃伸無成有之例證也。故角點也者，似實非實、似虛非虛，而由點所積以成之空間，似有非有，似無非無，蓋以點爲無，則何以積無可成有；以點爲有，又何以分有而成無，故吾人乃知點爲有無之極、虛實之緣、同異之界、合分之的也。若是云，則點具生尅之性能，有之化無，無之化有，虛實相成，同異相形。換言之，萬象之變幻演進者，無非生易之功，而點者，乃生生之樞，易易之軸，吾人就現象格物以望本體致知，於是始可謂覓出其頭緒矣。

幾何學如是，物理學亦然。世界大可無窮，小可無窮，而遍透此無窮之宇宙者，有電磁作用在焉。其微小之量子，究竟物理學家亦認爲光線震動之具定期的節奏者。夫定期的節奏者，現象界變幻演進之通則也。吾人由若是通則格致，殊可推知其本體爲波動的，蓋無是因，必無是果。且夫有無之相化、虛實之相成、同異之相形等，其節奏，不因波動而何？單就物理方面最簡明之加速度與減速度之現象論之，吾人由手內向天空投球以上，其速度必逐漸減小至零，於是，球乃由零望下逐漸加其速度以墜落，茲其上昇現象即屬有之成無、實之化虛。反是，其下降現象乃係無之成有、虛之化實，而零者，點也，似有非有、似無非無，蓋亦生生之樞，易易之軸也。

老子曰：「有無相生、難易相成、長短相較、高下相傾、音聲相和、前後相隨。」

夫有無相生，虛實相成，同異相形之通則，空間方面若是，時間方面亦如是。試檢樂理，則知聲音之高低原，由於聲帶每秒間震動之數目，而普通聲音震動不出於每秒一百六十四至一千二十四之外，其在十六以下，或二萬以上者，不特吾人聲帶之所不能，吾人聽覺則無由以致知之矣。故聲音高低之現象，亦屬積無成有，分有至無之通則。且夫旋律曲調，抑揚急緩，不特具有嚴格之節奏，更足以證明時間之節，猶空間之點，似有非有、似無非無。尤其在合奏或合唱所謂「和」者，即精神上節奏相同之表示，故其性能，似一非一，似衆非衆。在四部合唱，殊覺同而異、異而同；虛而實，實而虛，若是同異相形、虛實相成，亦由於節之性能。復次，旋律曲調之急緩固緣時間之長短，而俱由節所伸縮以成者。旋律上之節，即抑揚之界、急緩之緣、始終之緒。以其為有，則聲音無法抑揚急緩；以其為無，則曲調無由可始終焉。

如上格致之後，吾人設定「波動之生程」為萬有之本體。宇宙之「元」，吾人稱之謂「生」，蓋「生」一詞足能包含「元」之體用。生生之謂「易」，生既有實體之蓄意，並具作用之含義，發生、生長、生產、生存，發長收藏四義在焉。其為體也，自生、永生、自在、長在，故曰之生。

宇宙萬有由於生程之波動。波動有並聯者，有繼起者，並聯波動間為靜態，其功用成空間，繼起波動間為動態，其功用即時間。且夫波動並列之距離不同，其繼續之速率差異，因而有各種組合與排列，其緣空間以存在者，即物質現象，其緣時間以存在者，能力；而能力之表現於人類者，有所謂精神現象者。故時空者，生程之附屬品；心物者，波動繼聯組合與排列之成果，由是萬象形成焉。其起源於生，其由來自生，其性能爲生，而其歸結亦盡於生焉。人生一世爲宇宙萬象意義之最深者。故人生亦由生而出，求生而來，惟生爲能，盡生以用者也。⓭

第四章 中庸誠意

甲、何謂誠意？

《大學》之「所謂誠其意者，毋自欺也，如惡惡臭，如好好色。此之謂自謙。故君子必愼其獨也。小人閒居爲不善，無所不至，見君子，而后厭然，揜其不善，而著其善。人之視己，如見其肺肝然，則何益矣。此謂誠於中，形於外。故君子必愼其獨也。」

⓭ 是爲共生主義人生觀內容之四大綱領，拙著《人生觀之建設》解釋詳盡，本書順略論及之。

「意」者，據「知」以「行」也。故「意」具「知」「行」二面，而合「知」「行」爲一。不知亦能行，生物學上與心理學上之所謂「本能的動作」是也。然而吾人無知以行，則有暴戾盲從之虞，知而不行則有虛僞假冒之弊。「誠意」者，乃明知果行之謂也。不明知則不果行。若夫不明知而勵行，或明知而不果行者，自欺之道也，如好惡臭，如惡好色。此之謂自矜，小人之所引爲自誇者也。而明知者，人之所難知，而已所獨知之地。故君子必愼於此，以審其幾，以果其行焉。

夫吾人天性，喜眞理而惡異端，樂正道而厭邪說。雖然，曰「眞理」，曰「正道」，吾人有生而知之者，有學而知之者，更有困而知之者，不一。若夫瞻仰異端而誤入歧途者，蓋生而不知，遂雜學徒勞故也。故其所知遠不若無知矣。且夫不明知而勵行又明知而不果行者，各走極端，遠不如不知而不敢行者矣。君子中庸，小人反中庸。故明知果行，見義勇爲，不明知不敢行，見不義敢勇退，中庸之誠意，其此之謂也。誠意之謂若是，解人生一義，渡人生一世亦不外乎此。知難行易。渡人生一世者易，解人生一義者難。然而如果吾人善解人生何出？與人生何來？二題，則人生何能？與人生何用？二題可迎刃而解，蓋以辨生之二題遠難於勵行之二題故也。

蔣院長曰：「哲學爲人人必修之學課。不修哲學，不知爲人」。蓋哲學爲最大規模而最具系統之格致，不修哲學，則無所由知爲人之道，竟至誤宗異端誤入歧途。夫爲人之道或生而知之，或學而知之，或困而知之。前一者，率性而知之者，後二者修道而知之者。前者由於性，後者由於教。由性而知者，億兆無一出。由教而知，自明而誠者，常人之軌也。故不修哲學而知爲人之道者寡，先修哲學後知爲人之道者衆。總之，修哲學，可知爲人。蓋吾人格致之後，既已辨正邪別是非，乃引眞理正道爲思想之前題並動作之準則，是爲明知果行。約言之，誠意是也。

夫宇宙萬象起源於生，由來自生，性能爲生，歸結盡生者，前二章即物窮理所致之知也。人生一世爲萬象之一，故人生何出，前章論之詳矣。人生何來？是本章所必問必答之主要題目也。

夫宇宙萬象演化史之出發點，厥爲星雲。月明之夜，仰觀天象，有星宿星雲無數焉。而太陽系各星體——水星、金星、火星、地球、小行星、木星、土星、天王星、海王星等——原出於此無數星雲中之一團。而此星雲因受吸引力之影響及「以太」之壓迫乃從氣體凝縮，復以極大速度自身旋轉，嗣後於其表面上凸起許多塊。又因離心力之作用而距今約在二十萬萬年之前分裂，但自分散以來仍繞此大星塊而旋轉。此大星塊成爲太陽，周圍小塊，易于凝縮，成爲一群行星，其中有重約六十萬萬萬萬噸者一顆，球面上復成一層硬殼，即是地球。月球是地球尚未凝固體之前，分出之一小塊，其熱度雖已消滅，然仍繞地球旋轉。

地球凝爲固體時，其周圍蒸氣結爲水而聚於硬殼之上。迨至距今約八萬萬年，最初之原生物始出現而游泳於水中。此等小物體逐漸發達，動植物分歧，而於脊椎動物之中屬於哺乳類內之靈長類，有智慧獨發達，而身體能直立行走，其後又能以手使用外物製造器具，更營團體生活，組織社會，創作文化者，厥爲人類。

溯自原生物出現求生而來，已八萬萬年於茲矣。而原始人類之出現於地球之上，距今約二百萬年，原人進化成爲眞人僅在十萬年前。二百萬年以前，人猿同祖而其適生機能毫無差別，殆至距今二百萬年之時，其繼續構巢樹上以求生者，演化爲猴類。其開始徘徊地上以求生者，演化爲人類。蓋環境不同，則求生之道必異，而營生之法必殊，久後人猿之適生機能發乃生差異，而其身心演化之方面又有不同者。

初，人類之徘徊地上也，仍以四肢步走，而以平地適生之新需要，乃屢用後肢走動，結果後肢蹞趾與次趾漸成同長而並列，於是後肢乃能支持身體而直立以步行。既而後肢爲求適生而演化爲足，前肢乃獲充分之自由，以供給生命之新需要，其爲最主要者，外物之使用是也。故前肢乃演化爲手。夫司掌左手之神經中樞在大腦右部，司掌右手之神經中樞在大腦左部。雙手爲求適生愈使用外物，則其神經中樞愈靈敏而可以推動鄰近之理智中樞。且處於新環境，生命每有新條件，又手足分工，則適生機能得以增加其種類，而當新條件發生時，應以何種新機能應付之？若是問題接踵生焉。

於是人類爲求適生，乃不得不推動腦筋，開始思惟，以解答各項問題，而腦筋愈動作愈發達。今者，人類不特頭、胴、四肢之分別較其他動物爲明瞭，其腦部與猴類之腦部較，則猶九十角度與六十角度之比，相差三十度可謂之人類求生致力用心所獲之獎品也。（見下圖）

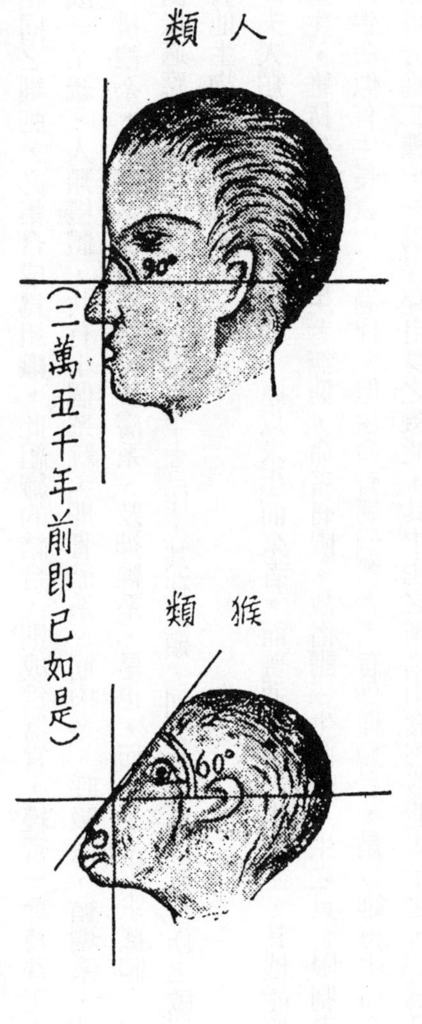

（二萬五千年前即已如是）

查人類適生之機能發展，其機體之構造及作用從而有特別之演化者。凡構造及作用相同之細胞，必集合成爲組織。此組織的結合，則成爲器官，經營一種特殊工作，而成一系統。人類機體，共有十個系統，即骨骼系、筋肉系、呼吸系、循環系、消化系、排洩系、淋巴系、生殖系、皮膚系、及神經系，是也。而此十系爲求機體全部之均衡以適應生命之條件，乃不得不分工合作，其在人類，則分工之精細及合作之敏捷，非其他生物所能及也。

夫人類生命，猶一切生物，原以求生而來者。而普通動物之求適生，其機能概限於持生，維持生命是也。生者無窮，命者有限。故俗謂「生命」乃生之具有限制者。吾人生命似有生長衰亡之過程。但生命有屬個體者，有係種類者，是以維持生命之機能亦可分爲二種，一爲保存自身之機能，其求生之衝動由食慾最能表示之，一爲延續種類之機能，其求生之衝動殊由色慾表現於外者。如斯個體生命與種類生命之區別，自古有之。而自十九世紀下半期，德國生物學家魏斯滿（August Weismann, 1832-1914）分辨身體形質（Somatoplasm）與胚種形質（Germplasm）以來，人類保身與延種之機能之分別，在科學上，始有截然之根據，而吾人所倡「個體雖死，種族不亡」之哲理，由是可獲得科學上之一大實證焉。

吾人保身之機能，全靠身體形質之細胞，而延種之機能，則非有胚種細胞不能成功。身體形質之細胞，常受外界之影響，間或染疾病，若傷風、肺癆、腫疽等，而胚種細胞毫不爲動，子孫亦不受其遺傳。反是，胚種形質之細胞，乃潛在機體內，經生殖歷程，代代相傳者，其所染得之疾病，若酒精、藥毒、花柳、神經等症，均可直接或隔代遺傳到子孫身上。故個人身體可由後天的訓練改進，種族之強壯，則非更進一步由遺傳之統制與胚種之選擇著手不可。

故個體生命不過種族生命之寓所。蓋胚種形質之寄留身體形質，恰如旅客之暫停車站也。故個人之生命是工具，種族之生命是目的。個人之生命不過暫刻的，種族之生命可以永在的。由是以觀，則世界人類各族自其有史以來之生命，莫有長於中華民族者，今日之四萬萬中華人民，可謂之中華民族生命之四萬萬寓所，並爲四萬萬之表示。吾輩生於今日，不能維持此生命，則上無顏以見祖宗，不善改進，則下將見羞遺禍於子孫。若一代不如一代，長此以往，其不亡國滅種將何？反是，能維持，善改進，子強於父，徒勝過師，則種族之不強盛者，無焉。

保身及延種爲持生之二大機能，並爲適生之道也。其求生衝動，一爲食慾，一爲色慾，藉以持生焉。然而單以持生爲求適生之道，則人生與畜生無可以區別矣。大凡畜生亦以求生而來，或保身，或延種，其努力以達到持生之目的，則與人生無異。然則人畜之異何在？

人爲萬物之靈，其與萬物之所以異者，即人類不如萬物之僅持生，其求生也，每能謀適生之道之改進，是也。故萬物僅求生以持生，人類即不只求生以持生，且能謀生以淑生。故淑生爲人類適生之所以異於萬物之機能者也，淑慾爲食色兩慾之外，人類之所獨有之求生之衝動，其目的在謀適生之道之改進，約言之謂「淑生」者也。

夫淑慾之所以爲人類獨有之求生之衝動者，原因人類之神經中樞格外發達，且皮膚系統從而特別靈敏。吾人一生便有舒服喜樂之要求，喜樂即笑以表現之，是下等動物所缺者。又兒童之淑慾，每由遊戲玩耍之行爲發洩，當是時，如果父母師長領導得法，則此遊戲玩耍之作爲必成爲日後藝術上之創作及科學上之發明之前兆。下等動物，亦有喜作遊戲玩耍者，然以其神經中樞發達程度較低，既而不得以解答複雜問題，又無手以自由使用外物爲己助，若人類所有之淑慾，未之見也。

下等動物，既無可以解答複雜問題之神經中樞，又無可以自由轉動之前肢，其求生之於世上，大都不得不屈服於環境。人類則不然。環境之得與調和者，則愛護之。環境之不可以與妥協者，則克服之，蓋智慧發達，前肢自由，初則僅使用外物爲己助以克服環境，後則進而製造器具以統制環境。至於屈服於環境，此舉固自人類出現以來，其所最不情願者，是豈不因神經中樞之太發達，皮膚系統之過靈敏故耶？俗謂「文化」者，乃係人類求生，與環境調和之方式及克服環境之工具，是人生之擅有，畜生之缺乏者也。約言之，文化乃係人類謀生以淑生之正道而已。

乙、何以誠意？

人生求生而來者，其求生性能之以具淑慾而異於畜生，蓋上節論之細矣。苟吾人明知人生求生，除生物本能的持生而外，更有靈長獨有之淑生，則吾人於爲人處世必務求淑生，人生誠意，其此之謂也。

誠意者，明知果行也。吾人格致苟有所歸著之足爲一切思想之前題者，則爲人處世之準則當據焉。否則將陷于明知不果行，見義不勇爲之患矣。故明知其理，果行其道，此誠意之所以也。且夫所知之理有眞假之別，所行之道因有正邪之分，意之誠與否亦必據諸以斷定，而一切事物及夫吾人之行動舉止，亦須以此尋覓其最高準據，以評論其貴賤善惡焉。

持續生命爲人生求生之最大目的，此種目的不問有意無意，無論自動被動，均可達到。大凡事物之有益於生命之持續者，自有價值之可言。嬰兒出生，一呼吸空氣，呱呱啼哭，慈母衣之以衣，哺之以乳，其生命於是得以維持。空氣與衣食同是有益於生，故有價值；啼哭於茲亦非無益於生，故亦有價值。惟前者之價值爲直接，後者爲間接焉。此類事物爲吾人據以持續生命者，其可貴也甚明。然其價值僅以其益於持生耳。

衣食住之於吾人，不僅限於持生之需要，實則三者之於吾人，除供給吾人需要而外，吾人又可使其促進安適，是則其功用，不只持續生命，且可除舊佈新，以改進生活，其可貴更甚。大凡事物有益於生活之改進者，其價值必超於持生方面者之上。持生之目的可以無意被動而達到。淑生則不然。淑生者，有意自動，而進取新奇，以改進生活者也。故求知與審美爲淑生之衝動，發明與創作爲淑生之途徑。人生之最大目的是爲持生，其最高理想則爲淑生。夫目的者，遵循常軌可以達到；理想則非千里徘徊，處心積慮，以辨別正道歧途，無可問津。持生者，人畜均可；淑生者，惟人能之。故以人觀之，則價值之準據，當在乎淑生。而誠意也者，乃係明「生」果「淑」之謂焉。

宇宙間之事物，與人類不生連誼，則絕無貴賤之可言。事物之本身，既無貴賤之存在，其價值因而視其用之如何耳。生既爲宇宙之中心，若人類取某事某物而用以持生或淑生，則該事該物之貴賤乃見，其價值然後乃定。然事物之爲用，其目的與理想不在乎事物之本身，而在其對於用者之貢獻，而不必究問用者之認識。若商品之類，每賴買者之認識以估價，蓋經濟方面之價值常以貨物之被認爲稀奇或有用而決定者也。其在道德方面則不然。若犧牲個體以存種類，是爲殺身成仁之道德行爲，其價值原在乎其對群我之貢獻，不問群衆之認識與否。漢儒董仲舒所說「正其誼，不謀其利，明其道，不計其功」，正此之謂也。

生苟爲宇宙之中心，人生當爲事物價值之重心，曰「貴」，曰「賤」，不由人，何以定？不由人，何以生？緣知識之眞假，器具之好壞，行爲之善惡，與繪畫音樂之美醜，非人則誰將以爲眞、好、善、美耶？使世上無人類，則森羅萬象之中，一切事物決無價值貴賤之可言。設一人處于孤島，一生一世，一舉一動，因無社會紀律可遵守，故無道德價值及人格貴賤問題之發生。然使彼孤留島上之天文臺，宿夜刻苦，作觀察宇宙星宿運行之工作，彼則自可成一天文學家，其在科學知識之貢獻，價值之高貴，識者絕不否認焉。

人格之貴賤與行爲之價值，恆以人與人之關係而發展者。關於品行之動機，吾人觀其所由，察其所以，有出自懼貶罰，望褒賞之利害打算者，若是殊不及純潔之敬愛、義務、犧牲之觀念焉。大凡理智未開之人，恆以尊奉神意，或服從君命爲行動之動機與標準，據以評斷是非正邪之見解。比及理智啓發，則於神意有所懷疑，君命有所不受，是爲社會變遷之起源。人生須培養清高品性，欲批判行爲必以個人之自由良心爲立場，以天理人情之指南爲依歸。夫法律行爲之因素在乎賞罰，道德行爲之因素在乎敬愛；前者受制於他人，後者涵養於自身。故道德價值，實有過於法律之價值者也。

約言之，懼刑與慕利之動機皆極端之途，惟善審是非履任務爲中庸之道，亦中庸之誠意也。

大凡事物之貴賤，視其益生如何以決定，既如上言。而人生之價值，亦據一生一世益生如何以決定焉。各個人本身若非與生命發生關係，亦無貴賤之可言。吾人一生，其有致力於生命之持續，更有裨益於生活之改進，則其價值尊貴。然所謂生者，有群我之生與己我之生之別，則所謂「益生」必有營私爲公之分。凡致力營私專以改進個人生活者，謂之「奪取」。凡盡力爲公以改進團體生活者，謂之「服務」。而淑生者，即指改進群生而言，即指服務而言。故人生價值之準據，厥爲淑生。換言之，每個人一生一世，乃據其服務之多寡並淑生之功勞，以估其價值。民國十二年十二月二十一日，總理在嶺南學生會，演講「求學與救國」，曾謂：「中國幾千年以來，有志的人本不少。但是他們那種立志的舊思想，專注重發達個人，爲個人謀幸福，和近代的思想，大不相合。近代人類立志的思想，是注重發達人群，爲大家謀幸福。」⑭總理遺訓有曰：「人生以服務爲目的，不以奪取爲目的。」革命青年，誠意之準據，捨此何尋？

⑭ 胡漢民編《總理全集二》第三〇四頁。

吾人處世有裨益於淑生，始有價値之足論者。淑生，改進團體生活者，但個人同時亦有所改進，蓋個人每包含於群衆，而究竟均屬一我者也。夫生命也者，宇宙原生之表現。人生亦然。故凡個人之群化成功者，其自我既而鎔化於群我，可不必奪取，而只管服務，寧爲公，不營私，此理之當然也。朱子家訓有言：「父之所貴者慈，子之所貴者孝，君之所貴者仁，臣之所貴者忠」。父子之間苟有群我之觀念，則爲人父者必服務此群我而慈，爲人子者必服務此群我而孝。君臣之間苟有群我之觀念，則爲人君者必服務此群我而仁，爲人臣者必服務此群我而忠。在位謀政者，昔日忠君，今則忠群。君群有別，忠誠則一。吾國歷代聖賢之提倡爲公服務之道德，使君臣父子夫婦各竭其力，各盡其能，以改進其團體之生活，由是可見一斑矣。

綜上所述，則吾人所建設之哲學系統，其價値論與規範說之屬中庸之道，或可不致疑焉。夫唯物派，以物質爲萬象之本體，以宇宙之程序爲機械的，至其價値論，乃以肉體爲中心，而其規範說乃又不得不倡肉慾之滿足矣。故共產公妻剝公肥私等，怪象百出，無所不至。是思想極端遂致誠意誤入左傾歧途之弊也。轉觀唯心派之言行，其本體論莫不倡心靈之絕對性，而以宇宙之程序爲具有確固之目的者，至其價値論，乃以精神爲中心，而其規範說乃以附和精神爲依歸。結果，乃有去慾苦行自暴自棄等之怪象出現。是亦思想極端遂致誠意誤入右傾歧途之患也。

中庸之價值論與規範說者，必須擇善固執，然則勢將安出？曰：「出自唯生哲學。」吾人格致而建設唯生哲學，認生爲萬有之「元」，知波動之成程爲宇宙之體用，而宇宙之程序，既非唯物派之所謂機械的，又非唯心派之所謂有目的者，而係生生而演化者也。是以吾人於價值論，乃以生爲宇宙之中心，而於規範說，即倡淑生。故唯生哲學之於「誠意」一段，其力言「明知生之理，果行生之道」者，情理之然也。且夫吾人藉淑慾之有無以別人生與畜生，更因淑生有被曲解爲利己營私之虞，特舉益群爲公爲淑生之蓄義，順引 總理遺訓之服務格言爲論題。故淑生即改進群生，其動作謂之「服務」，其對象，莫非人民之生活、社群之生存、國民之生計、群衆之生命是也。然則個人己生與團體群生有何瓜葛？換言之，群己以何相成？人我以何相形？是屬次章「正心」之要題也。

第五章　中庸正心

甲、何謂正心？

《大學》之所謂「修身在正其心者，身有所忿懥，則不得其正；有所恐懼，則不得其正；有所好樂，則不得其正；有所憂患，則不得其正。心不在焉，視而不見，聽而不聞，食而不知其味」。故修身在正心。蓋心不正則趨向極端而走入歧途，即身之欲據中庸爲人處世，不可得也。

然則「正心」何謂？曰：「察群我己我之動向，審群心己心之緣由，擇善固執，以持公平之態度，是也。」

俗謂「身者，心之器也」。然而身心之性能功用，無非爲生者——不爲持生，即爲淑生。故身心俱爲生之資力，而人生爲生即以心力與體力爲資助者。

人生惟生爲能。而欲爲生，乃不得不與外界爭生，欲與外界爭生，則寧協力互助，不宜內訌自斃。若所謂「社會」者，乃同類動物具共同志向，群聚營生之結合也。而狹義所謂「社會」，乃單指人類社會而言之。大凡人衆群聚營生者，必具「群我之心」而行群生之道，否則心不正而群必瓦解焉。

凡個人與外界爭生也，必有彼我之分，外界屬彼，與外界爭者爲我。設有別人同欲與外界爭者，其志向與我之志向不相違。如樵夫遇虎而同欲與虎爭，是也。然而僅志向相同，爲生不可得也。蓋樵夫雖志向相同，苟立場不善調適，擊虎不中，則有被傷或互傷之虞矣。於是，樵夫同欲持續生命，乃不得不調適其立場，以完成合作之功。

雖然，樵夫志向相同，立場相適，以拒虎矣，假使步驟不齊不和，或前、或後、或高、或低，而欠聯絡，不特合作無功，各人之生命亦危矣。故其開始互助也，步驟必聯絡。

處此情境，二人不合作而紛爭，則不但不能禦外，反足以促成自滅。既知內訌不如團結，二人本有我與非我之見，今則我與非我之間，現出共同之我，而結合以群生焉。故人生爲生，群生而共生。志向之相同，立場之相調及步驟之相聯，爲其基本條件，由此條件，所促成之「群我之心」者，一切社會組織之基礎，又人類群生之根據是也。

人類苟出自一脈，必係同群。然其有「同群」「異群」之偏見惡感者，原因「群我觀念」失中不正故也。據生物遺傳之原則，同類產生其同類，並且增加其數目，因此，人類群生之規模，由家庭而氏族，而部落，而民族，而國民，而國際。若是以親戚關係爲「群我觀念」之緣起而結合者，曰「血緣社會」，有各種姓氏宗族爲其表記。美洲印第安人所用以表記血緣關係之「圖騰」，固爲「群我觀念」符號之一種，然因其結合尚不出部落之規模，其「群我觀念」之分，細且微，居常小群互鬥，不以爲奇。吾中華民族，自黃帝統一中原各部落而確立國族之基以降，小群鬥爭，常爲所忌，諸侯紛爭是所不許。故爾來「群我觀念」，不特以中華民族爲規模，並以天下人類爲同胞焉。世界歷史苟爲異族爭鬥史，亦可認爲異族化合史，蓋異族接觸，如不互相殘滅，必化合其血統及文化，而「群我觀念」亦從之以擴大焉。

初，人類求生四散異地，各處一方，氣候地土產物不同。而小群聚棲，間雜有山河海峽森林沙漠等，爲之限制，遂致老死不相往來。若是以鄰居關係爲「群我觀念」

之緣起而結合者，曰「地緣社會」。

夫血緣與地緣之社會者，固爲人類屈服環境時代，最自然最普遍之結合，迨其演進以至今日，遂成爲政治結合之最主要之因素。洎乎人類開始環境之克服，教緣、職緣、學緣、樂緣等，各種社會應運而興，其在今日，個人一生，必緣血統、家鄉、信仰、職業、學術、娛樂等之社會關係，成爲各種「群我」之成員。而普通所謂「社會」者，乃指此等結合之結合耳。雖然，大社會內部各種結合之間，各個人之間，又團體與個人之間，時生抵觸，從而難免衝突。因此，社會上當有具強制威力而善公平制裁之機關，以維持彼此之均衡並增進各自之發展者，即所謂「政府」是也。而以此性能爲依歸之結合，厥爲政緣社會，即國家也。

由上可見，個人自我參與各種群我，其己心常受各種群心之薰陶，而其一生一世之正心，必常在調合各種互相出入之群我觀念，其情態猶下圖解：

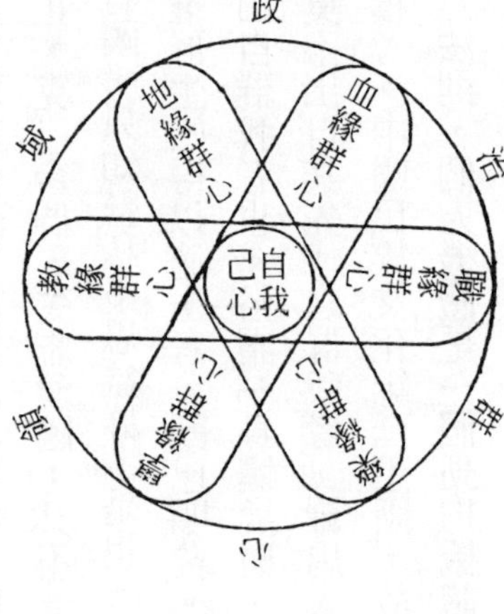

人生爲生正心，其成功奏效也，政緣群心不只表現於個人，個人己心不僅參與政緣群心，各種結合亦然。故善正心者，必持中執正，克己合群，矢志愛國；其不善正心者，必失中不正，走一極端，若惟知有家不知有國，只知營私不思益群，是也。

然而自我何出？曰「自我出自群我」。凡人惟群生始得以適生者，既已明矣。然則個人爲生以身心之用爲資，而所謂身心，莫非出自群我者也。俗謂「身體髮膚，受之父母」，是則父母出自其父母，而當代個人，莫不出自其先代之群我者。羅馬人亡國滅種久矣，故今日羅馬子孫無從產出，亦無從稽考。中國民族文化綿延不斷，故今日軒轅苗裔四萬萬有餘，誠爲全球最衆。按之自然法則，個人機體是一個動物機體，乃與一切動物同樣，居常受生物學定律支配，雖人智發達逐漸克服自然，然亦無法完全逃避焉。故個人生而由遺傳得有其機體，由幼而壯，與環境接觸而發生多少變異，但未嘗不依遺傳定律，以祖傳者傳之子孫。因此個人機體乃種類之產品，個體可死，種類不亡，蓋個體在群生過程之中成爲一過渡者也。

其在精神方面，個人自我亦爲群我之產品。個人生來之衣食住行者，其影響不只身體，精神亦然。而衣食住行者，個人生前，群我則有之，個人生後，群我則與之，而接受其衣食住行者，必漸採取其態度並接受其精神。若用以發表情意思想之語言文字者，個人生前夙有，而個人生後即沿用之。又維持社會秩序並規律個人行爲之準則，亦非個人生後之創作，而係社會之供於個人者也。如是者，各個人不及加新改進，則必留傳後人。個人之受惠於團體者衆，其善領導團體者寡，己心之受惠於群心者多，其裨益於群心者少。

故曰：「所謂正心者，察群我自我之動向，審群心己心之緣由，擇善固執，以持公平之態度，是也。」

乙、何以正心？

正心之界說，上節論之詳矣。然則何以正心？吾人生時，毫無我見，而以逐漸與外界抵觸，遂知覺我與非我之別，其我見者，個人自我之觀念也。雖然，幼兒尚不以其手爲己手，每以一手擊別手而感痛苦，於是，其自我己心乃容納兩手。如斯，自我輒受各種群我之薰陶，己心乃化入群心而個人則可容納別人矣，此由解答「自我何來？」一題可詳察焉。

自我何來？曰：「自我群化而來。」人生惟生始得以適生。個人生於群，長於群，必與別人互相感應，如在志向相同，立場相調，步驟相聯之下，人我之間，必生共同之我之觀念，取同樣之態度，守共同之紀律。若規律外部反應之禮儀刑法與夫統制內部反應之道德情理等，此個人群化之動因也。個人出生，初無我見，乃與外界接觸，先以爲，擊吾手者，擊「我」也；踢吾足者，踢「我」也；次即以爲毀吾家者，害「我」也；復次即以爲，罵吾校者，罵「我」也；更次即以爲侵犯吾國者，凌辱「我」也。個人爲私之我爲小我，故曰「己我」。天下爲公之我爲大我，故曰「群我」。而個人群化者，即化自私自利之小我爲爲公矢忠之大我，換言之，使個人具有「群我觀念」是也。

個人群化，其目的最直接，方法最嚴格，時間最短促者，厥爲軍事訓練。官長之募集壯丁於營幕也，必先確立其思想以統一其意志，次則予以規定之衣食住行以使其立場相調，然後乃開始步驟聯絡之訓練，於是，必先作基本訓練，次作技術訓練。中小學童子軍訓只有基本訓練。而所謂基本訓練者，乃在使各個人精神表示之和與身體動作之齊。兒童教育，無論幼稚園或國民小學，極其注重唱歌與體操者，大有群化之作用，蓋團體唱歌高低遲速不和不可，故由此時間上之藝術可以訓練群心表示之「和」，又團體體操不齊不可，故由此空間上之藝術可以訓練群體動作之「齊」。未開化民族，於出征之前，每聚衆攜手歌舞，蓋歌舞爲時空聯合之藝術，足以使群衆練習精神表示之「和」及身體動作之「齊」。換言之，由歌舞以訓練步驟之聯絡，亦爲基本軍事訓練也。

方今個人群化之最切要而最困難者，莫若公民之訓練。蓋每一個人不只爲政治結合之成員（所稱謂「國民」者），同時爲血緣、地緣、教緣、職業、學緣、樂緣等，各種社會團體之成員，而政府當局將教民矢忠爲國效力，必需使各種社會團體不與政治結合互相牴觸者，極要而極難也。一國之內，種族雜居，地域懸隔，信仰分歧，階級相鬥，學術空浮，娛樂無度，則欲教民一心團合，不可得也。又如數種團體遇相符合，若地緣與教緣，或血緣與職緣社會，以與中央當局之希圖爲難，則其分勢必倍加而足以破壞政治之結合矣。例如，荷蘭與比利時之分立，原因荷蘭居民奉新教，隸條頓族，而比利時居民奉舊教，隸法蘭西種族故也。無怪戰前奧匈統一之難十倍於戰後之奧國。而美國當局，欲統一人民，乃不得不盡力發達交通，普遍教育，以打通各種團體間之界限，使各個人善以政治結合爲最高目的而共生。故或謂統一美國人民者，以其爲華盛頓中央政府，不如爲橫斷大陸之鐵道，是非過言，統一人民之難而切，有如是者焉。至於各國政府之群化個人爲國家之公民，則運用學校、官職、兵役、政黨、協會、娛樂機關等，無所不至，而必乘各種機會，以訓練精神表示之「和」及身體動作之「齊」。故學校間賽球，各邊隊員平日均須練習，而各校啦啦隊或唱校歌，或叫口號以助威者，猶國際紛爭時，外交軍備效勞立功，而人民盡忠竭力爲後盾之秋，是也。⑮

⑮ 以上參照拙著《比較公民訓練》。

既而已心須化入群心，然則群心何能？曰：「群心能超過時間空間之限制以成功奏效，是已心之所不能者。」夫個體雖死，種類不亡；小我人生無常，大我人生永遠。一人生於世間，活至有一時非死不可。故假使其自幼而長群化失敗，則壯年猶以爲小我惟我，思想行動自私自利。王莽曹操之輩，才調超群，然以其人格不克群化，其我見非天下爲公之我，而係個人營私之我，至死仍以爲小我惟我，執迷不悟。曹操曾曰：「寧我負天下人，不可天下人負我。」王莽亦然。袁世凱更然。然則其自我觀念不出小我範圍，從而不克超過時間限制。是以凡屬惟我獨尊之人，平素極怕死，臨死極悲哀，蓋以爲死即亡我者也。王莽、袁世凱，聰明一世，糊塗一時，遂死於糊塗之極。曹操臨死即自嘆曰：「獲罪於天，無所禱矣。」又因恐人刦其屍首，乃命工人造七十疑塚，以惑人心，可鄙之甚，莫有過焉。

反是，自幼而長，群化成功者，壯年必具「群我觀念」而以爲大我亦我，思想行動，善持中執正，不走極端，而以團體大局爲重。故鄭芝龍反明降清致書其子成功勸其降也，成功慨然嘆曰：「父甘爲亂臣，子則寧爲逆子，不爲亂臣矣。」由是可窺父子之間小我大我之別焉。當是時，江左三大儒則以爲「天下興亡，匹夫有責」，而捨身爲國，蓋其個人已心已化入政緣群心，故信此身可滅，其我不亡者也。是以凡以群我爲我，群心爲心之人，平日度量寬大，臨死慷慨壯烈。故先主臨崩白帝城不必嘆獲罪於天，不必命工人造疑塚。文天祥坐獄猶唱正氣歌以自遣。李秀成被囚尚能口出數萬言以伸大義。近者烈士為群爭生而殉義者，不知凡幾！而 總理遺教輒惜國民革命之未成功而勸同志繼續努力奮鬥，「群我觀念」之力量，誠非時間得以限制者也。

群心之能超過時間之限制也，明矣。其能超過空間之限制，尚待解說。大凡一團人受過同樣之訓練，而群化成功，則無論其散處何地，其思想言論行動可以一致而無相矛盾。蓋因同則果必大同小異，而有志向相同，立場相調，步驟相聯之訓練，則其人員到處之言論舉措必和且齊。當金人壓境，宋室傾危，主戰主和，議論鼎沸，不決不定，遂令外寇乘機陷汴京，徽、欽二帝北狩。及康王渡江，偏安之局成也，武人學者文官，有不善衛國而殉國者，有不願衛國而賣國者，為人臣食其祿居其土，舉措之走兩極端者，個人群化成敗參差之所以也。反是，元末群雄起義，民衆追從，八月十五中秋驅韃子，全國皆是。又清末辛亥革命，武昌發難，各省響應，四十日入燕京，四十年定中原之滿清，被迫不出四月而遜位矣。是民族運動之奏效，個人群化之成功也。又如駐外使節，在其未出國之前曾受同樣之群化，則不問相隔天涯地角，其言論必一致，其舉措不辱命。政治軍事人員亦然。實業方面，凡大商行之在各埠有營業處者，亦必先予其人員以共同之訓練，使其到處以得達到共同之目的，故「群我觀念」之有無，足以決定事業之成敗。

群心何用？曰：「群我之觀念，足以增進個人自信及自覺。」夫個人爲生，寧群生，不可孤立者，明矣。而個人者，乃團體之最小單位。若個人之間具有「群我觀念」，則個人明彼此對等或並列之關係，而各人不能與團體對立，蓋團體之我見大，個人之我見小。此個人之所自覺而所以自覺者也。其次，個人團合而具「群我觀念」，必有共同意志，由此群心之意志產生特殊力量，以制裁各成員之行動，使其協力互助以改進生活，此意志即社會意志，其所產生之制裁力量即社會力或稱爲「群力」，增進個人爲生之自信力者也。孤力有限，群力無窮。故洪楊革命失敗，原爲漢人內分。辛亥革命成功，全賴宣傳主義訓練同志而漢人乃合群以顛覆滿清政府。故在無組織之群衆，雖有社會關係，然無一定紀律以劃定成員間之共同目的，闡明其相互之關係——是爲並列或爲從屬——規約其共同行爲，故其制裁力弱。故社會組織愈完備，其制裁功用愈靈敏，群己之別愈明瞭，而個人爲生自信力益大。現代人類以國家爲統制一切集團之結合，以政府爲執行其一切職務之機關，如其組織不完備，政令日雖百出，總難踰都門一步。晚近人類又產生國際法庭及國際聯盟，主持之者自以爲可用超國家權威統制各成員國，但其成員國間尚有敢行弱肉強食者，蓋其組織不完備，缺少制裁力，而成員國間毫無「群我觀念」之故也。

由上以觀，己心雖受群心控制，然群我恩賜有莫大者。吾人身體髮膚受之父母，生而得衣食住行者，家族之賜也。身命、自由、名譽、財產之安定者，國家之賜也。其餘，語言、文學、學識、禮貌、職業、娛樂等，團體之恩惠，吾人受之者，不遑枚舉。如是一切文化乃群我生命過程中疊代積成者，個人受之前輩，傳之後生，間或有增進處，則群我幸甚矣。故人生為生共生，個人處世，既有所受之前輩，而傳之後生者，又有所應努力增進者，必需共生以履其職務，否則群生不果，為生不得矣。

第六章　中庸修身

甲、被修之身

《大學》之所謂「修身」者，即人格之涵養也。身者，心之器也。格致誠正，皆為修身之事，而心正為之關鍵。心既正，即身易修，蓋內部所持之公正態度，體行久之，則成為習慣，而優良之習慣，即所以養成優良之人格也。是修身之道，必取格致誠正之工夫，以禮義廉恥為行為之準則，行住坐臥，勵行整齊、清潔、簡樸、勤勞、迅速、確實之新生活習慣，則人格之涵養，必嶄然日新矣。人格之涵養，有屬被動者，有係主動者，均以中庸之道為宜。

人格涵養之屬被動者，即遵守紀律是也。遵守紀律，乃指個人處世與群調適而服膺一切文化之典型而言。而文化也者，乃由人類求生爲生解決問題，使用工具，製造器械，確立思想，所構成之環境。廣義的文化，在主觀方面，乃指一切謀生正道，在客觀方面，不外乎社會環境。吾人機體，多賴先天之遺傳而固定，少據環境而變異，然而心理作用，大都緣文化典型而發展，從而文化的遺傳乃係人爲者，後天者，學而得之者。

個人未出母胎，社會各種結合早已設備一切圈套。饑時思食，所食者，社會早已安排；寒時思衣，所衣者，社會早已型定。吾人一生渺然於社會環境，與四周群衆互相反應而常感受其影響，逐漸社會化，將散漫之動作變成秩序之行爲，以團體之典型爲舉措之準則，以群我之理想爲奮鬥之目標。故社會乃教化個人修養品格之最高學府，人生一世盡是學習之歷程，而個人行爲每反映社會各種結合訓練之功用者，此以也。

吾人處世群生，欲遵守紀律，必需養成適當習慣以服從群我。習慣成而爲第二天性。故服從性者，非生而有之，乃係學而得之。大凡強國民族每善於服從政緣群我，弱國民族則不然。蓋民族既養成服從大我之習慣而善於遵守共同紀律，國始得以強盛，否則強盛不可得也。

夫社會生活乃個人互相反應之共同過程。在此過程之中，個人必共同刺激成爲群衆同化之動因者，社會之秩序與團體之鞏固，唯此樞紐是賴，此即所謂「社會制裁之工具」。若此維繫群衆之樞紐，能歷時忍久，越地建效者，必有無數符號爲代替，吾人由此「代替刺激」，乃引起交替反應，由是制裁之工具可得緜緜不斷，統御群衆焉。

此種維繫群衆樞紐之最普遍而最基本者，莫若語言。按之心理學，語言即代替刺激之一種。語言起源自聲音姿勢，其蓄意全靠群衆對其所代替之事物具有一致之反應，而各個人由此聲音所喚起之反應，非原來之反應，故乃稱爲「交替反應」。幼童以手捉火而感覺痛，同時眼看慈母手指其所捉者，耳聽母開口叫「火」。嗣後幼童每聽「火」字，便聯想及所捉之實物而發生可痛之反應，雖眼前無火，亦必將手縮回。在此情形之下，「火」字一語，以其實物之直接刺激不利人類生命之故，極能於最短時間，使人聯想及其實物而代替實物成爲內部化之對象，發出內部刺激，以引起同樣之反應，而縮回手者交替反應也。交替反應久而成爲交替反射，亦係習慣的，若其代替刺激爲群衆之共同反應之對象者，則屬社會之典型，不然，則不過個人之性癖耳。人類聰明，由原來反應，轉移到交替反應，固不艱難，而足值注意者，乃代替刺激既爲符號，各有其蓄意，而吾人對各符號殊善反應，由是可見心理作用與生理作用截然有別焉。

初，俄國心理學家巴夫洛夫（J. P. Pavlov, 1849-　），於一九〇五年，發現交替反射之定律也，直認如是過程爲機械的，更不作心身過程之分，邇來，唯物派心理學家，多襲其衣鉢，而忽視許多重要之現象及原理。夫心身之作用莫非爲生者。爲生者合。凡身體持生而缺少某種滋養料，一見此稱滋養物，每生特別趣好。又若猴狗之類，患病每能自覓藥草。吾人之心理作用，亦每可以證明此通則者。夫吾人一手捉火一手提燈，處此二種直接刺激之間，必對於火之刺激先發生直接反應，而將手縮回，蓋吾人心理作用爲生營生必選擇與活命關係密切之反應。當此時既有二種代替刺激，則其與活命關係重大者，皆使吾人聯想及實物之速度增大，頗有恩仇相遇之概。如斯過程即以爲生而具一定之目的者，由是可見唯物派之機械論浮淺之極。

個人確定良好習慣，群衆遵守共同紀律，社會秩序始得以維持。若語言文字，不過社會紀律之最基本且最普遍者。社會上各種結合尙有所謂制度，是即各種組織有固定基礎，而爲一般群衆所承認者。社會紀律除語言文字因襲世傳而外，尙有時髦輿論等，比較多受時間及空間之限制者，復有美術宗教機器學識等，各種文化典型之能超踰時代及地帶之阻礙者。社會上各種結合所重用之紀律不一，而紀律之動因有偏于肉體方面者，有偏于精神方面者，又有不偏不倚者。茲當分別以述之：

走於極端的唯物派者，厥爲引誘式。若東漢黃巾之輩，明末流寇之徒，又今日共產黨之類，陽則牽強附會以傳邪說，陰則訴人類食色諸慾，自負有求必應之責。於是意志薄弱之青年及知識幼稚之民衆，無恆產者，必無恆心，不悉食色諸慾爲生之衝動以成就生生之過程，只知滿足肉慾爲目的，遂有墮其術中者矣。黑暗社會之內，烏合群衆之間，有引誘人者，有引誘於人者，到處皆是，人類文明時代之群惡莫不出焉。此爲異端而非紀律，蓋非謀生正道故也。

偏于物質方面而足以稱爲紀律者，有招致式及逼迫式二種。前者盛行於經濟社會，買賣中人。若實業方面之廣告，莫不以富貴利益動人利慾，但人類爲生而營生，欲求得衣食住行諸要件以爲用，每不得不遵守此種紀律，獨少數人，可不受其牽制，若食無求飽居無求安者，必係君子。而無恆產，有恆心，惟士爲能者，以此也。至於逼迫式之紀律，則個人處世營生，鑑於社會之威勢，受團體之暗示，毫無主見，人爲亦爲，歷久成爲風習，時髦賴此盛行，傳統據此長存。如斯模倣行爲，即個人與社會調適，欲爲生群生，不願失足落伍，而在機體方面，乃自動的與群並駕齊驅之舉措，是亦人類自然的合作之起源也。兒童之模做成人，旅客之入地隨俗，爲暗示、受示、模倣之好例。在社會運動，群衆每於不知不覺之間，自動的領承共同主義，盡力於改造事業者，大都初則受示而後模仿奏效之所致也。

其在政法軍紀方面所遵守之規律，是爲命令式者。人群全體社會欲維持秩序而且鼓勵進步，乃組織政治的結合，國家是也。而執行其職責及任務之機關，即所謂政府，必須具完備之組織及靈敏之制裁，使全體人民抱負相同之志向，站於相調之立場，善取相聯之步驟，以期達到共同之目的。故爲政者，辦事須敏捷，用人必公平。立法者，言行必符，司法者，賞罰必信。

司馬遷《史記·自序》曰：「禮禁未然之前，法施已然之後，法之所爲用者易見，而禮之所爲禁者難知。」夫法與禮均出自精神上經驗及理智之結晶。然而不但其功用不同，其範圍有別，蓋法之爲紀律僅限於外部舉措，至於內心思想情意之誘掖，則不得不有賴禮矣。且法之所治者，在行爲已成之後，而禮之所教者，在情意未發之先。故無論青年之受教，成人之律己，一是皆須以格物致知誠意正心爲入德之門，然後可致修齊治平之效。故學校教育方面之紀律，尤以勸導式者爲宜。在消極方面，教育乃警告學員居常防備惡影響，減少徒勞嘗試；在積極方面，則循循善導，使學員養成服從群我之習慣，建設高尚之人格，成爲良善之公民，進而發揮其天賦，積極奮鬥，爲社會服務。然而執教者，應具有鞏固之人格，並切實之學識，如其智德俱不善以身作則，則青年學子不但不能善化，且將受其荼毒焉。

屬於精神方面之紀律，尚有所謂感服式者。感服式之紀律，有藉理智作用以說服人者，又有訴情感作用以感化人者。前者注重論辯推理，極適於知識階級；後者多賴愛慕敬畏之情緒。人非木石，均有感化傾向，非化人即化于人。然感化於人者易，人人皆可，感化人者難。有先知先覺者，每以智慧過人而人格出衆之故，乃能情理並據，言言動衆，句句服人，使彼領吾思想，行吾主義。然而對於一般無知群衆，聖賢乃又不得不借超人勢力以威服人。故孔孟拜祖尊宗，墨翟敬天信鬼，耶穌崇奉上帝，均以身作則，以行爲憑，而感服人類焉。在今日之我國，古道云亡，世道日非，幸而總理，智德兼具，重新倡導忠孝、仁愛、信義、和平，以爲古道尙有可風者。如斯社會紀律之能長久服衆者，其根據，既非神鬼，又非利慾，乃是由天理人情構成之良心，即吾人遭遇道德歧途，能擇善固執，並判斷善惡行爲之心理作用也。

乙、自修之身

綜上所論，遵守紀律固爲人格之受薰陶而被涵養者，吾人每日由醒至睡莫不常處被修情況之中，識者可不致疑焉。雖然，被修之身時有陷於守舊之患又盲從之弊，遂致爲人處世，偏見曲行，無所不至，是則足以違《大學》之理、《中庸》之道者也。故吾人之於修身，欲明《大學》之理、行《中庸》之道，一而既承認被修之實，別一面仍不得不講究自修之功矣。被修之身既不宜守舊不應盲從，則自修之身，其在智慧方面，應獎勵個人天賦之發揮，以阻右傾守舊之惡勢，其在行爲方面，應提倡克己合群之原則，以防右傾盲從之魔力。故本節先說個人發揮天賦以修其身，後論克己合群以養其性。

夫遵守紀律，所以維持社會秩序。而文化之進步，則不得不賴個人之發揮其天賦矣。吾人之於事物，每有一種適應之行爲，並採取一種特殊之態度，其最寶貴者，即求知與審美，蓋文化上之創作唯此是尙。學貴善疑，吾人對於環境如何疑惑，必欲求知，求知究竟，乃發明解決問題之方法，並發現統御現象之法則，更將此等方法及法則組成爲一系統之知識，是謂科學。假使吾人對某事物情景，依依不捨，其形象幽雅可愛，不時出沒回憶，觸景生情，好事者必摹其形，造其像，永久保留此情緒反應之對象，是爲藝術創作之嚆矢。科學上之發現及藝術上之作品，均係文化上之貢獻，唯在理智及情感方面得天獨厚者，能有此舉，是即社會發展及文化進步之基本因素者也。

夫生物代代遺傳而生變異，人類之模倣同樣典型及學習同樣技藝，亦必產出多少歧異，而此歧異原出自宇宙生生之歷程，社會因是變化，而由是可看出天賦個性之表現焉。雖然，個人每有得天獨厚而無可發揮者，原爲其缺之賦性之自由，及身心之自在故也。何以倒臥蘋果樹下而見蘋果墜地者無數，獨牛頓（Jsaac Newton, 1642-1727）能潛心發端以研究萬有引力之定律？蓋氏身心賦性之自由自在別人莫及也。瓦特（James Watt, 1736-1819）之發明蒸汽機關，其理由亦然。何以愛迪生（Thomas Edison, 1847-1931）肄業學校不滿四月，而其所發明之機械數目，別人莫及？蓋氏自由自在，求學得法，求知成慣。人生在世，莫不具有多少天賦。故社會之發展及文化之進步，不怕無奇才之產生，惟怕奇才之失其自由意志；又知識之增進，不怕學問之困難，唯怕學無方法，問無習慣。愛迪生身處研究室，忘食忘寢數晝夜，始成功發明留聲機，其推理之方法及刻苦之習慣，眞可令人嘆服！

今者我國舊有文化停頓，新來文化落後，嗣後殊須「重起固有文明以恢復民族自信」，並須「迎頭趕上西洋文明以充實民族力量」。然則舊有文化停頓，遂致民族失卻自信心者，其故安在？夫先秦吾族身心自由，賦性自在，求學得法，求知成慣，故極善開端啓始，遂造就燦爛無比之文化。秦漢以後，名學中絕，求知仍成習慣，然求學不得其法。又家族制度固定之後，青年雖富於進取新奇，然始終受守舊反動之老輩之羈絆，故生於家，長於家，老於家，死於家，一世孜孜，無時不以家門爲重，於是，雖賦性自在，身心早喪其自由，家性愈發達，個性愈衰退。如斯人材之埋沒草澤者，到處皆是，以至今日，舊有文化之停頓不振，固其宜也。

至於新來文化落後，國人於幾十年前，即開始海外求學及國內改學制之舉，迄今仍不足以充實民族力量者，何耶？無他，一爲對知識之見解之錯誤，一爲教育歷程之失敗。對於知識一詞，一般人士多抱靜的見解並不生產的認識，不以其爲生命解決臨時特殊問題之功用度量之，而只管據文憑之數目及書籍之多寡計算之，遂致許多學生爲爭文憑，爲奪學位，閱書覽籍，比及文憑到手，書籍則置諸高閣矣。故畢業之日即爲絕學之始，欲學識之不落後，不可得也。至於教育之歷程，則學校教育，除職業訓練及公民訓練而外，尙有學術訓練與師資訓練。而學術教育，如不以養成習慣及精通方法爲目的，結果必歸失敗。治學得法成慣，則可據論理的方法以思索問題之對策並審察思想之正誤，又據特殊的技術以造出特殊現象並研究其原則，一試再試，以至達到目的而後已。學有方法，問成習慣者，可謂之「有學問」。教員有學問，始可不誤學生前途，而學生在校養成習慣，通達方法，畢業不過完畢被修之業，離校之後當緣習慣，據方法，以開始自修之業焉。

雖然，希臘、羅馬亡矣，匈奴、契丹亡矣，獨吾民族興隆不斷，吾文化秦漢之後進步較遲，而不至中絕者，何耶？無他。蓋因吾族得天獨厚，聰明蓋世，每於危機一髮之際，有山野奇才出現，悉其力，盡其能，以圖存救亡故也。天定固能制人，人謀亦可勝天。環境雖箝制人生，然人生苟善揮發其天稟，亦可改造環境，此即人生之所以爲人，亦人生之所以異於禽獸者也。今日吾國人士之治學求知，對於知識，須具生產的見解，以其淑生之效用爲其價值之準據，對於學問，須重求學之方法與問聞之習慣，是則固有文化不停頓，外來文化不落後，庶可幾焉。

轉觀左傾盲從之防止，吾人須先自明人我之是非與群己之權益。是則從之；非則避之。然則孰是？孰非？吾人欲實行淑生為是非之準則，必須自己克己，就群合群。

吾人一生欲悉所有，盡所能，以實現淑生之理想，其最大之阻礙，即個人營私之慾望。故欲盡生以淑生，必先克服自私自利之小我，所謂克己是也。克己云者，非埋藏自身個性而盲從外界之行為也。吾人從事克己，以求群化，一面則格物致知，以發揮天賦，他面乃正心誠意，以建設鞏固之人格。故克己之行為，乃實現淑生理想之門徑，其價值始得以成立也。

科學上之發明與藝術上之創作，乃出自個人天賦之發揮。天賦原係偶然者，個人坐領而不善用，是為不克己。幼而不學，壯而不行，有力不悉，有能不盡，自暴自棄之舉也。天然寶庫不開發，錦鏽河山不整頓，聰明子弟不教育，山野賢材不登庸，貪污滿朝不更法，暴寇日迫不用武，自衰自敗之道也。人生本身亦係偶然者，不能維持，不善改進，非克己之道，其價值之有無，不言自明矣。

齊景公問政，孔子對曰：「君君臣臣，父父子子。」是何謂耶？為人臣有其責，為人君亦有其責。不能盡責者，既不勝其任，又不稱其職。況在其位，不但不謀其政，且更擅權亂政者乎？政治乃係管理衆人之事，以維持社會之秩序並增進民衆之福利為能事。故官大責重，位高職難，非位高則貴，位卑則賤也。夫人生天賦有厚薄，才藝有高低，任務有重輕，而事業有難易，天賦厚而才藝高者，應負重要任務，管理艱難事業，此理之當然也。然而社會中缺少特殊天賦與專門才藝者，殊善投機，爭官竊位，既難勝其任，自不能藏其事，僅知有官便做，乘勢發財，官既不官，不若無官之清高，瀆職奢侈，不若清貧之可樂也。反是，官小位低，而善悉其力，盡其能，以服務社會，以貢獻國家，革命人員之所爲最尊貴者此也。要之，官之貴賤，不在其位之高低，而在爲官者，是否盡其能以履其任耳。故官長必先修身後治人。蓋「知所以修身，則知所以治人；知所以治人，則知所以治天下國家矣」⑯。

孔子目睹亂臣賊子之橫行，乃作《春秋》，倡正名，以圖存救亡。爾後數百年間，正名主義爲憂世愛國之士，奉爲匡世正俗之大法。循其名而責其實，審其言而察其行，因其事而斷其功。名實相符，言行相合，事功相當者，有價値，當褒賞；否者，有弊害，當貶罰。今者，我國欲圖存救亡，當有重倡正名主義之必要，以期在其位者，善謀其政，就其職者，能勝其任。每日出門，必見坐汽車者與開汽車者。設坐者爲一貪官污吏，而車夫身爲一安分守己之老百姓，則車夫人生之價値遠勝於坐者矣。又使拉黃包車者爲一悉力盡能之愚夫而坐車者爲一土豪光棍，則其人生之價値，誰有誰無，不待言矣。

⑯ 〈中庸〉。

總理在〈民族主義〉論及中國人之修身克己問題，曾引一中國外交官坐頭等艙與外國船長談話時，在地氈上，隨意吐啖，以誡國人。尤其是外交官，更須注意衣冠禮節；而今則有 蔣委員長所倡導之新生活運動，更努力禮義廉恥之民衆化且具體化。夫外交官之在位勝任，名實得以相符者，至少具五要件，品、學、文、容、體，是也。若名爲外交官，衣不齊，冠不整，禮不習，貌不揚，甚至以使館當抵押，身爲副領事而密販鴉片者，適足以遺笑外人，況以四萬萬五千萬人之代表出國，其職責之重大者乎？往昔美國外交官，以衣冠禮貌缺少訓練，每出笑話。今則首府華盛頓有特殊學院之設置，專從事于外交官之訓練。外交官本人固是，其夫人亦然。昔日某公使與其夫人往謁駐在國國王也，夫人所衣長袍，既非本國式，又非外國式，或自以爲新奇之折衷式，然則凡屬折衷式者，非出自稀世奇才之手，絕少能成功，故長袍似乎不中不外古怪萬分之樣式，況夫人體態粗胖，古怪衣冠之錦上添花，乃益形其醜。近聞日本東京有特別機關之設置，專以教練外交官夫人爲目的者，良有以也。

故克己之道，尤貴自知之明。不知命，無以爲君子；不自知，無以符名實，更無可言行。夫天惠厚薄不等，天資方向不一。人生在世，各自具其應有之分。善於自知者，勿故忽之。不自知者，父兄師長當指示之。無如父兄之頑固守舊，每欲以己志爲人志，以己能爲人能，遂致子弟求學不得其門，謀事不具其趣，既不得悉其力，更不可盡其能，不得志而納悶終生者，不知多少！又因本人無自知之明，耳不聰而學音樂，專語言；眼不明而學繪畫，專書字；畢竟，徒勞無功，其違克己之道遠矣，其離淑生之道更甚矣。體弱膽怯者，臨陣必退卻。身窮志貪者，爲官必舞弊。不善知能，不長辦事者，在位必失政。故凡求學得其門，就事具其興趣者，乃得以悉力盡能，泰然終生，人生一世，其幸福莫過焉。

夫人生欲悉其力，盡其能，以克己爲公，其身心必自由，其賦性必自在者，上論明矣。然而意志之自由，原非放恣之謂。放縱者失中不正之極端也。個人群生，欲爲生盡生，我有自由，彼亦有自由，彼我同有自由，蓋彼我同爲團體成員，同有群我之觀念，意志並列而人格平等也。坐是之故，吾人處世接物，既享有無限權利之來自群生者，則當有個人克己復禮之義務與遵守紀律之職責。吾人意志應具有自由，以克己自奮，而不能一意孤行者，蓋在群生狀況之下，根據人格平等之原理，彼此互相箝制，一人自由須以應合他人自由爲條件也。故人生欲盡生以淑生，一面當克己，一面當合群。

合群，應合團體之旨趣是也。群我大且永遠，已我小而無常。況小我之出自大我，逐漸群化而鎔化於大我者乎？人生之價值，始於私慾之克服，成於公理之實行。前者乃克己之一幕，後者即合群之過程。夫《大學》之道在明明德，在親民，而止於至善。

明明德，克己之本也。親民，合群之果也。故修身為齊家、治國、平天下之基本，自我之群化，個人之合群，惟此是賴。故人之一生，凡克己合群者貴，凡利己反群者賤。

故有益於群之職業，皆具服務之精神，皆係合群之貢獻。美國民衆常謂「勞工神聖」，而倡自恃獨立之精神。夫悉肉體之力，盡筋骨之能，猶如悉精神之力，盡理智之能，俱為生命，勞工職業，若拉洋車，刷地板，莫不為有價值之工作。然則大學教授自開汽車，則無人議論，而有羨慕之者，而自騎腳踏車，則有譏笑之者，何以？或曰：「騎腳踏車者，多為信差工人等輩，是以有損教授尊嚴。」然則開汽車者，大都非工人雇員耶？似此矛盾之見解，其起源無他，即汽車之價百倍於腳踏車，故自開汽車，勢利中人亦願諒之。否則同為勞工，何以一褒一貶者乎？

夫謀生之道，不問心力體力，必以合作為合群，蓋鬥爭恆有反群之危也。合作者，其性質和平，其所費經濟，當事半而功倍。夫為生者合，宇宙之通則也。人類為生共生，盡生以淑生，寧可合作，不可紛爭。故在各種社會之結合，試觀其成員並觀其大社會內各種團體合作之效率，便可知其民族文明之高低。是故，合作精神可認為社會進化之結晶，實非過言。且社會組織之鞏固，全賴其成員克己合群之行為並分工合作之效率。若有某成員群化失敗，只作營私，不知為公，是則該組織之亡徵也。至於社會之最高且最強之團體，當推政治之結合。而政治結合之鞏固，不僅以其成員群化成功爲條件，其所統括之各種結合間之和平及各種結合對於國家之忠誠亦爲極重要。設職緣結合與教緣結合無時不爭，則國家不固。若某地方結合執意與全國爭衡，則國步艱難。如人民不理解政府，不信仰官吏，而以非理之攻擊爲能事，如是官民分心，則國必生內訌。坐是之故，凡合群之精神及群化之主旨，不以政治結合爲本位者，國必解體，民必離散，猶太印度爲其好例也。

其在國家混沌，生靈塗炭之際，唯仁人志士之出現是賴。若夫一般群衆尚在不知不覺之夢中，暴動盲從，無所不至，而有知仁勇三德兼備之先知先覺者出現，先發覺公理人情與社會現況互相抵觸，而敢作批評，見義勇爲，進而診斷國病之所在，指摘病症之來源，並下定治療之藥劑，其用心苦矣，然其冒險實大，既與舊勢力挑戰，又未獲得群衆之同情與擁護。因此革命成功之前，必有無數先烈之爲主義爲群我犧牲者焉。

夫先知先覺者之出現，固屬群我生命之表示。惟群我生命強壯之民族，每於國家臨難之秋能激起草澤英雄之出現，捨身爲衆以圖存救亡。否則，龍城飛將不出，胡馬必渡陰山矣。而先知先覺者，以其蓋世聰明，發明方策爲國病救藥，又以高尚人格，感服群衆，更以絕倫精力，刻苦力行，盡生而後已。故以其主義，以其人格，以其精力，遂獲衆信仰而領導革命運動，彼言衆信，彼行衆隨，彼倒衆繼，以期達到共同目的。初，民衆之與先覺者接觸也，僅對其人格行動反應，及其主義成爲代替刺激也，民衆之反應便成爲交替反應，而此主義之內容及其價值，逕由此革命領袖之努力，逐漸擴充及全體民衆。於是，群衆之舊態度乃漸消沉，而新主義與新風氣起而代焉。

由此以觀，則先覺者之提倡新主義，原非個人營私，實係天下爲公之舉，蓋其小我早既鎔化於大我，其冥思苦索而得到之主義當爲大我普遍之眞理，而其捨身爲群之精神莫非群我生命之表示者也。若是領袖之意志即群意，民衆不服從之，則勢必反群。夫個人一生涵養人格成功者，必由自己爲己而爲己爲群，而爲群忘己，而爲群滅己。既而先覺者爲公服務，爲生盡生，而忘己，而不怕滅己，然群衆尙不同情，不服從，不擁護，是違修身之道，淑生不可期也。

第七章　中庸齊家

甲、何以持家？

《大學》之所謂齊家在修身者，蓋凡修身成就者必能父父子子名實相符故也。爲父者慈，爲子者孝，爲夫者和，爲婦者順，爲兄者友，爲弟者恭，是齊家之信條也。又曰：「治國，必先齊其家。其家不可教，而能教人者，無之。故君子不出家，而成教於國。孝者，所以事君也。弟者，所以事長也。慈者，所以使衆也。」溯自原始時代以來，人類之各種社會生活，無不起源於血緣之結合，而據以爲基礎。而血緣社會之最重要者，厥爲家庭。故儒家以爲欲治國必先齊其家。

夫政治結合爲人類群棲營生最大規模之體態，其在往昔大家族制度之血緣社會籠統一切社會勢力時代，齊家問題在政治上之重要性，更可想而知焉。其在今日，則交通發達，教育普及，人智開明，社會生活日益複雜，舊式之血緣社會既不能包辦一切社會行動，乃又不得不縮小其規模矣。所謂「小家庭制度」於焉萌芽，而其他各種特殊之社會結合，亦應運而興。坐是之故，凡在今日談齊家問題者，須依　蔣院長之高見推廣家庭之含義，泛指全國家家戶戶，或國內一切團體，機關及社會，例如學緣之結合、職緣之結合、教緣之結合等，是也。⑰既而社會生活複雜若是，齊家問題之解答亦當包括家庭以外各種社會之組織與管理問題。雖然，組織有序和管理得法二項，誠爲各種「齊家」共通之原則，茲本書不及舉例引證以細究各種各項，故姑略之，單就血緣社會方面齊家之因素發表一系統之論說，以資讀者之參考。

大凡研究齊家問題者，若由持家與成家二面考究，則家庭之緣由及因素可明白，

⑰ 參考本書第五章甲節。

而其組織與管理諸問題可迎刃而解焉。持家者，維持家庭之生存也。故持家猶持生，既欲保存現成家庭，更欲永續家庭於將來。由是以論，則持家爲齊家之主因，而成家即爲其助因也。復次，持家者，持生之一過程耳。故持家之動機乃出自持生之根本衝動，即食色二慾，前者有保身之用，後者具延種之功。而本章內容每論及食色二慾之調節，蓋吾人食色無調節必走極端，不右傾禁慾⑱，則左傾縱慾⑲，二者俱非中庸之道，更非治家之策矣。俗稱治家者，實則食色二慾之調節，齊家之謂也。

「食色性也。」夫食色二慾既爲吾人天生之心理作用，人生爲生，又何必調節若是原性？曰：「人生群生，個人之間，食色原性不調和，則生紛亂而相殺，又不節制，則禁縱無度而自滅。」茲所謂「食慾」者，乃包括一切衣食住行方面之慾望，民無恆產，必無恆心，無恆產而有恆心者，惟士爲能，故一般民衆之重禮義廉恥者，以其理智之知善惡明是非，不若其肉慾之受外面威力之調節故也。

吾人因食慾之持生衝動，乃有覓食之行爲，爲覓食乃不得不謀事，而謀事乃不得不備一藝之長。夫衣、食、住、行者，乃覓食動作之對象，人生在世，先求諸人，後靠自力，以圖存己及存人。在初，不過求得生活之需要耳，次則謀安適，謀快樂，

⑱ 佛家每苦行之。
⑲ 共產黨之暴行肉慾主義爲其顯例。

謀奢侈，久而久之，一切安適、快樂、奢侈等，均成爲日常之需要，於是淑慾重起，更想改進，得隴又將望蜀矣。此誠物質文化爲生工具進步之根本理由也。例如旅客經過沙漠，路上有水便飲，以應付生活需要。沙漠住民則逐水草移住，以求安適。嗣後以泉流之水爲不安適乃鑿井求飲。更後又以井水爲不潔且不便，乃蓄自來水用管導之。但普通自來水，不便即飲，故現在世界最開化之都會，自來水必預先經過消毒殺菌之過程，故不熱而飲可無病害，此爲文明社會之需要，但以沙漠居民觀之，則奢侈之極矣。

吾人幼時，謀生求活，莫不賴於父母家長，稍長則學習謀生之道，及壯，則不僅能自營自活，又得以贍養妻室兒女，並將服務社會，效力國家焉。雖然天惠有厚薄，或生於富貴之門，或生於貧窮之家，生而貧窮者，不必凶；生而富貴者，不必吉，蓋主持各人一生前途者，捨己無他。故家門不裕，父母早喪，自幼即須謀生以自活，而明處世之道，刻苦營生，遂立業致富者，到處皆是。反是，生爲豪華公子，寄生家產，既不學一藝之長，又無理財之能，父母去世，揮霍殆盡，遂淪爲無賴無能無業之遊民者，爲數不少。故一藝之長者，無論貧富賢不肖，凡人所必備者，自營自活之道，惟此是賴。

然則何謂「自營自活」？大凡人類集合群生也，各個人無所謂靠己而不求人者。

在複雜社會之內，人力有限，各有所能，故成人須據其擅長，尋職謀業，加入各種機關，分工互助而共生，以持生。若夫職業之選定，其標準寧以自己興趣之所趨，才幹之所擅，勿專以靠環境爲轉移。吾人苟有一藝之長，善盡所能，專心一意，百折不撓，勇往直前，則終必有成就之日；否則，處世盲目，有錢便領，有官便做，朝秦暮楚，其遺害國家，其流毒社會，必矣。

雖然，方今處世投機者，何其多耶？曰：「職業教育失敗故也。」夫青年畢業欲尋出路而無一藝之長，即順風轉帆，而養成投機搗亂之慣技外，此別無能爲，遂致男無女，分無歸，社會不成體統。

考中國目前職業教育之弱點，不僅小學中學缺少初等中等職業之訓練，大學專門教育亦不善養成一藝之長。小學畢業生，不進上級學校，如對於買賣、手工、耕種，毫無基本知識，則其所受教育不克助其謀生矣。小學畢業欲進上級學校，如不預備將來進大學或專門學校，則雖入中學，將來畢業，其所受教育亦不克助其謀生，蓋中學畢業不進大學，則教書每不如師範學校畢業生，經商每不如商業學校畢業生，作農更不如農林學校畢業生。至於大學畢業生，何以不易尋出路？中國人口平均一萬人之中僅有一人在大學肄業，何以畢業生安置之難耶？曰：「不因無業，原因無能。」中國目前之大學所授，不過高等常識，專門學識及專門技倆，極其缺乏。查大學學生在校四年之內，就某一系學得三四十個學分，加以一篇論文，便得以該系爲主系畢業。故政治學系畢業生，僅獲得政治學之常識，經濟學系畢業生亦然，物理學系畢業生亦然，化學系畢業生亦差不多。若是云，則不特其所學不足爲用，並不可以用，蓋課本及講義之內容每不合實際情形。故欲在政府機關就職，則須重新受訓練，欲在銀行商鋪就職，亦然。如斯，則四年之大學教育，眞何苦來？又理科畢業生，一至工廠，每嫌機械之落後，工人之粗陋，或設備之齷齪。如斯，則四年教育又歸於流水矣。大學畢業生，頗有願當中學教員。但大城中學有人滿之患，到鄉下如不能忍苦，則其出路之難，更甚矣。

吾國職業教育之失敗，多因制度不合國情，模倣美國制度過甚故也。夫以美國教育之普遍，產業之發達，人材之衆多，當可不必於初等中等學校造出專門職業之人材。故其大學文理科，可當爲高等基礎教育。欲學醫者，往往須先畢業理科，欲求法律者，亦每須先畢業文科。反是，吾國受過新式職業教育之人材極少。故當在初等中等學校開始職業教育及專門訓練，以應一時之急。否則對于每個有爲青年，須待其在外國研究院畢業回來，或繼續受二十年教育⑳，國家始獲其用途，此不只時間金錢不經濟，

⑳ 若小學六年，中學六年，大學四年，醫科四年，是也。

事實上每不可履行。治國教民者，於此不可不注意焉。

爲人處世，因少一藝之長，遂不克謀事就職，因無職業，遂無可覓食，生活於是失中不正，其走端極者，乃絕食餓斃。然此種行動，保家不成，延家不能。故有家庭妻子爲慮者，既不克由正道覓食謀生，欲持家，乃又不得不走入歧途，小則投機過日，大則偷盜爲生，是又一極端之下策矣。故凡爲父兄師長者，爲子弟生徒前途計，當勉勵其努力於技能之學習並促成其自立。不問其天資，不援其自立，而專以己志爲志，以己能爲能，畢竟其將來寄生不能，自立不成，持家更不可得焉。

乙、如何成家？

上節所論持家，既已包括現在家庭之維持與延續家庭於將來諸問題，成家問題茲特分節探討之者，蓋時代潮流漸趨於小家庭制度，青年男女對於配偶與成家，既已要求自主之權利，當履行自立之職責，故須確立正當之見解。其在大家庭制度之下，小家庭由大家庭分出，並賴大家庭以支持，故青年男女之成家，既無自主之權利，更無自立之職責。今則不然。雖然，青年男女欲自主成家，而欠指導，則有濫用自主權利之患，欲自立持家而欠能力，則有難勝自持職責之虞。故對於成家有確實之認識，則其行動可不走極端，不入歧途焉。

由食慾發生職業問題，由色慾即演出婚姻問題。夫人類爲色慾之持生衝動，乃有求偶之行爲，爲求偶乃不得不成家，而爲成家乃不得不具專一之愛及支持家計之能。以色慾爲動機，以延種爲目的，男大當婚，女大當嫁，是生物定律使其然也。動物雌雄，爲生結合，人類婚姻之根據，亦不外乎此。

按社會學家之硏究，有史以前之人類，業已經過無數之經驗而演出族外婚制度，而同族近親不婚。蓋同族近親之婚姻，在遺傳方面，每發生不良結果，又在心理方面，不能釀成濃厚之情感。此古今人類之所共認者也。在此族外婚制度之下，成婚之法不同，搶掠、交換、服役、購買、私奔、同意六種，爲其主要者。

初，原始時代，異族之關係，常在鬥爭狀態，故族外婚每用武力，或明搶，或暗掠，始得以解決，尤當族內男子在一定年齡，經進社禮而被列爲成人之後，族人每結隊掠奪近鄰異族之女子，而未婚青年各分一人，以物爲記，若文明人之手指，其痕蹟是也。然而搶掠每勞力傷人，且自族女子亦須出嫁，以其互相搶掠，不如互相交換，和平解決，文明人因此異姓聯婚，甚至姑嫂對換之舉，亦屢見焉。原始時代之搶掠式及交換式之婚姻，原出於團體意旨及團體行動，比及文明開始，個人行動逐漸萌芽而發長以至今日，有服役、購買、私奔、同意四式婚姻是也。青年服勞女子父家，至一定年月，得以自由攜妻子外出自立成家，今日之招親或入壻是其痕蹟。至於購買式之婚姻，當時人類既生貧富之別，男人成爲財富之主，婦人漸淪爲奴隸矣。故男人每用財力購買妻妾，迄今如故。今日之倡男女平等者，每主張廢除奴隸買賣痕蹟之聘金爲前件，良有以也。

所謂私奔式之婚姻，無非個人自由戀愛，不問家長族人同意而結合，文明時代常有之事也。古代男子每遠出異域，偶與一女子相遇，一見傾心，依依不捨，遂呈其技巧，或唱歌或彈劍，以惹女子注意，女子如以其爲威武可愛，則身漸接近以與相識，久後遂生情感而願偕老。於是，男子乃帶女子，遊山過嶺，繞途以歸，自是，女子每次想念家鄉必回憶路途之崎嶇遙遠，以爲無法可歸不若不思歸矣。今者，新婚夫婦輒作蜜月之行，其爲私奔繞途以歸之現代化者乎？

同意式婚姻，有中人媒介而由家長主張者，有係本人自主者。前者，不問個人之意志，單以大家庭之門當戶對爲原則者，於中古社會，農業文明地方，常見之。至於後者，乃以個人主義發達之後爲常。按之生物學，雌雄個體之爲生結合，莫不出自自由意志。故惟本人同意之婚姻與自然定律相脗合。

然而今日之摩登男女頗有以個人自主之婚姻與戀愛之婚姻同一視，而引一切自由之結姻爲時髦者，是大錯特錯。夫自由結婚非均以戀愛爲惟一條件者。大凡自稱據戀愛而結婚者，觀其所由，察其所以，則其實質或爲功名，或爲富貴，或爲時勢，或爲環境，而所謂「愛」所謂「戀」者，徒負虛名耳。縱使有之，即爲其果，而非其因焉！愛其財，故愛其人；戀其富，故捨不得其身。此浮世之常也。

坐是之故，本人自主所締結之婚姻，可大分爲四類。絕對站於唯物的立場，即有利用式之結婚，富翁買美女，是其明例也。蓋富翁利用其美色，美女利用其財富。若是互相利用，比及色衰、財盡，則各懷異志，琵琶別抱，燕雀分飛矣。世道日非，意志薄弱之青年，惟投機是尚，由自由結婚而自由離婚者，日多一日，是又處世缺少堅固之中庸思想，遂走極端，誤入歧途之所致也。反觀由家長所締之婚，則頗有恩愛異常，夫唱婦隨，安渡一生者。以此較彼，誠有天淵之別矣。

本人自締之婚姻，又有屬所謂「替代式」者。青年男女精神敏活，過目不忘，臨時遺愛，到處留情，故一人不「兼愛」二人，則「博愛」數人，左思右想，優柔不斷，遂致本人不克與最愛者結合，而以次愛者替代，又因躊躇不決，不克與次愛者成家，而望三愛者進行求婚。如斯以乙代甲，以丙代乙者，亦不爲奇，原因青年情意薄弱缺少父兄師友指導故也。故爲父兄師友者，居常當負予以助言忠告之責，否則有爲青年，婚事一失，遺恨千古，甚至自怨命薄而尋短見者。更有矛盾之社會風氣，既承認社交自由又容許其不平等之舉措者，致男不問女，則女不求男，遂使爲女者忽過機遇，而其所與結婚者，非其所最愛者，人生悲劇，無過于此矣。

第一類自由婚姻，中物質之毒，而第二類則受精神之愚。至第三類，則先被物質精神之要求所誤，後爲空間時間所限制，遂於糊裡糊塗之間締結婚事，所謂「倉卒式」婚姻是也。青年血氣旺盛，思想空浮，且富於自信而擅於自負。故對於婚姻問題，每不自量，惟知苛求於人，其條件之嚴且多，不拘三七二十一項。而以宇之闊宙之長，何處何時可覓得適當之對象哉！不知不覺之間，學校畢業，謀事不易，求偶機會遠逸，故致隨時隨地有婚便結者，殊爲不少。結果，餘生以其謀恩愛成家，不如求敷衍渡世耳。縱使夫妻之間有愛，此愛固爲婚姻之果而非其因，若是自主婚姻，遠不如家長所締者，更可瞭然。

最後，所謂「戀愛式」之婚姻，乃由戀愛之成熟而結合成家之婚姻，此不僅與自然定律脗合，並在萬象通則有切實之根據。夫生爲宇宙之中心，故爲生者合。生爲宇宙之功能，故生生之衝動到處可見。生爲宇宙之本體，故時空既從是出，當不得予以限制。是以某男某女結合而最善爲生者當合，而在其初次相見之際，即有生生之衝動，是爲戀愛情感之萌芽。然此衝動原出自本體界，非統制現象界之意志所能操縱，並非認識現象界之理智所能發現，而獨於無意不知之間，靈感以推測之者。人生各賦有靈感之機能，及長，則此機能人人不同。故獨靈感敏銳之人，可有「一見如故」或「一見傾心」之經驗。故戀愛情感有萌芽於初次會面者，又有循時緩進者。比及成熟，必具專一之情緒，由專一情緒，培養平素互助之意志，並引起臨難犧牲之精神。故無專一情緒之愛，非愛也。居常不願互助，無愛也。臨難逃避，無愛也。此爲戀愛之準則，青年讀者，尤宜愼焉！

由上以觀，則愛情，或因或果，當爲婚姻所必備者，無愛之婚，非中庸正道，與不愛之人結婚，或與不良之人成家，遠不如抱獨身主義以克己合群服務社會之可樂也。尤以婦女之智德兼備者，謀事既易，自立不難，若其有婚便結，有人便嫁，飛蛾投火，其此之謂乎？

男女以結婚而成家。然家庭組織有基於父子關係者，有基於夫婦關係者。前者盛行於游牧及農業社會，其規模宏大，甚至有若唐張公藝，九世同居，不分家者；後者適宜於都市文明之工商業社會，而以夫婦一對爲主，兒女婚嫁，即聽其另營小家庭。雖然，在文明進步之社會，職業部類繁雜，子能襲父業者少，故每因職分差異，而分家他往，但交通便利，千里猶如比鄰，遠遊亦必有方焉。

及其成家，夫婦有別，各有特殊職分及一定義務。否則家不成而不可齊。家不齊，則國必亂。夫家政者，本也；國政者，標也。凡民族之強，不但強於國政，家政亦必強，不特將相有人，賢妻良母亦不乏其人。此古今中外社會現象之通則也。坐是之故，婦人一生苟能爲賢妻良母，則其勳功榮幸當不在勇將賢相之下。輓近社會人士及教育當局乃有專倡女權而不提及婦道者，以致男女欠別，治國不成，齊家不能，夫婦爭權，兄妹奪產，世衰道微以此爲甚。是社會風氣無一準則而個人思想行動不能徹底之所致也。既而婦女須負賢妻良母之責，男人應悉其力盡其能以維持家計，且婦女盡職以與丈夫互助，非寄生者比，故夫婦有別，而互相尊重彼此職分與地位，家庭之內始得有天倫之樂。若夫婦別而不順，則欲齊家更不可得矣。

第八章 中庸治國

甲、何以必須治國

齊家者，組織家庭管理家政之謂也。治國者，組織國族管理國政是也。然則治國在齊家，家既可齊，又何必有專門治國之機關與人員？往昔原始時代，人口不多，社會簡單，故家猶國，國猶家，治國猶齊家之易也。今則人口衆多，社會繁雜，血緣結合縮小其範圍，而地緣、職緣、教緣等之新結合應運而興，遂致個人與個人，團體與團體，又個人與團體，每以志向差異，或立場懸殊，或步驟隔閡，共生既難，共榮更難矣。坐是之故，個人團體彼此之事宜，須有共同之特殊機關並公認之專門人員出而維持彼此權益之均衡，並推進各自之發展。故在人易與人爭之時代，爲政致治必須成爲專門事業，非血緣地緣教緣職緣社會所能兼顧者也。故曰：「有國必有政，有政必須治，致治須爲政，而爲政必得策焉。」是以本章先檢討政治之起源及由來，而後講究政治之性能與功用，是甲乙二節之題旨也。

追溯人類文化之發生，約在二十萬年前。當時環境到處有毒蛇猛獸。故原始人類求生乃必與野獸爭，初折樹枝爲木棍以與相搏，或擊擲而自保，克服野獸，則食其肉而寢其皮，此爲人與獸爭而用木器時代也。嗣後，人類乃發現石塊更有用，於是磨石成斧矢，以爲漁獵與鬥爭之器械，是稱爲「石器時代」。石器之後，繼以銅器，銅器之後，有鐵器出，而在今日，即有蒸汽、電氣、瓦斯、光線等各種機器，起而盛行于世矣。

石器時代可更分爲「舊石器時代」及「新石器時代」。舊石器人類之出現，距今約二十萬年。而因其人智力甚低，所製成之石器粗陋異常，語言尚未發達，居常裸體爲生，而無宗教之痕蹟。然以天氣寒冷之故，營穴構巢，鑽木或擊石以取火。至於團體組織，亦不過家族範圍之稍擴大而已。終舊石器時代之十五萬年，其棲息於法國地方者，已具有多少藝術才能，在洞穴中之平石上，遺留有所描刻之獸形及人形之類。

由舊石器時代入新石器時代，距今約五萬年。現代人類由新石器人類進化而來者，而新石器人類乃由舊石器人類進化而來者。新石器人類智力頗高，所製石器工夫精細，狩獵有弓矢，語言發達，以紡織衣裳被身，而其生活漸由漂泊而固定。當是時，人與獸爭，已獲勝利，人類乃能馴服動物，逐水草移住，及到氣候溫和土壤肥沃之地帶，即停留而營稼穡，飼家畜，造陶土，磨石器，練金屬，聚集少許茅屋成小村落以居住，又相信來世，人死即掩埋以墳墓，現代政治雛型於是以定。

夫政治既起源於吾人共同之要求，方今世人分門別戶者，何以？關於人種之起源，中外神話大都偏向一源之說，尤以希伯來民族之創造論爲最明顯。據說，宇宙主宰爲一萬能之上帝，先創造天地萬物，最後創造一男一女。男曰亞當，女曰夏娃。其子孫繁衍至挪阿時，播滿地面，無惡不作。獨挪亞一家虛心敬虔上帝。於是上帝決以洪水掩滅人類，獨救挪亞一家。挪亞乃懇求上帝緩下洪水，自己則盡心傳道，勸世人悔改前非以向眞理，經一百二十年，而無有一人改過者。上帝於是下雨四十晝夜，而挪亞家族夙既上船以幸免大難。及洪水退後，其三子成爲人類種族之始祖。而政治上倡「神權說」者，多根據此。

輓近科學昌明，學者多以《聖經》之記事爲無稽之傳說。十九世紀以降，學者頗有倡人種多源說者，以爲人種之分別遠在人猿未進化爲眞人之前，故白種人之始祖爲一種人猿，黑種人之始祖又係外一種人猿。時方歐洲列強，對世界各弱小民族，行其帝國主義，在美洲，則當紅種土人被滅，黑種奴隸被殘之際，此說誠足以風靡一世，而以奧國學者甘布羅委（L. Gumplowicz, 1838-1909）一八八三年出版之《種族鬥爭》（Rassenkampf）一書爲其極點。氏以爲人類相殘原因種族來自多源，而人類史上每有異族相混終能溶合爲一團者，蓋征服者大凡採用被征服者之語言，而被征服者被迫敬拜征服者之神靈故也。而政治上倡霸道君權者大都推崇此說。

雖然，自十九世紀後半起，人種一源說又復逐漸抬頭。同在一八八三年，美國植物學家兼社會學家，華得（L. F. Ward, 1841-1913）根據生物及社會進化之原理，立證人類來自一脈之說，一九〇三年，華氏渡歐在顧拉茲（Graz）大學與甘氏會談之後，甘氏亦自改其說矣。

入二十世紀，學者大都贊同人種一源之說，尤以英國人類學家，基士（Arthur Keith）爲力。然則人種分於何時？在其名著《人之往古》（The Antiqnity of Man）一書（第五〇一頁），氏以爲人種之分當在四十萬年之前。反是，著者本人按：人種之別當在舊石器時代與新石器時代之過渡期，距今不出五萬年。蓋當此時期，據地質學家之說，地面寒冷，到處冰水滔天，獨中央亞細亞高原，稍可以爲人類避難求生之處。且東方民族之神話，概有遠祖西來之傳說；西方民族之神話，則有遠祖東來之傳說；而南方若印度民族及其先住土人，則有遠祖北來之傳說。總之，世界主要民族似乎俱指中央亞細亞之高原爲其祖宗之發祥地。凡倡王道民權天下一家世界大同者，殊有據此科學論證之必要。

又人種據體質之差異而分者，似乎可不需四十萬年之歷程。夫人類之體質，可依氣候、地土、產物等自然環境之差異而改變，又可依衣、食、住、行等文化環境之差異而改變者。假使有人偶而徙居於不同之自然及文化環境之中，不出數年其膚髮必生變異而漸與該處住民同化，如更過二三代，則其子孫之體質特徵，若骨骼、頭顱、眼、鼻等，必漸與土民接近。故學者有信澳洲白人，雖不與土人混血，爲以求生之異，不出五百年，必成爲一特殊之種族。由是以觀，假使新石器人類在五萬年前由中央亞細亞分散四方而各團體到處求生，開始其體質之不同之演化，長此以至二萬年前，各種體質之特徵必固定矣。

學者據人類體質之異，有分爲三大種者，有分爲五大種者，又有分爲七大種者，不一。本著者按：人種爲黃白黑三大分類，較爲妥當。至於美洲之紅色人，印度之棕色人，及南洋島嶼之土人，似乎由環境之差異及異種之溶合所產生之特殊之種族。例如印度住民，先則北有黃人，南有黑人，彼此逐漸相雜，其後則有白人由北方南侵，步步克服先住黃人及黑人，既與先住種族混血不少，征服者爲要保存其特殊地位，乃釀成階級，藉以永遠與被征服種族隔離。然以印度氣候、土地、產物，殊與中央亞細亞異，阿利安族之侵入印度者，其謀生之道亦因之移而促成其固有之文化。今日單就體質特徵言之，上層階級之印度人，大都為白人侵略者之後裔，故階級愈高，皮膚顏色似乎愈輕；並以北方氣候地土產物與寒帶或暖帶接近，印度地帶愈北，其居民皮膚顏色似乎愈輕。故人類出自一脈，而後似乎分合無常，以至今日，但今者人智啓明，知識普及，交通發達，故世界種族似由分而向于合。由上以論，則凡倡王道民權者，殊有據此科學上證據之必要。

初人與獸爭，獸已敗北，其次，人與天爭，天則讓步，自是以降人與人爭，則日甚一日矣。大凡同類動物之間，彼此求生以持生，其壯強長大者，必扶助老弱幼小者。然「萬物之靈長」之人類之間，每鬩牆相殘者，何故？

原始人類，智力未啓，知識偏狹，居常處世，求生我見愈發達，則人我之分別愈嚴，自私之觀念愈強，嫉彼忌人之癖愈深，人人火拼之禍患由之起。夫外人之入異域與土人雜處，稀則見奇，多則生厭。故團體間之爭鬥，莫大於國際之間者，至於舉全人種為單位而互相鬥爭者，自古未之有也。美國南北內戰四年，結果黑奴獲得自由，但兵戎相見者，同係白人也。最近大戰，本由於歐洲白色帝國主義間之火拼，但同盟國有異種之土耳其，聯合國方面則有非洲印度安南等，異種之軍隊，中國、暹羅、日本，均加入英法而與德奧決裂。世界第二次世界大戰，或以為將係人種間之鬥爭者，是荒謬之極。蓋各人種內部之分裂較諸人種間之爭執猶烈。此後戰爭，當如　總理所謂，不在人種之間，而在民族之間，必係被壓迫民族與壓迫民族之爭，換言之，公理對強權之宣戰，是也。然則民族之爭何來？

據體質特徵之差異，人類得以大分爲三種，若據文化特徵之差異，則人類之分，其數目更不可枚舉矣。夫人類環境刺激愈增加又適生機能愈發達，則問題愈多且雜。於是人類欲解決此問題以謀淑生之道，乃推動理智，其在客觀方面，則以使用外物，發明器具，結群聚居，增進生趣，其在主觀方面，則以產生語言，發明文字，創作藝術，整理知識。故俗稱爲「文化」者，不問其屬主觀或客觀，無非淑生之道，改進生命條件之應付是也。然則人類適生機能可大同小異，但以環境之差異與夫問題之懸殊，其所造就之淑生之道以時移，並因人異，各時各地人群之淑生之道之不同者，自不待言。而文化之不同，即民族分立之所以也。故各群人類之淑生之道，如互相齟齬，而成水火，則成爲人類內訌之緣故並自滅之武器矣。是以人類之分化鬥爭，其故原在文化之齟齬，而不在體質之差異。

綜觀人類之紛爭，大因謀生之道不一，每演出互相仇視之惡劇。若夫因生活樣式不同，遂致牧者與農夫，或農民與商賈鬬爭，其一例也。其次，物質文化進步不等，先進幸運兒每以制勝野獸克服環境之工具加諸後進者，人與人間強盜生焉，國與國間霸道行矣，尤以機械文明發達，生產力增加，財富集中，貧富遠隔之後爲甚。復次，人群聚生，體態久而愈雜，各種社會制度，成互相牴觸，或與時代之需要相悖，從而各個人或守舊忌新，或排除異己。其在人類推動理智以表現於主觀方面，若言語、文字、思想、主張、宗教、信條等之差異，亦足促成人類之分化者。坐是之故，凡一群人之共生，必有其特殊共同之事宜，有若是特殊共同之事宜，則有共同管理機關之必要。故曰：「有國必有政，有政必須治」。國之所以須治者，以此。

乙、何以治國？

夫「致治須爲政，而爲政必得策」云者，蓋凡求治去亂者，須先審察衆人之事而後辦理衆人之事，而欲審察衆人之事必得輕重本末之別，欲辦理衆人之事必得辦事用人之法，否則求治不成，造亂難免矣。

人群共生，當安逸承平之時，則無問題，當煩雜混亂之際，則其社會生活動搖混亂，而需要調整等，問題生焉。若夫人以時移政因人變，政治生活每處於動搖無定之中，其管理則無時不需改進。統觀中外古今，地殊人異，或以時代不同，或以民族相別，或以地帶懸隔，政治生活動搖之重心從而不一。更以學者觀點立場不同之故，其政治思想之中心問題每非當時政治動搖之重心者。若夫古代希臘民族，獨處於巴爾幹半島尙自支離細分爲無數小國，雖東迫於波斯，西壓於羅馬，其聖賢若梭克拉底

（Socrates, 469-399B.C.）、柏拉圖（Plato, 247-347B.C.）、亞里士多德（Aristotle, 384-322B.C.）輩，乃不以國族問題爲政治思想之中心，而拘泥於人（善人）民（良民）問題之硏鑽。故希臘時代之政治思想多半繞此問題以旋轉。羅馬人士則注意版圖問題，希伯來人則根據神人問題。中古以降，政治以時移，其中心問題亦從之變。初，基督教思想普及羅馬帝國及其治下民族也，則有聖（天國）俗（人國）之問題，嗣後乃生政教之紛爭。近代則有君臣、君民、官民、階級、及國族諸問題，尤以官（政府）民（百姓）問題、階級（士農工商）問題、及國（國家）族（民族）問題，爲十八世紀以來西方政治思想之中心問題。其在我國，爲政致治之中心問題，則以派別異，若儒家與道家，雖有積極與消極之別，乃均以人（道德上之善人）民（法律上之良民）問題爲中心，墨家既倡兼愛尙同尙賢，則以打破階級國族之界限爲主旨，至於法家商韓之流，則專力以解答君民及君臣問題矣。中古以來，儒教成爲正統思想，故學者之談政者，多倡禮治爲主，刑治爲輔，迨至近百年，歐風美雨接踵驟至，從而民族思想、產業方式、政治組織等，均爲所搖動，近代西方經三四百年始得以解決之各種之問題，一起發生於中國。時代潮流若是，國人如不能迎頭解決之而只拭目以待於三四百年之後，則圖存救亡不可得，富強更無望矣。

職是之故，孫總理身生外患內變之際，夙悟爲政致治之道，常以爲泰西耗費三四百年始得以完成之革命，我國必須於幾十年之間完成之，故乃倡立三民主義，以民族主義解決國族之糾紛，以民權主義解決官民之爭執，而以民生主義彌縫勞資之隔膜並地主佃戶之懸離。換言之，國族、官民、階級三問題者，總理政治思想之三大中心問題是也。西方列國之解決此三大問題，或以時代不一，或以地域不同，故每陷於極端策略，迨歷長期苦楚，始有上正當軌道者，然尚在動搖無定者，殊屬不少。苦法國之官民關係由專制政治至暴民政治反覆無常，經七八十年之時間，始上軌道。若俄羅斯之階級關係，則由貴族地主階級之專制，一躍而達左傾極端，貧民無產階級取以代之矣。夫單解決階級問題而置官民與國族二大問題於不問者，每有墮於共產主義或資本主義之虞；單解答官民問題而不顧國族與階級二大問題者，不走寡頭專制則陷於暴民烏合之無政府狀態矣；至於國族問題之解決，凡不慮及民權與民生者，縱不倡帝國主義之名，亦必行國家主義之實焉。　總理有鑑乎此，特創系統一貫之三民主義，而胡展堂先生大倡特倡「三民主義之連環性」，固有由來矣。㉑

且夫國族、官民、階級三大問題之解答，學者每有趨向極端而不及維持政治上之安定者。是故　總理之三民主義，處處指示中庸之道，而描寫康健之政治體態。㉒夫

㉑ 參照胡漢民著《三民主義的連環性》與《三民主義之使命》。

㉒ 參照戴季陶著《孫文主義之哲學的基礎》。

爲政致治之道，凡以人爲武力立國者，非自然也；行霸道之實而倡大同者，虛僞也；凡以自然合力結族立國者，正當之軌也；由民族之自決以進大同者，王道也。霸道不自然而逆天，必亡；王道自然順天，必昌。故治國以中庸，中則不走極端，庸則有用可容。約言之，執兩用中，王道之謂也。民族主義既然，民權主義亦然。夫官權過大則趨暴虐，民權過大則易放恣。故欲調和官民之權務，總理乃作權能之分並劃政權治權之別，以爲國家大權雖屬人民，然因人民缺乏特殊技能，管理國事，非付託於少數專家不可，故政府具有行政、立法、司法、考試、監察五大治權，立法與司法在西方近代史上似既由行政獨立，考試與監察之在中國，其獨立爲時長矣。至於人民方面，乃保留四大政權，選舉、罷免、創制、複決，前二權屬政治方面，後二者係法律方面，各方面之備有二權者，蓋一爲積極的建設，一爲消極的改革。由是可見 總理執守中庸之道以維持官民權務之均衡，其處心積慮可謂遠大矣。其在民生主義，則中庸之道更決加顯明。若夫英美式之資本主義及蘇俄式之共產主義者，極端之偏依也。故 總理之民生主義既不走任何極端，但對於英美蘇俄之制度思想之有用者，莫不盡量容納之，結果乃倡節制資本與平均地權爲對策，藉以解決階級問題也㉓。是知政治康健皆

㉓ 總理在第一次代表大會，曾格外說明民生主義，以爲社會主義、共產主義與集產主義，均包

以中庸爲原則，有偏有倚，則動搖而衰弱，其在今日之我國，則三大中心問題須一起解答，始得事半功倍焉。

由上所論，殊可見　總理政治解剖生理及衛生之綱領矣。吾人更進一步，則可窺總理之政治病理論、藥物學及治療法，得以明瞭爲政致治之途徑焉。夫三民主義既而描寫政治之康健㉔，凡不便實行三民主義而享有若是健康者，定有病症之阻礙。試診中國民族，其「知易行難」之論調，遂釀成奴隸心理之病症。假使亡國民族心理不能變成強國民族心理，長此以往，則中國民族在世界上欲與歐美日本民族爭自由平等既已無望，焉能實行所謂「民族主義」者乎？故目前欲改良民族性之唯一救藥者，「知難行易」學說之倡導，心理建設是也。心理病症若是，物質病症亦然。中國民族更患經濟上之病症，考其根源，無非生產落後，交通滯阻，及金融混亂等。故目前欲改良物質生活，全國必需改進產業、發達交通、安定金融、統一貨幣，否則物質建設不能如此，而求民生主義之實現，不可得也。心理物質病症之外，尚有社會病症。夫中國人心渙散民力不凝結，亡清之專制有以致之，若集會有禁，文字成獄，偶語棄市，

㉔ 即民族之解放，民權之實施，民主之滿足，是也。括在民生主義，故民生主義與共產主義乃有範圍大小之別。換言之，共產主義之有裨益於民生者，民生主義必容納之。

是也。結果，人民既無集會、出版、言論、思想之自由，更不知如何享用若是之自由權益矣，畢竟不爲一盤散沙，即爲暴亂群衆。故目前欲補救此社會病症，必由集會養成社會規矩，否則人民在最簡單之集會尚且不善享用初步之民權，欲大政緣社會實行民權主義，不可期也。

上述爲　總理政治病理論及藥物學之基要，多屬學理上之議論。至於實踐方面之治療法，則　總理劃定軍政、訓政、憲政爲治療國病之三大步驟。夫病症有本末重輕之分，其在病深症重時，醫師每不得不訴諸「武力」，俗謂「以毒攻毒」，打針、開刀、下劇藥等，是也。故革命之第一時期爲軍政。其次有長期之訓政，一面抑制陳腐制度與思想之復活，一面予人民以新主義並增進新制度，是猶病後之調養身心也。憲政時期則屬健康狀態，身心可享用一切自由矣。

總理醫科出身，而一生以治療國病爲職責，可惜國病未癒，便與世長辭，遺囑同志繼續努力國病之治療。　蔣委員長繼承革命之道統，見義勇爲，毅然誓師北伐，剷除一切障礙。㉕而今軍閥倒斃矣，土匪息影矣，共產黨竄走矣，然內患尚未全去而外患接踵而起，軍政豈以訓政開始而必終止者乎？且夫人以時移，政因人變，故爲政致

㉕參照戴季陶著《國民革命與中國國民黨》。

治須以教養人民爲本，民不教則好犯上而好作亂，治國猶徒勞也。故訓政，因也。憲政，果也。國內苟常有幼少之兒童及失教之成人，然則訓政豈以憲政之施行而必終止者乎？夫三民主義者果，建國方略者因，是又明達之士不至誤解之題也。㉖

第九章　中庸平天下

甲、何以必須平天下？

《大學》之道，在明明德，在新民，在止於至善。吾人格物，致知，誠意，正心而明吾人之所得乎天，又修身，齊家，治國，平天下而推自明之明德以及人，使其亦有以去其舊染之污，皆以達到至善之地。此明明德新民最後之目的也。蓋人生盡生以用，各個人必有以盡夫天理之極，而無一毫人欲之私也。人生一世，與群共生，必須以修身爲本。身之不修，無以齊家，家之不齊，國何以治？國之不治，固無以平天下矣。雖然，身既修，家既齊，國既治，天下可不平而自平者乎？吾人既已治國，又何必潛心致力於平天下耶？

㉖ 以上參照拙著《孫中山之政治醫學——總理遺教綜論》。

夫明明德新民之目的在止於至善，欲達到至善而不遷者，須審善惡之別，並察貴賤之分，其屬惡賤者，當與奮鬥而救濟之。故凡欲明明德於天下者，必知至善途上之荊棘障礙而剷除之，否則天下結局無所可歸，個人畢生無處可止矣。夫平天下也者，三綱八目中最高最後之階段也。故下層階段之障礙均是上層階段之難關，蓋本亂而末治者，未之有也。由是可見平天下難關之衆且難矣。

大凡天下事物之無裨益於人生者，謂之賤；其有損害於人生者，謂之惡。政治上之擾攘、生活上之貧窮、行爲上之罪過、智慧上之盲昧、身心上之疾病，以及個體之死亡等，皆其顯例也。其形成之原因不外乎自然之災殃，社會之禍亂，及個人之錯誤三端。苟吾人知惡之所在，明其來源，則可講求其抑制預防及逃避之方法，是爲淑生之要件，而欲止於至善者，所必問必聞之道理焉。

人群聚居，分工互助，各盡所能，男有分，女有歸，是爲常態社會之現象。夫人因時異，而群從之變。比及社會制裁工具失其效用時，社會乃發生變遷，而組成社會之分子，必有遭其影響，甚至文化墮落，生靈塗炭。於是，社會病症，日趨嚴重，而形成爲變態社會矣。値茲危急一髮之際，設無人出而努力救濟，則整個社會必有群衆離散全部解體之一日。

夫社會病態既爲惡之原因之一，而政治紊亂實爲造成社會病態之最大要素也。政治紊亂之原因，有出自政治組織之不完備者，有因官吏貪污民衆惡習之風行者，有因民族體質病弱者，復有因文化幼稚落後者。此等狀況，足使內變接踵，外寇日張，而人民無日不處於恐怖不安之境，政府無時不以割地賠款爲能。領土日削，國庫日竭，欲求國之不亡，族之不滅，豈可得乎？平天下，更不足與論矣。

吾人一生一世，欲維持安適之生活，所感最大之阻礙，莫若愚昧與貧窮。而致貧之最大原因，不外乎無能與無業。人生在世，如素性懶惰，只知耗費父母遺產，而不養成擅長技能，以謀自活者，其久後必陷於一貧如洗之絕境。又因社會黑暗，政治紊亂，經濟界遂發生不景氣之狀態，工人失業，貨物不銷，貧窮、恐慌、犯罪等，參雜而生。其在極端資本主義之國家，資本家僅知榨取工人勞力，關於工人痛苦，即置諸不問，其工作不但無規則，並且勞工時間過長有害身心，更進一步，資本家乃借婦女及兒童勞工以減低工賃，其剝割之道，無所不至。職是之故，現代先進法治國家乃特制法律以保護工人及節制資本。

其在家庭組織方面，病態亦極多，如離婚、姦淫、納妾、遲婚等，皆是也。其形成原因亦至爲繁雜。有因選配欠當及經濟困難所致者。其他如住宅之不適宜，飲食之不衛生，以及子女之過多而無力教養，皆爲其主要原因也。是類病態，固有損害淑生之道，其爲惡也明矣。

更自個人生理方面觀察，有生而殘廢者及生後罹病致死者。夫人類稟賦不齊，智愚不均，強弱不同。且夫器具發明愈多，體格儒弱愈甚，禦寒以汽管，避暑以電扇，由是適應自然之力量，有減無增。故人類智慧固能克服自然矣，而自然之報復尤烈焉。更甚者，即人類身體之康健，恰與醫術之進步爲反比例：醫術愈精體質愈弱。俗語謂「病從口入」，蓋吸烟飲酒及食量無度均予黴菌以蔓延之機會。若神經花柳結核等病，酒精中毒及鴉片嗎啡等害，均少見於後進民族，而常見於文明國家，亦云奇矣。吾人稱之爲「文明病」，亦非過言也。

至於個體之「死」，生物之所避也。然現象界任何生物則不能逃死化之過程。有生必有死。其機體乃由生而幼，由幼而壯，由壯而老衰，由老衰而死而亡而化。夫生之最大目的既是生生，而人生之最大目的，厥爲持生、保身及延種是也。然一切生物持生及淑生之壽命有限，迨其一切職務完成，已將畢生而老死矣。因此新進者，得以繼續其職志，努力爲生焉。故死即爲自然定律之所需要。夫現象界既有生死之過程，生物機體乃因之有進化之路徑。而所謂「後得性」即據之以遺傳於子孫也。印度波羅門教義，有以死乃個人將今生所積業行，屯入來生之關要，善惡果報，惟死是賴。因此死者，不但非善人所厭忌，並且具有淑生之價值，蓋經過死之過程，各個人可望其來世生活有以改進也。

吾人所謂「死」者，即指其器官諸作用之休止而散化而言。而人體器官之休止，乃起於心臟或肺臟或腦髓。此三中樞有一面生活力崩潰，則機體之各部分必次第衰弱而瀕於死亡。各個人之生存期至短約爲其成熟期之六倍。故人類若依自然定律生存，其壽命或可超過百歲。然現世各國人壽命之平均，類皆不越四十二歲，蓋大多數之人俱不得生理之死，其致死之因特有出自然常軌者焉。

夫個人之死亡，猶如一般之惡，或由天然力量，或由人爲動作，或偶然而致者。由自然方面觀察，死可大分三種，生理的死，病理的死，及災殃的死，是也。無緣無故獨因機體器官停止其生理的功用者，是曰「生理的死」。機體爲黴菌蠶食，尤其是在瘟疫流行時，例如肺癆與虎列剌等，而致各項機能休止者，是曰「病理的死」。因天災地變而死者，是曰「災殃的死」。

又從社會方面考察，死亦約可分爲三種，合群之死，反群之死，及變群之死，是也。國家多難之際，民族瀕危之秋，奮勇爲公而捐軀者，合群之死也。搶劫、竊盜、殺人、放火，無惡不作，遂爲社會擯棄，且爲法律處死者，反群之死也。前者有功，後者有罪。然功罪之定，因時代異，因地方殊，而其最可靠之軌道，莫若克己與合群焉。職是之故，每有民族英雄致力革命者，其目的在推翻強權之羈絆，而或不幸中道崩殂，甚至被認爲罪惡叛徒。然公道卒在人心，其偉大志向成仁精神亦終有後繼者，起而完成之，代雪其恨，以伸其怨，其死實爲合群之死也。最後所謂「變群之死」者，乃社會變遷及政治紊亂之所致。國內混戰，外寇侵入之時，民衆多有因意外之緣故而致死者，是變群之死也。

更從個人方面著想，有因體弱心虛而自動殺身者，乃謂之「有意之死」，自殺是也。有所謂「不意之死」者，例如爲汽身衝死，或爲仇人暗算，是也。其致死之理由，實爲個人處世不愼，而自取其禍也。

由上觀之，個體之死爲生物之自然定律之所爲然，不可逃避者也。然死之方式各殊，死之價値有別。死有重於泰山，有輕於鴻毛。死得其所則重，不得其所則輕。設王莽死於謙恭下士之日，其爲後世所讚美也，必矣。故壽長不必幸，壽短未必不幸，而所貴者畢生而値其時，並得其所耳。爲國捐軀，死重於泰山。己死則群生，己生則群死，生死之間，在乎自擇。年來外寇日迫，內患接踵，國家瀕危，我民族青年有懼敵不敢奮勇爲國殺賊而終死於病菌之侵凌者，不知凡幾，曷勝遺憾！所謂男兒當死於馬革裹屍，而勿死於兒女之手，實吾輩青年對死應有之正確觀念也。死有幸，有不幸。其未盡爲惡也明矣。寧死沙場，勿死病房！ 總理曾訓革命軍人曰：

研究此問題，爲哲學上問題。人生不過百年，百年而後，尚能生存否耶？無論如何，莫不有一死。死既終不可避，則當乘此時機，建設革命事業，若僅貪圖俄頃之富貴，苟且偷活，於世何裨？故死有重於泰山，有輕於鴻毛者：死得其所則重，不得其所則輕。吾人生今日之世界，爲革命世界，可謂生得其時，予我以建功立名之良好機會。夫湯武革命，孔子且豔稱之，彼不過帝王革命，英雄革命；而我則爲人民革命，平民革命，乃前不及見後不再來之神聖事業，先我而生者，既不及見，後我而生者，亦必深自恨晚，且不知若何羨慕，故今日之成，其生也，爲革命而生我，其死也，爲革命而死我，死得其所，未有善於此時者。諸君試觀黃花岡烈士，從容就義，殺身以成其仁，當日雖爲革命而犧牲，至今浩氣常存，極歷史上之光榮，名且不朽，然猶曰爲革命失敗而死也，若此次革命乃必成之功業，又何憚而不爲？又何死之可怕？今日集此一堂者，大半皆在二十歲以上，至多更有八十年之壽命，終不免一死，死於牖下，與死於疆場，孰爲榮譽？是在明生死之辨，如孟子所謂「所欲有勝於生者，舍生而取義也」，故爲革命而死者，爲成仁，爲取義，非若庸庸碌碌之輩，終日醉生夢死，無所表現，又非若匹夫匹婦之爲諒，自經於溝瀆，而莫之知也。諸君既爲軍人，不宜畏死，畏死則勿爲軍人。須知軍人之爲國家效死，死重於泰山，我死則國生，我生則國死，生死之間，在乎自擇。明生死，則能鼓其勇氣，以從事於革命事業，爲革命軍人，革命成功，可立而待，將來之幸福，且無窮極，以吾人數十年必死之生命，立國家億萬年不死之根基，其價值之重可知，諸君幸共勉之！㉗

死於人生，具有如是重大意義，學者頗有以死爲人生之歸宿者。近世以降，唯物論者，莫不主張死爲個體生存之結束，而無所謂死後之生存者。反之，唯心論派多信個人肉體死後其心靈存在，蓋唯心派在其玄學上，既以意識爲因，以外界爲果，乃不得不主張心靈之永活性也。關於心靈不滅，中外古今大哲碩學，屢有精密奧妙之解釋，惟意見各殊，迄今尚無定論。然而心靈不滅之信仰，對於人生有莫大之影響。一般人之具有此信仰者，亦多有一定之理由爲其背景。如耶教信徒，乃以上帝萬能之故，篤信其能成就心靈不滅之信仰。又如從情緒方面考究，吾人因悲哀親朋戚友之死亡過甚，傷情忍無可忍，乃由伏意識發出特殊盼望，期待在死後有日重逢九泉之下，而有此心靈不滅之信仰。更有自我保存之意志爲信仰心靈不滅之動因者。最重要理由，即基於道德觀念之作用，信仰人死而更登較完善世界，尤其以今生善惡死而果報之信仰，頗

㉗ 胡漢民編《總理全集二》《軍人精神教育·第四課·勇》，第二七一頁至二七二頁。

能左右此輩之人生觀。職是之故，唯心派學者，多以人生之歸宿寄諸於死後之生存也。

轉觀唯生論之見解，則個體之死非死亡之死也，化也，易也。宇宙萬象只有化，不有死，然則個體之死何謂「化」？肉體之化，殊易明白，精神之化則極煩雜。且夫「化」有惡化善化之別，各個人精神有善化別人者，有惡化別人者。若夫貪污土劣之徒輩，惡化無窮，既無淑生之可言，故其生猶死。又若爲公滅私之聖賢，善化無限，淑生長存，既無以負天下，更足以明明德於天下，故其死猶生。是以人生之歸宿，不在死期，不在死後，而在化天下之道；換言之，不在善化天下，即在惡化天下。

綜上所述，可見天下事物之裨益於人生者，到處有之，其有損害於人生者，莫可枚舉。故天下不自平，而必須吾人以修身齊家治國爲本，然後專心致力排除一切障礙以平之。

乙、如何平天下？

溯自世界有史以來，各偉大民族之政治結合，每具有特殊之理想並採用固有之步驟以實現之。古代希臘民族，其政治結合之理想，只限於「都市國家」，其文人學者，雖善創造文化，然不想打成本族爲一群，不願教化異族爲己類，長此直至紀元前第四世紀，亞力山大王始作民族統一並天下遠征之舉，但功虧一簣，希臘民族，遂淪亡於羅馬。羅馬民族，由草昧之初，即以武功建設世界帝國爲能事，其組織人群力量之大，與希臘人比，誠有天淵之差，故政治、軍事、交通、法制，極其發達，但在純粹學術一途，則無心創作，隨意模倣。結果，對於天下異族，同化不能，心服不成。及紀元後第五世紀，素即不佩服羅馬之北方蠻族，養成氣力，乘機攻入羅馬都城，西羅馬帝國遂土崩瓦解，纍積功業，一旦化爲烏有，自是西歐陷於黑暗時代者，凡四百年。經數世紀，繼羅馬民族而興者，有日爾曼及央格羅撒遜民族，兼具希臘人及羅馬人之長處，既善於文藝學術之創作，又善於政治軍事之組織，由是武功蓋世之夢復燃，迨至今日，則其武力及財力挾科學文明攜手並進，以蹂躪天下。而斯拉夫民族，雖屬後進而其文化非得與比，然其霸道則有過而無不及，昔日橫行歐亞大陸如入無人之境，今則宣傳共產主義，以武力爲後盾，以經濟結合與政治結合相混，欲以無產階級之第三國際爲汎斯拉夫世界帝國之地盤焉。

轉觀東方民族，在羅馬帝國全盛時代，被壓迫之猶太民族則產生一大反抗力，所謂基督教是也。夫猶太民族之政治結合素即與宗教結合相混，古來自命爲「神選人民」，其理想原不出自族之外，而誓死不與異族發生瓜葛。基督生於貧家，穎悟異常，自幼目不忍看猶太人之受苦，耳不願聽猶太人之浮論，及壯年，乃毅然打破猶太人之偏見，立論上帝對天下一視同仁，而倡博愛主義。別一面則陰與羅馬帝國主義爭衡，既不訴諸橫暴之奪取，又不提倡建設帝國，乃主張道德之服務又希望天國之來臨，以期天下人類組成全世界惟一之宗教及政治之結合。但以基督行動之純潔及言論之穩健，尚不免惡人之誣告與羅馬之極刑，由此可見天國帝國之不同焉。六百年後，被波斯帝國壓迫之亞剌伯民族，亦產生一大反抗力，回教是也。時適波斯走入衰運，莫罕默德以此爲難再之機，乃重倡天下一家之結合以號召世界，聯絡各被壓迫部落及民族，群起推翻暴力。結果，亞剌伯代波斯而興，其主義及方法較諸波斯，則大同小異，但以其混合宗教與政治之結合之故，每以異教徒爲非己類，對之惟窮兵黷武是事。印度民族，爲其祖傳宗教信仰羈縻，社會階級大分爲僧侶、軍政、庶民、賤役四大階級，又細分至二千，不問任何結合，莫不以階級爲理想者。然則何以下層階級情願安分守己？於是波羅門教信仰大顯神通；凡人之今世，皆由於前生業緣，故此世當積德修行，死後輪迴，始得來世生在上層階級，否則愈將望下沉淪矣。如斯宿命論，據因果法則及輪迴過程，以死爲惟一有望之淑生途徑。故各階級之間，雖嚴禁通婚不許共食，而社會現狀得以維持者，無外信仰宿命論之所致也。雖然，古今聖賢之欲打破階級間之銅牆鐵壁並推翻宿命論調者，固不乏其人，其最顯著者，厥爲古之釋迦牟尼與今之聖雄甘地。釋迦生爲太子，時值僧侶階級與軍政階級爭雄之酣，既不滿僧侶之跋扈，更不信輪迴爲絕對不可免，乃倡冥想去慾爲人生解脫輪迴而進入極樂之路，慈航渡世爲打破階級而超度衆生之門。於是，社會結合之理想，由階級一躍，以至天下衆生，而其所謂「衆生」者，不僅全印度民族，並不僅全世界人類，凡生物（植物似在外）皆屬焉。其在今日，甘地出身庶民階級，爲要救濟群生，乃刻苦修行，得衆景仰，對內則勸衆廢除階級之界限，並消滅印回之偏見，對英則倡消極牽制，不抵抗、不暴動、不合作，爲其三不主義，別一面則談善惡果報，陰詛帝國主義之前途，暗示天下弱小民族之命運，其處心積慮，不在羅馬全盛時代基督之下。

其在遠東，則有漢族，漢族之四周爲外族，自古迄今，爭伐不休。外族素備武力，不講文化，不守信義，獨以侵占中原克服天下爲能事。若匈奴、鮮卑、突厥、契丹、遼、金、元、清等，諸民族所開拓之帝國，既成過去之夢。而於今日，即四夷壓境，兵屯都門，艦遡江中，中原割地賠款，忍辱求和，不知幾次！然吾漢族每能操最後勝算者，蓋以吾族得天獨厚，蟠居錦繡山河，固有文明根深蒂固，歷代聖賢之遺教，極善指示處世爲生之道，並勸導天下人類完成大同之故也。今者，外患日迫，內難接踵，幸出 孫總理，採集中外古今文化之精華爲要素，倡立三民主義，實行濟世救民，先聯合漢、滿、蒙、回、藏，實行五族共和，以建民國，更聯絡世界上以平等待我之民族共同奮鬥，以進天下大同。是吾國族之所以平天下也。

由上以觀，世界古今民族所欲平之天下，有「都市國家」、「社會階級」、「衆生」、「帝國」、「天國」、「大同」等，理想不一。然則世界大同與世界帝國何異？曰：「天下民族自決而共和共榮者，大同也；克服天下異族爲自族之奴隸者，帝國也。」至其步驟，則有王道霸道之別。羅馬民族之所取者，霸道也；中國民族之所取者，王道也。回教徒每喜殺伐，佛教徒則禁殺生。羅馬之稱雄殺生以平天下，與夫佛家之坐禪去慾以平天下，各走極端而入歧途，既已失中不正，羅馬倒斃而印度瓦解。獨吾中華民族生生不斷者，豈非因不走羅馬印度之極端而善處中庸之王道者乎？雖然，中古受佛家思想及印度文化之影響，似既右傾失中，呈出畸形的精神文化之狀態，長此以往，誠恐將步印度之命運。今茲圖存救亡之道，莫若重建本位文化並復興正統思想。然而本位文化既失中，正統思想既右傾，故欲挽回偏依於中庸，當藉反面勢力爲助，西方之科學思想及物質文化是也。中庸衰亡，中國衰亡；中庸復興，中國復興。既而重建本位文化，復興正統思想，據中可不走極端，不陷於羅馬印度之轍，而因庸，凡東西古今文化思想之足爲用者，當容納之。如是云，則吾中華民族不特撫恤全球人類於過去，且將領導天下文化於未來！過去光榮之不可掩蔽，先聖前賢之功勳也；未來光輝之到臨，後生俊彥之職責也。革命青年，明達遠慮，前程榮耀，豈能不勞而有之乎？

職是之故，凡我同志，苟明不勞無功之理，値茲國族存亡之秋，須以天下爲己任，須備知仁勇三達德以與賤惡奮鬥以救扶傾危。「見義不爲，無勇也」㉘。「見不善而不能退，退而不能遠，過也。好人之所惡，惡人之所好，是謂拂人之性，菑必逮夫身」㉙。宇宙之間，惡害觸目。人生一世，荊棘滿途。其獲生不易。然生亦須死。病老未免，死亡難逃。因此有所謂定命論者，以死生有命，貧富由天，吾人一切任之運命可也。一般哲人對於惡之認識，大別爲三派。有以惡爲人生所處宇宙之常態，以現世爲惡之最極，而認爲一切罪過及痛苦俱無藥可濟，欲超脫惡根，惟脫世去俗一路，是所謂厭世人生觀或悲觀主義者。有所謂樂天人生觀或樂天主義者，以善爲宇宙常態，以現世爲最善之世，確信處世接物必有阻礙，然亦深信其救濟不求自得也。最後有所謂淑世人生觀或改善主義者，以「易」爲宇宙萬象之歷程，以爲現世雖不免惡害，苟吾人奮鬥到底，亦可救濟改善，其成敗得失，全賴吾人之努力耳。

上述三派人生觀，各有其玄理，尤其是對於惡之解釋，均有其獨到處。悲觀派神學者，有推測惡爲上帝之所下賜於世界以教訓人生者。更有謂上帝原非全能全智，故惡雖存在亦無法抑制之者。古代印度聖賢常立論善惡果報爲人生一世之自然定律。今生惡者，除非死後轉世，實無救藥。十九世紀德國大哲叔本華（Arthur

---

㉘《論語》。

㉙《大學》。

Schopenhauer，1788-1860）即以惡爲人慾之依歸，慾望多在一日，則罪過多存一日。故去人慾盡天理爲惟一救濟步驟，世上能履行此步驟而得完全解脫者，當推釋迦牟尼爲鼻祖云云。

樂觀派有據名學推定惡爲識善之條件者，以爲社會行爲無惡便無善，故惡有其明善之價值。二元論者，屢以善惡爲宇宙之相對原理，而因互相反應而善惡乃見。若黑格爾與其傘下哲人，乃據辨證法闡明惡爲在善之進步之過程一轉角，而究竟惡乃不完全之善也。更甚一層，有所謂絕對樂天論者，不承認惡有客觀存在而以惡爲一種無常之幻景而已。悲觀樂觀各走極端，殊有偏依之患。

其在淑世觀方面，荀子雖以性惡爲先天本面目，然仍極力提倡禮樂刑法，期以人工改造天性。大凡唯生論者，以爲惡非宇宙原則，而係吾人共生由無數逆境所得之觀念。吾人苟能分頭應付之，救濟必能成功。又吾人亦可由宇宙之變易及生物之進化各方面，爲此善惡理論得到科學上具體之基礎。善惡無常，世上無所謂絕對善，亦且無謂絕對惡。然而善惡之分別其究竟乃係森羅萬象移轉步驟不齊，程度不等，而致爲吾人發覺其有不調適處，因而指摘其是非，判斷其正邪焉。在社會生活方面，自我恆以所站立場測度他人。我在前，以在我後者爲惡，而自以爲善，卻不知在我之前者，亦將以我爲惡，而彼將自稱爲善也。

吾人承認善惡由萬象移轉步驟不齊而發生者。惡之救濟乃靠強者扶弱，智者憐愚，富者助貧。無如人類智慧及文化不能善用，天賦才能不同又不齊，益以生物繁殖之過程及後天環境之影響，而有使彼此智愚強弱之差異者，竟致同胞鬩牆、鬭殺、爭亂、貧窮及盲昧等，衆惡接踵而生矣。苟吾人於人生之意義及理想有正確之認識，各竭其力，各悉其能，克己合群，分工互助，以向共同準據力求實現救濟之理想，則世上一切可惡現象均可無形消除，而天下可平矣，大同可進矣。

人生如逆旅。吾人畢生求生，爲生奮鬥，其光榮之歸宿，在乎努力克己合群以盡生。吾人有能達到持生之目的及實現淑生之理想者，即爲人生實際之成功者。今世多有意志不堅，自暴自棄，功虧一簣而致遺恨千古者，民國革命史上，有袁世凱之篡位禍國，陳炯明之叛黨殃民，及張學良之犯上作亂，均爲人生之失敗者。無如社會改善，其理想遙遠，其路途崎嶇，每有先烈爲淑生理想奮鬥，步步進取不幸賚志而沒，例如昭烈帝之託孤武侯，孫總理之遺囑同志，皆望後進俊彥支持其理想，繼續其志向努力革命工作，以期挽救民族，革新社會，重起國魂，不成功即成仁。生既爲生，死亦爲生，則其死猶生。其勳功之大，莫有過之者也。

吾人苟以淑生爲理想，如遇社會有惡害，必須見義勇爲奮鬥剷除之。然社會惡害，每有本末之別及輕重之差，苟能斬除大本，餘自可迎刃而解。吾人考究社會上各種罪害，其最大重心實由於政緣社會之腐敗。設能刷新政治，別種問題可不攻自破。因此中外古今大哲鴻儒，凡關心人生問題者，不僅探求宇宙之本體，並且致力索尋群力之重心。佛耶之求淑生之道於宗教，固迫於脫世出俗之觀念，儒墨則以刷新政治爲依歸。孔孟之周遊列國者，欲使其道有所可行也。而所傳仁政王道，既成爲吾國聖賢之濫觴，均以社會改造歸諸政治刷新爲樞紐。張良幸爲劉邦所用，秦民始得重見天日，武侯賴據阿斗政權，乃得七擒孟獲，六出祁山。甚至趙普以半部《論語》佐宋太祖以定天下，政治革命之重要有如此者焉。故先治國，後平天下。

吾人欲站在科學立場，改造社會，救濟民眾，寧靠政治之刷新，勿以神祇之教是賴。宗教家之提倡救濟貧窮，每以因果應報爲前題，以招致慈善之義舉者，如以功利得失之計算，固非清高之道也。政治科學家之救濟貧窮，非在施與，而在教育，使各人知爲人之道及謀生之技。且在行政方面，使人人安居樂業，得以自立自助，是即可預防竊盜及寄生等之惡害也。

現代醫學家，所提倡「預防善於治療」之理論，不但適用於衛生，亦且脗合於淑世保民之道。即就救濟貧窮言，吾人只察其病態之所在而爲之講求醫藥，不若考究其來源，以防其復發。是故法治國家，對於罪犯之救濟，更不注重刑罰而在考究其犯法之原因，爲之分類，以補救之。然而預防能成功，必有善於預防之人。若在法治國家，有法而法好，有好法而法能行。故治法必先有治人。因此，新國家必有新制度，新制度必有新人材，新人材必有新主義，而新主義即新建設之思想也。

政治之刷新，即淑世保民之道，蓋治國爲平天下之本也。其起於緩進者，稱爲「改良」，而急進者，即是革命。吾人苟欲掃除一切陳腐餘孽，以推翻反動勢力，非用革命手段不可。而爲革命理想奮鬥，流血捐軀，有所不辭。蓋其所預防與治療者國病也。己存國亡，己亡國存，是則寧亡己不可亡國。是故，偉大政治醫師，善治療亦善預防，尤其是在未著手節脈之前，便將治病及預防方法安排妥定。總理將致力革命，其主義夙已完成，其所著之《建國方略》指導心理物質及社會之建設，乃注重病症之治療也。其所作之《三民主義》，則注重康健之保持及疾病之預防。如民族主義足以抵抗國家主義及帝國主義，民權主義即爲防備暴虐政治及無政府主義，而民生主義，乃與資本主義及共產主義相對抗，是即預防吾中華國族之步列強前轍，並指示建設民國進入大同之道，平天下之道，捨此何尋？古今平天下之道，多矣，然每偏倚極端，遂傾斜倒斃，惟執持中庸者，不偏不易，長生永存，吾中華民族之能長生永存，其非執兩用中者乎？

第十章　結論

《學》、《庸》之人生哲學，由上列各章，讀者可獲其概要矣。中者，不偏不倚，不走極端，庸者，無過不及，有用可容。而《大學》者，乃由微而大，逐步以學爲人處世之道也。故本書內容即據中庸爲本體之原理，緣《大學》之三綱八目爲門徑，逐章探討格、致、誠、正、修、齊、治、平諸問題，苟於各章有所歸納，對於各問題有以解答，茲於結論一章，尤須綜合一切見解以組成一系統的革命人生觀。

吾人對於人生二字，既欲求系統的概念，可由人生四大問題之解答進行，苟易理有元亨利貞，人生至少當有何出？何來？何能？何用？四大問題，是也。

人生何出？吾人由格致之所歸納，乃不得不曰：「人生由生而出。」上下左右曰「宇」，古往今來曰「宙」，塡宇者物質，緣宙者精神，故物質精神俱爲時空範圍內之現象，宇宙萬象之本體，當別尋矣。結果，乃超時超空以探索萬象之元，而尋得波動之生程之設想。由是，吾人乃立論生爲宇宙之本元，生爲宇宙之中心，而以生生之程序解說萬象恆易之理。既而心物二象原由於生，相依而生，相需而成者，吾人由心身二象所構成，其生命之起源，亦猶宇宙萬象，莫不出自大宇宙生生之程序。人生之所由出，其理既若是矣。然人生由生，由生非孤生而係共生者，故人生於其所由出，即已爲共生矣。

其次，人生何來？據格致誠正四章之所歸納，吾人乃曰：「人生求生而來者。」夫人生爲寄寓人類身心之生命，故猶一般生物，其最高目的莫非持生，或求個人之保存，或求種類之延續，是也。故曰：「人生求生而唯生。」考原始人類莫不出自一脈，其生命苟必相共，其謀生必相親而相助。無如人生，除一般持生之衝動——保身之食慾及延種之色慾——而外，尚有改進生活之慾望，於是理智發達，但每創造彼此互相抵觸之文化，由是同胞互相爭生甚至鬩牆焉。初，人類爲適應生命之條件，乃與獸爭，更與天爭，及獸敗北，天讓步，乃轉入內訌時代矣。然而適生者合，萬生之通則也。人類欲適生，寧可合，不可分，互爭損多益少。故其共生者昌，孤生者亡。人生求生，而孤生求生不如共生求生，故人生於其所由來，既須共生矣。

人生何能？曰：「人生惟生爲能，不爲生無爲以能。」人生爲生以持生，而爲持生乃不得不群生。如是，則人類之結合群棲，原有共同之最高目的。而個人之可結合以群生者，彼此之間，志向相同，立場相調，步驟相聯，故均有「群我之觀念」。由是，可明個人群生，其眞相不過血緣、地緣、教緣、職緣、學緣、樂緣及夫政緣等，各種社會結合之群我觀念之所有者。故人生一世恆在與群同化之歷程中邁進。然以政治之結合管理其他之結合，各個人之群化當以國族爲本位，而善與國族全體樂苦相有，榮辱相共。故人生群生必至得以共生而後已。至於個人生於群，長於群，既享有由群所予之種種權利，當履行爲生之職務。故人生一世，不特維持個人生命，並須延續種族之生命，以期個人不負團體，更有以報答團體。故人生爲生。而孤生爲生不若群生爲生。故人生之性能，其營共生者，情理之所當然也。

最後，人生何用？曰：「人生盡生以用。」竭其力，悉其能，以改進團體之生活，約言之，盡生以淑生，是也。吾人之奮鬥以盡生，其利只能有益于個人者謂之營私，謂之奪取，其能兼善而有益於團體者謂之爲公，謂之服務。故淑生爲人生價值之基本準據。夫個人生而天資不同，爲貴爲賤，原以其能有益於群生而定之，吾人舉措常能克己而合群，從而擇善固執，力行前進，始有人生價值之足言。故淑生者，不共生則無以爲生也。吾人苟欲盡生以淑生，畢生須與諸惡戰，苟爲群生，流血捐軀，亦所不辭者。人生由生不由死，人生求生不求死，人生爲生不爲死，人生盡生非盡死，然有生必有死，是又生物之通則者。死既不能免，生當有所歸，獨爲生而死，盡生而歸者，畢生始得光榮，其死猶生，生安窮耶？死有幸，有不幸。凡善淑生者，與群生同化，個體之死猶謂之不死，蓋已生夙已化入群生，其個體雖死而其所以不死者，將與群長生矣。由是以觀，個體之死非死，化也。個體之能善化天下者，歸宿光榮，永生不絕。不幸而其惡播于天下者，則其所以爲生之道，早已違反共生之理，個體雖不死，然已自絕于群生矣，生猶死，其有生不如無生。革命青年，衛生殺敵有光，爲國捐軀有榮。抗敵禦侮，是軍人天職，拚命殺賊，是軍人無上歸宿。故人生盡生以用，而用於孤生不如用於群生，故人生之功用，其盡於共生者，始有益生之可言。

總而言之：

人生由生而出，由生既共生
人生求生而來，求生須共生
人生惟生爲能，爲生宜共生
人生盡生以用，盡生於共生
——故人生共生而應共生。

此爲唯生論人生哲學之四大綱領，共生主義人生觀之四大見解，著者據《學》《庸》爲範圍，取哲學之理論與科學之實證爲資料，所獲之結論也。

由上可證，《大學》、《中庸》爲吾國思想之精華，中國民族不亡，文化不斷，多賴乎此。歐西印度思想，既無《學》、《庸》之正道眞理可恃，不偏於物，則偏於心，其文化失中傾倒，民族一亡塗地，固有以也。今者，共產黨徒高倡唯物論調，波羅門教徒仍持去慾苦行主義，各反人生之眞諦，非民族文化之亡徵歟？

夫思想爲行動之母，思想有偏，行動從而走極端，究竟必釀成「殘酷浪費的所謂物質文明與凋零空漠的所謂精神文明」㉚。當今吾國民族文化惟一圖存救亡之道，若任其偏倚一端，長此以往，是促成自斃自絕之所爲也。不然，若欲重建本位文化，復興正統思想者，則一面須持中執正，不崇唯物，不奉唯心，而倡導唯生哲學，別一面乃須容納東西古今文明以復活國粹之唯生的文明，夫領導天下以進大同於將來者，捨此善處中庸之民族，其誰乎？革命青年，爲國中堅，當念茲在茲，努力前程，必有善盡其職責也！

㉚ 引用陳立夫先生語，見《唯生論》第五十八頁。

黃得時（一九〇九—一九九九）

作者簡介

黃得時，臺北縣樹林鎮人。父為著名舊詩人黃純青。得時生於清宣統元年（明治四十二年，一九〇九）十一月五日，卒於民國八十八年（一九九九年）二月十八日。

民國三年（大正三年，一九一四）進入私塾修習漢文，誦《唐詩》、《詩經》、《三字經》等。民國五年（大正五年，一九一六）進入樹林鎮公學校就讀。民國十三年（大正十三年，一九二四）考入臺北州立第二中學（即今之成功中學）。民國十七年（昭和三年，一九二八）到日本留學，就讀於早稻田大學，因無法適應日本氣候，次年束裝返國，立即考入臺北高等學校（即今之臺灣師範大學）。民國二十二年（昭和八年，一九三三），考入臺北帝國大學東洋文學科。三月，以〈中國國民性與文學特殊性〉一文發表於《臺灣新民報》，連載三十二回，自此開始其寫作生涯。十月，與廖漢臣、郭秋生在臺北發起「臺灣文藝協會」，被選為幹事。次年，五月六日在臺中西湖珈琲館二樓召開第一回全省性的文藝大會，共組「臺灣文藝聯盟」，得時為北部負責人之一。民國二十五年（昭和十一年，一九三六）十一月，郁達夫來臺訪問，得時曾與他談論文學問題多次，並於《臺灣新民報》撰寫〈達夫片片〉，連載二十餘回。次年三月，臺北帝國大學業，四月起在《臺灣新民報擔任中、日文副刊主編。

民國二十九年（昭和十五年，一九四〇），西川滿創刊《文藝臺灣》，得時為同仁之一。次年，因志趣不合，與張文環等結合同好，共組啓文社，於五月廿七日創辦《臺灣文學》季刊，以與西川滿的《文藝臺灣》對抗。民國三十四年（昭和二十年，一九四五）春，離開工作近八年的報紙編輯崗位。十二月一日起開始在臺灣大學中文系任教，並兼任該校教務主任。

此後，在臺灣大學從事教學、著述。民國六十八年（一九七九）接受教育部頒發「八德獎章」。民國七十二年（一九八三）六月，自臺灣大學中國文學系退休。十月發生輕微中風，不便於行。家中事物概由夫人黃女士照料。近十餘年間除調養身體外，並勤於閱讀，盼能以中文完成《臺灣文學史》。民國八十八年（一九九九）二月十八日逝世。

得時之著作有數十種，較重要者有《臺灣遊記》、《黃得時詩選》、《孝經今註今譯》、《日治時期臺灣文學中的民族意識》、《中華文化在日本》、《臺灣的孔廟》、《臺北市發展史》、《臺灣歷史之認識》等。單篇論文更有數百篇。期盼學界人士能整理成《黃得時全集》。

中國國民性和文學特殊性

緒論

我們如把世界的文化史繙讀了一番，那末，就會知道世界文明的發祥地有六個：

㈠中國（黃河的流域）

㈡印度（恒河、印度河的流域）

㈢巴比倫（底格里斯河、幼付拉底斯河的流域）

㈣埃及（尼羅河的流域）

㈤北米、墨西哥。

㈥南米、秘魯。

此六個的發祥地，彼此之間毫沒有國際的關係，各地方單獨創造了各地方的文化。那麼由這裡所派生下來的文化，也就不得不發生差異了。如中國有中國特有的文化；埃及有埃及特有的文化。

然而，輓近科學昌明，交通便利，國際關係日見其密接複雜，因之，彼此的文化互相影響起來，世界的文明，也漸漸趨於統一化，但至於各地方固有的特殊文化，無論怎樣，都不會湮滅的；不但不會湮滅，彼此越互相比較對照，特殊文化，也就越發明瞭起來了。

吾們當這個文明統一的過渡時代，把我們東洋固有的文明來解剖研究；尤其是對於被一般所輕視爲古董品的中國文學盡點工夫，闡明其固性，發揮其特色，檢討其因果關係，並非是沒有意義的工作。

一、自西洋文明侵入東洋以後，東洋人都放掉自己固有的東西、爭先恐後、狂熱地去求西洋的文明，崇拜西洋的思想。由一面看來，這也是極爲有理的事情，吾們不得不來表贊成。其奈中有一部分的人，全然沒有自己的主義和主張，過於盲從西洋思想，甚至於甘心去做牠們的奴隸，開口就褒獎西洋文明多麼優秀，合嘴就罵東洋文化多麼腐敗；無論甚麼事，不是西洋的不能滿足。啊！這種人，多麼可憐呢！請讀左記的尋春詩吧！

盡日尋春不見春，
芒鞋踏遍隴頭雲。
歸來適遇梅花下，

西洋的好處，吾們應該趕緊來模倣學習；東洋的好處，吾們也應該趕緊來獎勵宣揚纔是。一面像「衛道先生」「子曰店主」那樣頑固沒有變通，一味排斥歐風美雨也是不應該的。

西洋人常說「學術沒有國境」這句話很值得我們的傾聽，你看近來的西洋學者的東洋研究熱多麼烈熾呢！尤其是法蘭西的東洋學者的研究態度，很會使我們感佩感佩。生在東洋的吾們東洋人，反粗略自己的文化，看做是一種「無用的長物」，難道非是主客顚倒；慚愧之極點嗎？

這樣，中國文化的發祥地，已和別的地方沒有相同，那末，由這裡演進出來的國民性和文學，也就有種種的特殊性了。但，我要踏入本論以前，左記的事項，先求親愛的諸讀者諒解：

㈠我草這篇的動機，完全是欲對於中國的國民性和中國文學的特殊性，求個認識的徹底、所以始終執中正的態度、不偏不黨、來解剖批判。中國的文化裡、如有美點應保存、大家來保存；如有缺點應改革的、大家來改革、以期中國文化的向上和美滿的發達吧！

㈡構成中國國民性的要素，算是儒教的思想占大部分，所以這裡所論的，是以儒教爲中心，間亦有及老莊的思想。

㈢第二篇的中國文學除起第七章以外，範圍限於文學革命以前的文學。間或有論及現代的。

㈣「特殊性」三字是作「特異性」或「差異性」解，非是作「優越性」或「優秀性」解。

㈤對於學界尚未解決的問題，僅取其較穩健的學說。

㈥本來，國民性和文學、是不容分離的。因國民性是文學的背景；文學是國民性的反映。今因便宜上、先把國民性來研究檢討然後纔及文學的特殊性。

第一編　中國的國民性

中國是世界的一大國；居亞細亞洲的東方，面積比歐羅巴洲還闊殆有日本的十六倍。東部面太平洋，西部有崑崙山脈，陰山山脈，興安嶺和天山脈，阿爾泰山脈，唐努山脈，各貫走南北；中挾蒙古高原，造成一帶的高臺。珠江、楊子江、黃河、都由這等山脈發源，迂迴蜿蜒，東注放太平洋流域構成一大曠野。雖有五岳高聳其間，由大體上通看起來，堪稱是一大平原的國家；入眼處盡皆是無涯無際的平野如楊子江長至三十餘浬江口闊至十餘浬。沿江盡是肥沃的土地。氣候又溫又暖，適合於種種的耕作。任你行三日五日，也不會看出甚麼山尖。所以居住在島國的日本人，一踏入中國的地界，輒驚其土地的廣闊；物產的豐盛。怪不得唐朝的王之渙有「欲窮千里目，更上一層樓」的好句。

中國不但是大國，還是箇世界的最古國。其開闢的歷史，渺渺難知。按五千年前，漢民族由西北地方移動到黃河的流域，驅逐一種野蠻人叫『苗族』到南方去。自是以來，以黃河的流域爲定住地，漸次建設起中國的文化。當時的社會制度，極其簡單；大約像古代埃及那樣的都市國家，分作幾部落各部落置有酋長。居民以畜業，農業爲生計。據古傳說云：距今約四千五百餘年前，有一個英雄叫做「黃帝」統一諸部落。始製舟車、造貨幣、定音樂、教人以養蠶等事。所以後來的漢民族，都尊黃帝做大元祖。其後漢民族漸次擴張其威勢，感化四方遂伸長到楊子江的流域去。竟造成箇方數千里的一大國家，後來經許多興亡盛衰，創立東洋燦爛的文化，以至於今日。

中國的地理和建國歷史，既然是這樣闊而且長；那末，由這裡生長的國民性、自然也就有許多顯著的特色了。今將其特色列舉起來。

㈠敬天性

㈡尚古性
㈢平和性
㈣實利性
㈤自尊性
㈥家族主義
㈦男尊女卑性

第一章 敬天思想

中國人沒有完全的宗教，而有所謂敬天思想者。這個思想是在原始時代發生的，後來經諸子百家的極力主張，遂成爲一種的宗教思想，支配了四千有餘年那麼長久的漢民族。那末，這個思想的發生和經過怎樣呢？

太古由西北地方移動到黃河流域的漢民族，始終費盡他們的心力，和那大自然決鬥，後來，他們感覺到疾風，迅雷，洪水，若旱等的自然的暴威很強大，非是他們的對手。於是他們在素樸的意識裡，種種想像判斷起來。結局，那蒼蒼的天，必是一種不可思議的神祕力，主宰宇宙，非是人力能夠去征伐的。一見雖是蒼蒼的天必有個全智全能的東西在那裡呼風喚雨。不然，黃河的氾濫，爲甚麼會這樣的厲害；四時的循環，爲甚麼會這樣有順序呢？因此他們就由物理的，現象的，之天；聯想到倫理的，形面上的天。由有形的想像到無形的了。這時候的他們，以爲萬物之中，唯有這個天，最值得他們的尊敬和崇拜。他們以爲對天不應該抱深遠的懷疑和思索，只要維持畏的態度。因此他們就由畏起敬，由敬起信仰，既有信仰自然就去絕對服從天了。古來稱天爲「上天」「昊天」「皇天」「天帝」等亦皆是出這個服從心出發的。

這樣，他們以爲天有主宰宇宙、撫育萬物之職分，無奈天始終沉默沒有言動。於是他們更進步去推測百姓之長，必是代天行事的。居在他們的上方，種種指揮的人，一定是有領過天的命令來行天的職分。因此，他們就對這個行天職的人，贈了個「天子」的稱呼了。所以天子如遵守天命，實行那撫育萬物和愛護百姓的天職，使四海能夠國泰民安，天就降下麒麟，鳳凰等的瑞祥以祝福。反之，天子如不體愛撫人民，殘虐無道，天就現出種種的天災地變了。所以當時孔子也曾詠一首「獲麟歌」：「唐虞世兮，麟鳳遊，今非其時來何求？麟兮！麟兮！我心憂。」

這樣，所謂天子者，是有體天命治百姓的。而且那天命是公平無私的，愛護萬物的。今如有殘賊的天子，不守天命，不體天意，那就失去天子的資格，成爲平民的一夫了。

所以當堯讓位與舜的時，有道：「咨！爾舜！天之曆數在爾躬，允執其中，四海困窮，天祿永終」。

這樣國家如治得很困窮的時候，責任全歸於天子，這時候的天子，就不能夠再繼續天命了，必也讓於有體天意的人。不然，無論甚麼人，如有體天意，行仁義的，就可去放伐那無體天意的天子了。《孟子》裡有左記的問答：

齊宣王問曰：「湯放桀，武王伐紂，有諸？」孟子對曰：「於傳有之。」曰：「臣弒其君，可乎？」曰：「賊仁者，謂之賊，賊義者，謂之殘。殘賊之人，謂之一夫，聞誅一夫紂矣，未聞弒君也」。

照這樣看來，雖有天子的名義，如賊仁賊義，便成爲一夫了。有體天意，愛護百姓的人，就可以去放伐了。這叫做「革命」，更革其天命而授位於聰明睿智有德的人。這個易世革命的思想，浸潤漢民族的思想界，經年深月久之間，遂變爲一種很當然，很普通的事。所以屢次起革命的時，也沒有甚麼大驚小怪。以上是由政治方面看的。

今再進一步去討論倫理學上的天吧！儒教稱倫理學上的道德根源，也叫做天命。《中庸》開卷第一頁的第一行有：「天命之謂性，率性之謂道，修道之謂教。」

依子思的解說：宇宙有個根本的法則，無始無終，恒久不變。此法則縮於人身就叫做性。所以倫理學上的天命，是指道德的本體。換言說：天是自然界的原理同時又是道德上的原理。

要之：漢民族由現象的天，想像到宗教的天，由宗教的天，想像到政治上的天。一面由現象的天，想像到倫理上的天。中國歷朝的天子，設天壇祭天，及儒家置道德的根源於天，亦皆由這箇敬天思想來的。

第二章 尚古思想

中國的國民性中，最有特色的，是尚古思想。到底尚古思想是什麼東西呢？蓋「尙」字當作「尊」字解。「尙古」當作「尊古」解就是無論甚麼事，都以往古爲最理想，以現在爲最腐敗。換言說：非是古制度，人們就不滿足。非是古人說過的，人們就不敢說。像氣息奄奄人命危淺的老人家一樣，一切的理想，都置在過去青春活潑的時代，反把眼前的事象，無論大小，都看做是壞的、沒有意義的。孔子是尙古思想的提倡者，他在《論語》裡說道：「述而不作，信而好古。」按其意，孔子自身僅祖述堯，舜，周公，文武諸先王先賢之道，而他自己不敢創作。孟子及其以後的儒教一派的人也是和孔子同樣；一味尊敬過去。他們言必稱堯舜，動則云伊周之制多麼理想，多麼優秀。

又中國自古有「禮儀三百；威儀三千」的諺語。爲甚麼這樣尊重禮儀呢？不消說，是欲以禮樂整頓社會，柔和人心。後來，這種習俗，遂變為繁文褥禮，墮落到極端的形式主義，漸漸侵入社交上，政治上，文學上的範圍內。遂使中國人陷入一種桎梏中，到了今日，尚不得超生。

因此思想的存在，遂釀成一種退纓的、消極的氣質，流弊於各方面，遂使種種的文化，都停滯起來。甚麼「人心不古，道德淪亡」等的陳腐悲鳴，至今日猶不斷地聽見人們說著。

文學方面，完全也被這箇思想束縛得無策可施。試看現在那一國言文不一致呢？不消說是中國。中國的文人，最愛用典故，最尊重古代的文章體式，最崇拜先王之道。對古代的制度不敢打倒，對於目前需要的事象，亦不敢創造。他們以為打倒「古文」是有傷害他們對於韓、柳、歐、蘇等的孝心；創設「白話文」是有傷害鴻儒碩學的威信。

小學生們到書房去就學之時，那「衛道先生」便教他們暗記那四書五經和唐宋的八家文，使他們來日也能夠去做出一篇什麼叫做韓柳體的好文章，甚麼叫做西崑體的好律詩。更討厭的是「冬烘先生」硬叫弟子們去暗記那故事字典的《幼學瓊林》使他們來日也能夠去作一篇甚麼叫做燕山外史式的好四六；甚麼叫做秋水軒式的好書牘。啊！何其暗記力之豐富耶？

中國自有文字以來，到了今日，約略有四千餘年之久。至最近的文學革命以前，沒有人，意識地，提倡言文一致的必要。試觀三千年前的古文，和現時的文言文有甚麼異差呢？難道非是同一樣嗎？

所謂文人墨客者，對於非古文式的文，就表示不滿足。對於「焉之乎也者」的文，就三跪九叩，甘願去遵守三千年前的古董品。

不料到了二十世紀的今日，所謂中國的翻譯王林琴南（林紓）尚把持這種的意見。他是維持古文學最後的一人。他不但維持古文學而已，並且反對白話文。當文學革命的勃發，他作幾篇的小說，諷刺罵倒文學革命派的人，一面寄一篇愚笨的書，給北大總長蔡元培，責他容納文學革命的不該。像林琴南那種人，完全不懂文學有歷史的進化性。

吾們臺灣也有這樣的尚古思想。常常聽人家說道：「新例無設，舊例無除」。這豈不是無視進化論的原理嗎？既知新例有好處，吾們怎不趕緊來設呢？既知舊例有壞處吾們怎地不趕緊來除呢？何必戀戀不捨甘心去拘泥於往古沒有生氣檮梼也似的慣習呢？

第三章　平和主義

中國自開國以來，有兩個極偉大的工事：一是萬里長城；一是煬帝開鑿的運河。萬里長城是戰國時代築造的，經秦始皇的大增築以來，兼歷朝屢次的修理，至明代又大施修繕以至今日。其規模極其雄壯：由山海關起至嘉峪關，蜿蜒八百餘里。有這樣的歷史和規模的萬里長城，吾們可以由兩方面來觀察：

㈠建築上　那萬里長城的建築材料，多用石材。那石材的產地是在中國的南部雲南地力。交通沒有像現代那樣便利的當時，欲運搬南方產的這麼多而大的石材到北方去的時候，如沒有藉帝王的專制力，怎能夠成功呢？所以通俗傳說的「孟姜女哭倒萬里長城」雖沒有其事實，至少我們也可以推想到當時的專制力多麼強大呢！她的夫婿，被徵爲役夫，到北方去建造萬里長城的時候，不幸粉骨碎身，死於城下屍首葬於壁裡。聞知此事的姜女，萬里尋夫，其哭聲過於痛苦，遂使城壁壞倒……等雖有帶些迷信，多少亦有反映當時處在專制君主下的小百姓們，多麼困苦呢！雖有反覆之嫌，我再說一句：萬里長城是專制時代的殘骸吧！

㈡政治上　建造萬里長城的原因，是要防禦北方的匈奴。匈奴在中國歷史上，幾乎成爲漢民族的一大患難。每朝殆有被這個蠻族侵入。漢民族，非是沒有能力可以去和他們抵抗爭鬥，只因漢民族，是很愛平和、不欲奮發向前和人家動起干戈來。他們以為和匈奴計長較短，不如築一堅宕的城於北方以絕其侵略為佳。因此所築的就是那萬里長城。

漢民族既然是愛平和，就不願意侵略他族。通觀中國的歷史，雖有如元代那樣的侵略時期征服到歐洲去，幾乎支配了歐亞的全土；但那時候的主權是蒙古人結局，中國自開國以來除起驅逐苗族以外，沒有積極的向前征伐他族。漢民族萬事均希望在平和裡解決。所以由消極的防禦一點看起來，那建築萬里長城的意義也就明白了。

漢民族不但對外維持平和的態度，就是對內也是同樣。中國的政策多重文輕武。文治派時常占優越的地位而武斷派永遠居其下方，文學出身的比武藝出身的成功較快。這種重文輕武的弊害，到了宋朝達到極點，遂成為南宋滅亡的一大原因。

思想上，孔子，墨子，老子等，都是平和主義的人。孔子極力主張行王道而斥霸道。王道，換句話來說：就是消極的政策。他因主張行王道的極點，遂否認一切的國防。當時孟子來見梁惠王，梁惠王道：「叟不遠千里而來，亦將有以利吾國乎？」孟子率直答曰「王何必曰利，唯有仁義而已矣」（……據朱註：梁惠王之所謂利者富國強兵之類也）這樣孟子排斥這個利（富國強兵）而單道唯有仁義而已。理論上、由仁義行王道是極其理想的。但理想未必可以實行。只有仁義而沒有國防的國家，完全像基礎不堅固的危險家屋一樣。結局國家也要文的，也要武的，文武彬彬，然後纔會使國泰民安。縱貫中國歷史的這個平和主義，雖非是缺點，亦非是至善的思想。

第四章　實利主義

實利主義的概念，很困難說個徹底。因實利主義的眞意、往往會被誤作利己主義解。其實實利主義和利己主義有迥然的區別。這裡所謂實利主義者，是說看重實踐有利的事象而看輕深遠幽玄的理論。換言說重物質輕精神，古來利是萬人所愛慕的，但無論那一個的人都沒有像中國人那樣的重利。簡直他們看「實利」比「理論」更重要。他們對於「人生究竟的目的」和「生的快樂」等的問題，看做很輕。他們把實際方面有用的事，都看得很重要；對於比較的和日常生活疏遠的事，都看很不起。他們因欲實現這個實利的欲念，就沒有揀擇甚麼手段。往往甘心把精神諸要素，拿去作求利的犧牲。因此古來許多的藝術家，都被一般輕視爲雕蟲的小技，不可和那政治家列在同位。韓愈說的：「文以載道」簡直也是把藝術看做是實現道德的手段。

儒教也是一種的實利道德。你看那世之儒學者，都看輕深遠的形而上的理論，以爲是一種和人生毫無關痛癢的事。於是他們就力說實踐倫理，使人人都容易可以去實行。中國的儒教可能成爲宗教的一大原因，也是在儒教沒有說死後—來世—的這一點。

子路曾問孔子事鬼神之事，而孔子曰：「未能事人，焉能事鬼？」子路再問死後之事、而孔子曰：「未知生，焉知死？」。這明明白白是孔子排斥形而上，而致意於實際方面的例子。

中國第一人的博愛主義者墨子，無過也是一個的功利主義者而已。他說「兼相愛」的動機是由「交征利」起的。這種學說和今日的倫理學上的報酬說同樣。按墨子的意，人若愛他人，他人就會愛我。換言說，欲使他人愛我，我要先來愛人。是豫先期待一種的報酬，而後纔實行兼愛的，所以墨子，不能說是個純粹的博愛主義者。

以上所說的，是古代的實利主義，今更進一步去觀察現代吧！

中國人（臺灣人亦未嘗不是這樣）新年時，各家各戶都有貼春聯於門口，吾們如把這春聯的聯文來查一查就會知道現代人的實利心的一班了。

據賣春聯的人說道：人們最歡迎富有福分之字的聯。例如：門迎春夏秋冬福，戶納東西南北財。或：大道、生財；百福、千祥。以及：利如曉日騰雲起，財似春風送雨來。等的好句，非是說財，便是說利。非是說福，便是說祥。

又人們很歡迎「春」字，「春」字表現萬象更新的新春以外，還有包含餘剩可以貯蓄的意思。因「餘剩」的土音Chhun和「春」字的讀音Chhun同樣，所以人人都愛貼此「春」字來表本年中的金錢福分有餘剩可以貯蓄。但此「春」字亦有制限，不可拿去貼「公媽壽」字的上方或米甕。因公媽如有餘剩可以貯蓄便是死人過多，當然要食的米如不得盡食，有餘剩可以貯蓄便是病人過多。所以都把「福」字去代用。其他又有「積善之家有餘慶」的句，這也是說積善的動機，是由於有餘慶可得，人們就不欲去積善了。

這樣徹頭徹尾，中國人是實利的民族。因有此思想的存在，他們極善理財殖貨。今日的中國人，到外國去謀生的很多。（中國，俄國，意大利是世界的三大移民國）他們叫做華僑，儼然成一大勢力。到他們處都是很勤勉，中國人的勤勉性、耐忍性和持久性，是世界唯一的。斷然凌過別的民族所以德國的凱撒（Keiser）曾倡「黃禍論」，惹動世界的注目。他說道黃禍的原因有三：一、白色人種的生育慢，而黃色人種的生育速。他日中國人如精通醫藥和養生之道，則茫茫大陸定為黃色人種的殖民地。二、黃色人種，一定將奮發自強，磨兵抹馬，使東亞沒有白色人的立腳地，然後必至席捲全歐掃蕩白色人的庭穴。三、中國的勞動者能忍耐種種工作，工錢又極其低廉，他日中國人必能執世界的實業界之牛耳，而白色人則將要退避三舍。這樣中國人的勤勉性和忍耐性，是歐洲人所恐怖的。我們很希望這樣的特點，永久保存起來以開拓東洋平和的第一步。

第五章　自尊主義

我在中國建國史裡說過的那樣，漢民族起初是征服他民族奏得凱歌的，後來漸次建設中國獨特的文化，一日越一日發展擴張起來。四方的民族都受其感化或來進貢，或爲其屬國。因此，漢民族就生出一種的自尊心，誇自己的文化進步到很絢爛，以爲中國是世界唯一的文化中心地。古來那「東夷」「西戎」「南蠻」「北狄」等稱呼，難道非是看輕四圍的民族而贈給的嗎？簡直漢民族看他民族是蒙昧未開，永久該彷徨於野蠻的狀態。中國自稱「中原」「華夏」皆是表現自己的文化冠絕別的地方。

這樣漢民族自古自尊心就很強。但自尊心亦有自尊心的好處；有自尊心，就有自信，有自信，自然就會生出元氣。元氣既然生出，那一項困難的事，都可以去幹。拿波倫豈沒有說道：「難」字是愚人的字典纔有的。但，自尊心如過強大，便生出豪慢、驕傲，沒有實力，而虛張聲勢，暴虎馮河，死而無悔，就是這樣。所以自尊心，得其中庸則有益，過則招禍。

中國人的自尊心，似有超過中庸的範圍，對外來的文化，往往失了正當的批評；缺少容納力；一味排斥，那麼年深月久，就成爲一種文化的劣敗者。到了最近八九十年前，中國人仍然維持這個排外思想，阿片戰爭以前，他們稱西洋人爲洋鬼

Foreigndevils，到了阿片戰爭敗後，中國人十分覺醒以來，這種排他的思想漸漸消滅。中國亦知彼此有互相尊重的必要；外交上加入國際聯盟；教育上派留學生到外國去研究。煞是很可喜的現象。我們很希望今後會和世界各國取同一行動吧！

第六章　家族主義

社會進化的過程，可分爲五期：第一期種族時代；第二期氏族時代；第三期大家族時代；第四期小家族時代；第五期個人時代。中國的社會組織是在第三期或第四期。今後會進到第五期的個人主義時代，是不待說的。中國的家族主義發生的過程和別的民族不相同，本來，中國是易世革命的國家，自然對於君臣之間，沒有甚麼關心，看得很輕。每次革命勃發的時候，主權就變。那麼人心也就不得不動搖起來了。處在這裡，堪稱比較的沒有激烈的變動，唯有父子的關係西洋人以「個人」爲中心；日本人以「忠」爲第一主義；中國人，尤其是儒教，以「孝」爲樞要點。

中國的社會組織，以家庭爲本位；家庭裡的道德，以「孝」爲大綱。所以一部《孝經》，也全是說明孝的原理。甚麼孝爲百行之基，孝者，天之經也、地之義也、民之行也。五刑之屬三千，罪莫大於不孝。等滔滔都是孝。孔子也極力提高孝的重要性，幾乎成爲個孝的哲學。他所主張的孝，是涉於多方面。他對孝的本意則說道：

「今之孝者，是謂能養，至於犬馬皆能有養，不敬何以別乎？」他又補足說道：「色難，有事則弟子服，有酒食先生撰，曾是以爲孝乎。」可是單奉養父母，亦非孝的本義。奉養之外，要加愛的情分纔是。他又排斥形式的孝，沒有眞性命的孝；極力推獎眞實的孝。

這樣孔子主張孝的過度，遂使爲人子者，必正直，順從，唯父命是聽，不許稍違，使父母能夠安心享福。那麼孔子的學說，就成爲重父母而輕子女了。由今日的倫理學看起來，不免有些畸形之點。排斥儒教的人，也極力指摘這一點。如三年無改於父之道，可謂孝矣。明明是主張父之性質，地位，職業，無論怎樣爲兒子的都要世襲下去，不容擅意改變。孔子又云：「事父母幾諫，見志不從，又敬不違，勞而不怨。」這樣的見解堪稱是消極的孝道。縱有此什麼合理的諫諍，父母如不聽從，爲兒子的也不許違怨。

結局綜合起來，孔子主張的孝有四個的要素。就是：

㈠愛敬；㈡奉養；㈢服從；㈣諫諍。

孔子不但主張孝的重要性，還有主張孝是實行道德的第一步。木來儒教的主義，是由淺入深，由近及遠。所以孔子這樣的主張也是怪不得的。他由父子之孝，演進到夫婦之和，兄弟之友。家道如保得很美滿，那治國平天下的偉大事業，便易如反掌。

既然是尊敬父母爲第一要義的中國人，就是對於既死了的父母，祖先也維持同樣敬虔的態度。這個敬祖先的思想也是中國特有的。儒教最極力主張，鼓吹這個思想，遂創設一種厚葬的學說。據儒學者說：葬親必該用棺，用椁。上自天子，下至庶人，無貴賤之分別，無上下之差異，一概是共通的。試看《孟子·公孫丑上篇》所說的：古者棺椁無度，中古棺七寸，椁稱之，自天子達至庶人，非直爲觀美也。然後盡於人心。不得，不可以爲悅無財不可爲悅，得之爲有財，古之人皆用之。這是說孝子葬親應盡的禮。棺七寸，椁稱之，難道非是厚葬嗎？

不但埋葬要愼重，就是喪禮也要守三年間。三年之喪，也是自天子達於庶人，一律要遵守的。那末，三年之中，要行甚麼事呢？孟子又道：三年之喪，齊疏之服，飦粥之食，自天子達於庶人，三代共之。

似這樣，儒教對於喪禮，盡尊盡敬。所以後來供給墨子一個反駁的好材料。墨子在他的〈節葬篇〉裡，一攻而特攻儒者的厚葬，久喪。那末墨子自身的意見怎樣呢？「棺三寸，足以朽骨；衣三領，足以朽肉；掘地之深，下無菹漏，氣無發洩於上；壟足以期其所則止矣。哭往哭來，反從事乎衣食之財，佴乎祭祀，以致孝於親。故曰：子墨子之法，不失死生之利者此也。故子墨子言曰：今天下之士君子，中請欲爲仁義，求爲上士，士欲中聖王之道，下欲中國百姓之利，故當若節喪之爲政，而不可不察此者也。」雖有墨子這樣的反駁中國敬祖先的思想，仍然不會消滅去的。現時雖沒有像往古那樣的厚葬久喪，至少也有相當的祭祀。如節季裡的「清明」，也是因敬祖先，掃坟墓特設的。《朱子家訓》裡有左記的名句：

祖宗雖遠，祭祀不可不誠。

這個敬祖先的思想，再進一步，便成爲重後嗣了。中國人，看傳祖先的香煙，也是孝的一個要素。所以孟子有這樣說道：

不孝有三；無後爲大。

據趙岐的解說：「於禮有不孝者三事、謂阿意曲從、陷親不義一也；家貧親老、不爲祿仕二也；不娶無子、絕祖祀三也。三者之中、無後爲大。」可見傳後嗣，在孝的範疇內，有占多麼重要的地位了！因此，後來百姓間日常通用的頌祝辭多用：多福，多壽，多男子。這叫做三多。那麼就可以知道多男子是人生最快樂事的一項了。一般爲父母的，都很希望自己的兒子，早生個賢孫，來傳後嗣；一面爲兒子的，也很希望緊趕來娶個賢妻，服侍父母。因此，就養成一種早婚的習慣。中國人男子年及弱冠而尚未娶；女子年及二十而尚未嫁者，很少。

中國人，這樣很注重人口的繁殖，正和那十九世紀的英國馬爾薩斯（Thomas Robert malthus）所倡的「人口論」的主旨相反。據馬氏云：「世界的人口，以幾何的之遞進式增加（二—四—八—十六）；而食糧品，以算術的之遞進式增加（二—四—六—八）。前者之增進速，而後者之增進遲。所以如照現象放任，將來必有人口過剩，而食糧品不足的一天。那時侯，世界的人類，就不免有一番的餓死了，因此，馬氏發表兩個人口增加的阻止法：一是消極的；一是積極的。消極的防止法：是依獨身，晚婚，結婚後的制欲等，以期產兒的制限。積極的防止法：是由戰爭，飢饉，傳染病，殺嬰，流產等以期死者的增加。一面馬爾薩斯主義者力說產兒的制限。」這種的理論，雖殆乎近於杞憂，亦有些眞理，我們不得不來下點關心。

反之，中國人以人口的增加，爲人生的第一快樂事；以產兒的制限爲非人道的行爲。亦是彼此國民性的差異所致罷了

中國人，既然以㈠敬祖先；㈡孝父母；㈢傳後嗣；爲孝的不可缺的要素，自然他們就要維持家族主義了。爲人子的，該奉養父母之一生，使父母能夠享福晚年，不敢像日本人那樣，娶了妻便到外方去獨立一家。一面爲父母的也很希望看兒孫滿眼，以樂餘年。因此家族主義至今尚且保存著。

最後舉一例來說明東洋的家族主義和西洋的個人主義，有差的多麼遠呢？自己和

父和妻，從某橋上經過。他們到橋的中央之時，不幸橋斷而三人皆陷於河中。這時候，假使同一時不能救兩人。此時自己先救父好？還是先救妻好？依東洋的家族主義是先父而後妻；依西洋的個人主義，是先妻而後父。孰是？孰非？筆者亦不敢輕言判斷，懇求賢明的讀者賜教。

要之：中國的社會制度，以家族爲本，家族的道德，以孝爲先。孝的發現：是孝父母；敬祖先；重後嗣。

第七章　男尊女卑

中國古來的女性，無論是未嫁的，或是已嫁的，在社會上的地位，誠然是很低。不但是很低，簡直完全沒有所謂社會上的地位。他們只要像奴隸一般，絕對服從。甚至往往被男性視爲一種的附屬品，或玩意兒而已。孔子在《論語》裡也有說道：「惟女子與小人，爲難養也。」像孔子那樣所謂人格完備的聖人，尚且把女子看做和小人同一類，況且他人多麼虐待女性，是不待說的。由這點，我們也就可以明白古代的女性，處在多麼困苦的地位了。

但太古男性和女性是平等的。到了中古就變爲男尊女卑。近世又倡男女的平權了。結局無論怎樣，支配漢民族多麼長久的思想界，算起來也是這個重男輕女的習俗。關於此思想的發生原因，雖不能十分闡明。但據我的意見，大約是由「陰陽思想」或「乾坤思想」演繹出來的，《易經》裡的繫辭有：「乾道成男，坤道成女。」這是說女性始終不能和男性相匹敵而應該去立在弱順（坤）的地位。那末，她們就不應該抱像男性那樣的剛強（乾）的氣象。無論大小事，都要讓男人們，立在先頭去幹；女子只好在後面順從而已。

這樣，女性理論上是屬陰屬坤，自然實際上也不得不服從那屬乾屬陽的男性了。因此，女性們雖有抱獨立自主的精神，社會也不容她們的發動。把她們永遠困苦於男性的支配下。這些習慣，經過年深月久之間，女子的服從心，遂成為倫理學上一種的美德。古諺讚美婦女有「三從四德」的句。那「三從」是「未嫁從父，既嫁從夫，夫死從子。」裡面的「從」字，指服從以外，還有包含絕對的意。所以婦女們自生至死，只要服從人家而已。孟子也有道「女子之嫁也，母命之，往送之門，戒之曰，『往之女家，必敬戒，無違夫子（夫婿也）以順為正，夫婦之道也。』」由此觀之，古代的婦女無論怎樣，都要順從夫婿，不準有違背，纔可以得「好女德」的稱呼。不然，會被夫婿逐出，叫做「出妻」（和離婚同樣）。出妻的婦女是很沒有名譽的。因之，女性一旦嫁了，雖有不滿意於自己的夫婿，也不許擅離。總要憂鬱地夫唱婦隨白頭偕老了。

漢民族，既然重男輕女，那末對於產兒上，也就不得不差別了。他們只是重生男，不重生女。今把《詩經》裡的〈小雅·斯干〉章來做個證據：

大人占之：

維熊維羆，男子之祥；維虺維蛇，女子之祥。乃生男子：載寢之床，載衣之裳，載弄之璋，其泣喤喤，朱芾斯皇，室家君王。乃生女子，載寢之地，載衣之裼，載弄之瓦，無非無儀，唯酒食是議，無父母詒罹。

照左記的例看來，我們就可以曉得往古的父母；待男孩和女孩，有多麼差的遠呢！不但有這樣差的遠，甚至有一時代，輕視女子之極，把自己所生的女孩，使之溺死或絞死。所以《韓非子》的〈六反篇〉有云：

且父母之於子也，產男則相賀，產女則殺之，此俱出父母之懷衽，然男受賀，女子殺之者。慮其便爲之利也。

這樣，他們不但看輕女子，甚至視女子完全是一個有損無益的東西，養十個女子，也不值養一個男子。因之，他們便敢施這樣非人道的手段了。啊！多麼可憐呢！唐代的白居易，在他的《長恨歌》裡，雖有歌「遂令天下父母心，不重生男重生女。」

這無過也是一時的反動現象而已。那時因楊太眞得寵於唐明皇，她的兄弟姊妹，皆受她的庇蔭，封官列土。於是百姓們，就羨慕楊家的榮華了。白居易是藉此來諷刺的而已。到了現時這個不重生女的思想尙未除卻。例如吾們臺灣的現象怎樣呢？生女便從幼小的時候，送人家作養女所謂「心匏仔」就是。因此，惹起了後日的婚姻問題，缺少圓滿。我們很希望，大家趕緊來排除這種的惡俗。

漢民族既然看輕女子；那末於號名上，也不免有差別了。古來女性沒有像男性有名。她們只稱姓。所以「姓」字是從女從生。是說女性生出來，就有了姓；到了十五而笄，纔有了字。所謂伯姬，叔姬，孟姜，叔姜等的「姬」字和「姜」都是姓；「伯」「叔」和「孟」，都是字。沒有像後世公然叫甚麼「蘭英」「秀雲」。但這非是說古代的女性，絕對沒有名字的。古代也有一個叫做閨名，只是在閨中以內知道的，一旦離開了母家就不能使用了。這和無名有甚麼差的呢？這樣男性有名、而女性卻沒有的。那麼女子在社會上的地位，就不難於推測了。

在生既然這樣、死了如何辦理呢？試看〈喪服小記〉：「復與書銘、自天子達於士，其辭一也。男子稱名，婦人書姓與伯仲，如不知姓則書氏。」這樣女子死後，只書姓或書氏而已。反之，男性在生有甚麼「名」、「號」、「字」、「別號」，死了也有甚麼「謚名」。吾們現時也會可以發現這種的風俗。吾們如跑到坟墓去看看，就會知道女人的墓碑往往沒有刻名而只刻姓。如「王媽××」或「陳媽閨名××」。最後對女子的教育方面放點眼。既然漢民族重男輕女、自然也就粗忽女性的教育了。視女子是不應該受過學問的，只好服從男人萬事就充足了。因此、中國的婦女教育很沒有進步。所謂詠絮之才的女子簡直亦寥寥無幾，煞似晨星一樣。理論上，女子的頭腦豈有劣於男子的嗎？生理學上的見解、或者有多少的差異亦未可知。如論其天賦的稟性、完全是和男性同樣的。不過因她們時常受壓迫，沒有人引進、啓發以至被一般誤解作女性的稟性是先天的貧弱。

古代所謂「千金小姐」只好幽居在閨中，學刺繡之外，也不許作甚麼事。一切的學問，以為是男性的特許品，不準女性去幹的。

今也、這種男尊女卑的偏見，受著米國的女尊男卑的影響，漸漸湮滅去了。婦女解放運動也一日愈一日白熱化了。中國婦女的前途誠然是很可喜的。

第八章　南北思想的比較

以上吾們已把中國的國民性簡略剖批判了。今再以總括的眼光，把南北兩地方的思想來比較。中國古來有一句「南船北馬」的俗語，這句話誠然把中國南北兩地方的差異表現到很徹底。

中國的南方，富有川澤湖沼，氣候溫暖，產物豐盛，交通便利，人們都可以安居樂業，種種的經濟生活亦極其安定，除謀衣食住以外，尚有多大的餘裕。於是他們南方人的思想，就不得不向那比較的和日常生活沒有重大關係的思索方面去了。那麼他們的思想，就富有哲學的、文學的滋味了，代表南方的，是老子，以老子爲中心發生的，叫做「荊楚思想」。

北方則異之：洪水氾濫，高山甚多，氣候寒冷，天產物缺乏，交通又不便。人們對於謀日常生活的安定，只是孜孜，唯恐不及，焉有餘裕可去以思索那深遠的哲學呢？所以他們不得不致重實際方面。代表北方的是孔子，以孔子爲中心發生的叫做「鄒魯思想」。

㈠荊楚思想　此思想發現於南方。我們由《老子》和《楚辭》一派的詩人的作品裡，可以窺察其一班。此思想是感情的、冥想的、神秘的、想像的。換言說：是自由奔放、輕視社會道德、歡喜隱逸、脫俗、無爲恬淡的傾向。

㈡鄒魯思想　此思想發表於北方，六經、四書就是其代表作品。富有道德的、教訓的之要素。主張謹嚴莊重，任是純文學作品的詩，也有帶些道德的色彩。又他們很憧憬三代的制度。

要之南方人文勝質；北方人質勝文。南方人過於文弱；北方人過於武強。

最後引孔子在《中庸》裡面批評南北的文以作此篇結論。

寬柔以教，不報無道，南方之強也。君子居之。衽金革，死而不厭，北方之強也。而強者居之。

第二編　文學特殊性

吾們已把第一篇的中國國民性說完，今再進一去論由國民性演進出來的文學吧！世間稱中國是「文字的國家」，這句話很無錯。因和別的不同，中國的文字是象形的。據古傳說：中國的文字是蒼頡制的，後經許多的變遷以至今日。吾們雖不敢斷定此說的確實性，但至少吾們也可以推察中國自很古老就有文字了。許愼的《說文解字》裡用六義說明漢字的成立很徹底：

㈠指事：指事者，視而可識，察而可見：「上」、「下」是也。

㈡象形：象形者，畫成其物，隨體詰詘：「日」、「月」是也（以上兩項，皆直指事象，或形事物，成爲一種文樣，所以叫做「文」）

㈢形聲：形聲者，以事爲名，取譬相成：「江」、「河」是也（形聲，是二以上的字合爲一字。但其中必有一字與合成的字同音、同聲或同韻。）換言：形聲是聲加形也。例如：

江水（形）＋工（聲）＝江　鳩九（聲）＋鳥（形）＝鳩

㈣會意：會意者，比類合誼，以見指撝：「武」、「信」是也（按信字是人和言結合，言如不信，就不能算做是人的話了。）「武」字是止和戈結合的。見別人舉干戈，我能去止扯他就是武了。例如：

僞＝人＋爲＝人爲

命＝令＋口＝口爲令也

男＝田＋力＝力於田者（男子）

祭＝肉＋手＋示＝以手持肉敬神也。

以上的「形象」和「會意」及上面的「指事」和「象形」，綜合起來稱爲文字。但，如照上面所說的，一字只限於一義，那末，需要的字，成爲很繁多。因此不得不去借用既成的文字。這叫做「轉注」、「假借」。

㈤轉注：轉注者，建類一首，同意相受：「考」、「老」是也。他如：樂；本是系與木的合字：樂器也、後因樂器聲會使人歡喜，遂由樂器轉爲「悅」，「快」的意。

風：風雨的風。後來因習俗教人也如風之偃草一樣，遂風雨的風，轉爲「風教」，「風俗」的風。

㈥假借：假借者，本無其字，依聲托事：「令」、「長」是也（這因上古字少，言語雖其音而無其字之時，借用別字的形，抵當此語的用。讀則依借字的聲：義則托以斯借的事。）按：

令：本來是發號令的「令」，後來發號令的人，也叫做「令」。

長：本來是長短的「長」，後來年紀老的也叫做「長」。

蚤：原來是虫名，因與早起的「早」同音，假借作「早」字。

凡指事、象形、形聲、會意不能造的字，假借都可以造出來了。

以上所述的六義，綜合起來，則如左：

六義
- 指事　文
- 象形　構成上
- 會意　字
- 形聲
- 轉注　意義上
- 假借　音聲上　運用上

漢字的成立，既然如左記所說的，那末漢字就多畫而富有美術的色彩。表音文字是訴於聽覺的；而象形文字是訴於視覺的。因此，漢字會使讀者一見其字便如其意，可以去省略聽覺的作用。其他漢字是一字多義的，所以富有含蓄，沒有使用多數的文字，就可以去表現莫大的意思。但據《康熙字典》，漢字的總數，共有五萬餘字。因之，不免有多少暗記之困難的地方：此是無妨，因日常的用字僅僅二三千字而已。

中國的漢字、不但其文字的形體上有特色，就是其音韻上也有許多的特點。如「平仄」、「重言」、「疊韻」、「雙聲」、「同義」、「對義」等，於音韻調諧上，會使讀者覺到一種流麗雄渾的感情。

漢字既如上述那樣，有種種的特色，那末由這種文字所構成的中國文學，有甚麼特點呢？我們可以作六方面來觀看：

㈠文字的文學

㈡道德的文學；

㈢政治的文學；

㈣自然的文學；

㈤神仙的文學；

㈥酒的文學；

一面構成中國的思想是儒教。那儒教像一條金線，貫穿中國的文學史，另一面佛老的思想也像一條銀線，或斷或續；或隱或見；出沒其間。這兩個的思潮。氾濫的範圍很廣闊。因此：吾們欲理解中國文學以前，先要把這兩個的觀念置在腦裡纔是。

第一章　文字的文學

我已經說了的那樣，中國是文字的國家、修辭的國家。其原因是漢字的豐富和文字的象形；現代一派的新人，歡迎西洋文字而粗忽漢字的一大原因，亦在漢字多數而不便於暗記的這一點。但，漢字亦有漢字特點，斷然不許外國文字追隨得到的。漢字不但字畫優美，其音韻亦很微妙。奈萬事過則猶不及。中國因漢字過多；音韻過盛，遂不知不覺的中間，造成一樣對句法。那對句法發達到極點，就變爲駢體文的出現了。駢體文的性命是在「平仄」「對句」和「句數」。所以上方的起句如用「仄」字，下方的對句要用「平」字。因此，以駢麗體式來記述，往往和事實沒有相符。駢體文不顧內容怎樣，只重視形式的整齊，音韻的優美。甚至關於地理方面的書籍，也有用駢體文記述。是以內容和實地的方向，往往不同。例如實地的方向是「東」而作駢體文的時，因要整理平仄的關係，不該用「平」字的「東」字的時候；他們就不管事實向那一向，毫沒有遲疑地，把那「仄」字的「北」字來代用了。

又中國人歡喜形式；注重文字的結果，很好用典，世界各國的文學裡，中國文學最好用典故。曾在「尙古思想」裡說過的那樣，一味崇拜典故。非是古人說過的，就不敢說。試看那燕山外史，秋水軒的尺牘和西崑體的詩。完全是故事故典的聚合而已。把數千數百年前，已死去了的文人墨客，拿出來，開了個殘骸的展覽會。他們以爲典故羅列愈多，文就愈好。而不懂文學的性命是在情感和思想。他們好用典故之外，又徒作無病的呻吟；故意陳列爛詞套語，以炫耀人目。胡適曾在他的〈文學改良芻議〉裡說道：「今之學者，胸中記得幾個文學的套語，便稱詩人，其所爲詩文，處處是陳言爛詞『蹉跎』『身世』『寥落』『飄零』『斜陽』『芳草』『春雨』『愁魂』『歸夢』『鵑啼』『孤影』『雁字』『玉樓』『錦字』『殘更』……之類。纍纍不絕，最可憎厭。」這也是文字過多的流弊了。

這種好用典故及愛陳列爛詞套語的弊害，吾們臺灣尙且存著。詩社的洪水，幾乎氾濫全島，甚麼詩社的月例擊鉢，甚麼州下的聯吟，甚麼全島的大會，紛紛鬧個不休。殆乎把我的耳裡之鼓膜要衝破了。試觀他們所做的詩，多麼毫沒有生氣，沒有時代精神，沒有情感作用，沒有文藝價值呢！他們只知道用故事故典，陳列爛詞套語以外，沒有甚麼東西的存在。以是雖全篇裝得五花十色，其實只是一片雕琢的文字而已。甚至有一種人，好作無病的呻吟和言之無物。豈不是討厭的一回事嗎？

我親愛的前途有為的青年們，幾乎被這個漢詩的毒酒，灌到如醉如痴。人們說道八股文是亡國物；我說道臺灣現時的詩社的漢詩是喪身之具。我們如欲促進臺灣的文化，其第一步不得不先來打倒這箇無意義存在的詩社，使思想會得到自由的地點纔是。但我非是絕對排斥漢詩。我們只排斥其中的假詩，而很歡迎富有情感作用和時代精神及藝術價值的詩。

以上是舉其缺點，今再把其特色來講，漢字是一字多義的。所以有壯大，餘情、含蓄等的特點。修辭學上尊重簡潔勁拔，單純，不消說中國亦有艷麗纖細的文學；但統觀起來，皆如上記的特色較多。例如李白的：「白髮三千丈。疑是銀河落九天」等的句及杜甫的「星垂平野闊，月湧大江流。飄飄何所似，天地一沙鷗。」雖有誇大之嫌，方可以窺作者的情感多麼雄壯。又孟浩然的〈宿建德江〉：「移舟泊煙渚，日暮客愁新，野曠天低樹，江清月近人」的話，多麼清新，大有餘韻嫋嫋之概。

漢字的音韻也是個很大的持色。此雖是屬於形式的問題，在詩歌裡是不可缺的一要素。因吾們的情緒，有時經音韻，纔會微妙表現出來，關關雎鳩（重言），窈窕淑女（疊言），參差荇菜（雙聲），艱難辛苦（同義），長短大小（對義），要之；中國字數過多，一長一短，難以一言蔽之。細緻周到，精刻之點，尚遜於西洋。但西洋文學的缺點是過於冗漫。由這點比較起來，中國文學的簡潔，含蓄實有可取的。

第二章 道德的文學

倫理學和文學那一箇是重？那一個是輕？很難輕輕判斷。但至少兩個也要各自獨立一門：文學家不必是道學者。對文學家要求仁義道德，是愚笨的事。文學決不許和道德混合。道學者大多數沒有具備文學家的資格，那末，文學和道德有甚麼差異呢？本來文學以感情爲本位，道德以理性爲本位。文學富有藝術的，美的之情緒；道德富有倫理的，善的之意識。文學對思想解放得很自由，看輕道德的束縛；道德抑制思想，重視善惡的觀念。文學重個情，道德重社會性。文學以本能的快樂爲第一義；道德以厭迫慾念爲樞要點。

這樣文學和道德是殊塗異軌大有水火不相容之感。但，文學和道德，非是絕對不可以一致的。純美的背後有眞善的性；眞善的背後有純美的質。藝術家也要有多少德性的涵養；道學者也要加些藝術美纔是。

那末，中國的文學和道德的關係怎樣呢？中國自孔子以來，把文學居在道德的下方。孔子在《論語》裡說道：「弟子入則孝，出則弟，謹而信，汎愛衆而親仁，行有餘力，則以學文。」按孔子的意，是先行道德，如道德躬行到完備之後，才可以去學那些文學。這明明白自是把道德看做第一義；把文學看做第二義。換言說，是看道德爲主；文學爲從。這樣的傾向，和西洋的基督教文學，有些相恍佛之點。

孔子以後的學者，不但不承認文學和道德有同等的地位，反把文學看做是一種宣傳道德的手段或機關。任是唐代唯一個的儒學者韓愈也有這樣說道：「文以載道」這難道是非看文學很不起嗎？畢竟，中國的重道德輕文學的思想，和那實利主義，似有因果的關係。

他們既然以文學爲宣揚道德的機關，那末他們的作品，也不免有帶些勸善懲惡的色彩了。一部較近於文藝小說的《紅樓夢》，雖是寫寶玉和黛玉的艷情生活，其實也難免受個「懲惡」的批評。《紅樓夢》的主旨不外是欲表現「色即是空；空即是色」的八字而已。這單其一例而已，其他也就不難於推測了。

文學斷非是勸善懲惡的手段，文學有文學的本質。文學的本質要說明徹底是很困難的。我們今僅簡簡單單來下個定義吧！文學是一種的活動力，是在一個人有意識地，用某種外面的符號，把自己經驗過的情感，傳語別人，使別人也會被這些感情感染；並且也經驗這些感情。所以文學對人生，尤其是對於精神生活，有重大的關係和使命。決不是「載道」的東西了。

他們不但於創作方面看道德很重要，就是對批評方面也是同一傾向；他們拿道德來做標準度量文學的價値。如有一種的小說，表現勸善懲惡的意思很完全，他們就不管文學的之價值有無，馬上就下了個最高的稱讚了。一面對於《西廂記》、《紅樓夢》、《金瓶梅》等，比較的富有文藝價值的作品，他們就下了個「淫書」的頭銜。其實這些小說戲曲雖說是近於文藝作品，背後仍然有儒教佛教的思想支配著。

中國文學者中，小說家的地位最低。《漢書．藝文志》有：「小說者流，蓋出於稗官，街談巷說，道聽途說者之所造也。」這裡的小說的概念和現時的有沒有相同，我們總不能判明。但至少也可以明白一般看小說多麼不起。他們以為小說是學問的末流，不足以語士君子之間的。所謂街談巷說，只可以拿來作茶前的消遣品；酒後的玩意兒，絕非是經國大業所必需的。他們對於小說的見解，既這樣離奇抹殺了小說直正的意義和價值，那末他們自然就以白眼看待小說家，虐待創作家。因此，古來中國小說家的社會的地位誠然很低，所以小說家自己亦不敢以眞名發表作品；恐惹起社會的恥笑。是以中國古來幾部著名的小說都以匿名發表。這完全是供給後代的考古學好個考古資料了。如《紅樓夢》的作者，雖是「曹雪芹」，衆說仍然紛紛尚沒有最後的之確定。

要之：中國較早的時代，倫理思想就很發達，就中儒教思想支配了二千有餘年，惹起文藝作品感染到道德的色彩。但這種傾向，由文學革命以來，已漸漸薄弱，文學也離開了道德的範圍，維持其獨立性了。

第三章　政治的文學

古來，中國的詩人、文學者、一面也兼政治家、或儒者。純粹以詩人或文學者過一生的寥寥無幾。同時政治家、也兼儒者文學者，這兩種作用，互相表裏，遂構成一種政治的文學了。

中國人自古都以文章爲經國的大業。這句話從那裡來的呢？古來中國人，都用文學述治國的經綸，或政治上的得失。是以文學和經濟，就不得不互相影響起來了。

孔子及其門徒，亦皆以治國平天下爲人生的理想。外諸子百家的著作，亦皆充滿著政治思想。所謂漢代的文學者賈誼，晁錯等，亦皆以政治論顯世。唐宋的八大家韓愈，柳宗元，歐陽修，蘇洵，蘇軾，蘇轍，王安石，曾鞏也皆以政治家自任。他們的文集亦不過是政治論而已，促進這個政治文學，有三個的原因：

㈠戰國時代的遊説　弱肉強食的戰國時代無論那一國，都很歡迎富國強兵的政策。是以唱王道者有之；唱霸道者亦有之。思想界煞是很混沌。說客們爭先恐後，勾心鬥角，以迎合諸侯之意，並以求仕進。因之，政治文學，就昌盛起來了。

㈡儒教的理想　支配中國二千有餘年的儒教，以治國平天下爲理想。是亦促進政治文學的一原因。

㈢科舉制度　中國自唐代以來設科舉的制度，至清更擴張其範圍。因之，文學變爲仕進的手段；經學降爲干祿的過程。一般的學者都以爲學問的目的，是做官，看官吏的威嚴和榮耀，人們都感到人生除起做官以外沒有甚麼事值得他們去幹。前清時代的讀書人，很好念左記的一首求學問的目的是做官的詩：「白日莫閒過，青春不再來，窗前勤苦讀，馬上錦衣回。」

這樣，中國文學，一面有道德的色彩，一面政治色彩也很濃厚。而他們不得志失敗的時比成功的時，會產生較好的作品。本來成功的人，不必藉文墨來表示抱負和志向。唯有落魄的人，不得不依言論文墨來曝露政治上的不平，和與世不相容的憤懣；又不得不將滿腔的熱血和情緒向人生吐露出來。是以失敗時的作品，多有眞情的流露，富有文學的價值。如屈原的《離騷》，也是將滿腹的牢騷，赤裸裸地，吐出來的結晶品，成爲南方文學的代表傑作了。

這樣，中國文學，被政治所侵入的範圍又廣又闊，幾乎欲損害文學的本質了。

第四章　自然文學

在中國、和儒教可以互相匹敵的，算是老莊思想，此兩個是中國思潮界的二大淵源。由這裡流出來的文學作品，也各有各的特色。儒教是主張仁義道德的實踐實利方面；老莊是主張無爲恬淡的幽玄越超方面。這兩個支配了漢民族二千有餘年間的思想界，遂釀成一種互相矛盾的文學思潮，造成二重的人格。前二章所述過的道德文學和政治文學，是儒教構成的。下三章要講的自然文學，神仙文學和酒的文學，是老莊思想創造的。自然禮讚的文學，非是中國人的專賣品。西洋亦有很著名的田園文學。不過西洋人沒有像中國人那樣的強烈而已。西洋人對於自然是抱積極的之態度，奮發向前去征服；中國人，尤其是受過老莊思想洗禮過的人，歡喜親近自然，臥倒在自然的懷抱裡，與大自然相提攜握手，融合一身，不敢有些抵抗征服的意。

他們既然對大自然抱這種的態度，那末對日月星晨，就有日月星晨的詩了。就中對於月的讚美尤多。古來形容月的言詞有「水鏡」（玉盤）「香輪」、「團扇」、「晶球」、「丹桂」、「素娥」、「嬋娟」、「玉兔」、「兔魄」、「蟾魄」、「銀蟾」、「蛾眉」、「玉缺」、「分鏡」、「梳形」……等纍纍不能枚舉。

而對月所生的感情亦種種不一。今錄夏思泗的「中秋月賦」裡的對月所生的感情於左：「或旅舍久居兮，覺鄉心之頓發，或江湖垂老兮，悲相映以白髮，或天來以懷人兮，正相思之刻骨，或邊戍之未還兮，歎關山之難越，或鎖深宮兮淒淒，或坐幽境的兀兀」，其他如李白的「小時不識月，呼爲白玉盤；人攀明月不可得，月行卻與人相隨；今人不見古時月，今月曾經照古人；古人今人若流水，共看明月皆如此」等皆感自然之悠久，嘆人生之倏忽。又如白居易的：「曉隨殘月行，夕與新月宿，誰謂月無情，千里還相逐。」也是用擬人法的描寫，表現月是一種有情有意的東西。其他王建的〈十五夜望月〉，也是很膾炙人口的好詩：「中庭地白樹棲鴉，冷露無聲濕桂花，今夜月明人盡望，不知秋思在誰家。」（在或作落）

對於山川草木，也有山川草木的文學。中國的代表自然詩人，當推晉的陶淵明和南北朝的的謝靈運，謝靈運於才藻上凌過淵明；性情上卻不及之。靈運有些俗氣銜氣，而淵明卻絕無。淵明超然居在名利之外謳歌田園的清閑，發揮素樸淡雅的極致。

吾們一讀到他的詩和文，就會感到一種忘小我而就大我；超小人生而合大自然的心境。那〈歸去來辭〉裡的：「時矯首而遐觀，雲無心以出岫，鳥倦飛而知還……已矣乎，寓形宇內復幾時，曷不委心任去留。何爲乎？遑遑欲何之？富貴非我願；帝鄉不可期。懷良辰以孤往，或植杖而耘耔，登東皐以舒嘯；臨清流而賦詩，聊乘化以歸盡，樂天命復奚疑？」或〈歸田園居〉：「少無適俗韻；性本愛丘山。誤落塵網裡；一去三十年。羈鳥戀故林；池魚思故淵。開荒南野際；守拙歸田園。方宅十餘畝；草屋八九間。榆柳蔭後簷；桃李羅堂前。曖曖遠人村；依依墟里煙。狗吠深巷中；雞鳴桑樹巔。戶庭無塵雜；虛室看餘閒。久在樊籠裡；復得反自然。」

我們一讀此詩，當時的自然詩人淵明的生活和環境，髣髴於眼前。

淵明以後的田園詩人當推南北朝的謝靈運。靈運的周圍有弟之謝惠連及何長瑜、荀雍、羊璿之等，世稱之謂「山澤四友」。當時，老莊思潮最澎湃，靈運亦頗受其影響，欲求道之奧妙於山水之間，以慰胸中之不平不滿。常著木屐登山則去其前齒，下山則去其後齒。因此有「謝公屐」之稱。

他不但善於直觀山水之魂、徹其精粹、還巧以豐麗的詩句表現山水的特殊色彩。他的作品，如〈自竹斤越嶺溪行〉和〈過始寧野〉等都爲後世感嘆不已的好詩。靈運的詩，最影響唐代的王維、孟浩然等。

人稱王維「畫中有詩；詩中有畫。」確是無錯。

李白的〈春夜宴桃李園序〉，也是一篇自然禮讚的好小品。

對於春夏秋冬也有春夏秋冬的詩，但，中國的文人，對於春秋的作品，比夏冬還多。大凡春感歡樂而秋感悲哀是人情之所共通。因之一般的詩人，對於春花，春鳥，就敘快樂；對於秋月秋風就表哀怨。故秋的詩，與其歌樂觀，不如歌悲觀爲佳。一葉落而天下秋。秋之蕭條，供給詩人好個材料。杜甫的〈秋興〉歐陽修的〈秋聲賦〉皆是此類。本來春乃一陽來復之機；萬物化生之際，但有時映入詩的眼瞼，就變爲悲爲怨。如春思，春愁等。

這樣中國的文人，無論是對於日月星晨；山川草木或春夏秋冬，皆有抱強烈的感情，以構成自然讚美的文學。

第五章　神仙文學

這裡所謂神仙者，不是單指敬慕神佛的境地而言，外還有包含超脫俗界的幽寂味、閑雅味、隱逸味、禪味、淡味等。綜合起來叫做神仙味。這種神仙味是由老莊的無爲恬淡的思想演進出來的。我們由詩人的生活和其作品裡，可以去窺察其一端。代表這個神仙文學的人，不消說是魏晉的「竹林七賢」，那竹林七賢是：陳留的阮籍；河內的山濤；河內的向秀；沛國的劉伶；陳留的子咸；瑯琊的王戎；譙郡的嵇康。

他們在中國文學史上放點異彩。他們反抗時勢而創設一種神仙文學：敬慕老莊而排斥儒者；笑世人拘束於人爲的禮教形式。他們又極力反對以意志押迫感情；以理性壓制本能。他們很歡喜忘卻形骸、逍遙於天地之外和虛無融化。他們又標榜一種快樂主義：嗜飲酒、愛彈琴、好清談。

七賢中，最著名的是阮籍和嵇康。阮籍有一首很看輕名利的雜詩：「昔年十四五，志尚好詩書，被褐懷珠玉，顏閔相與期，開軒望四野，登高有所思，丘墓蔽山岡，萬代同一時，千秋萬歲後，榮名焉有之？乃悟羨門子，傲傲今自嗤。」

陶淵明，不但是自然讚美的詩人，還是神仙禮讚的詩人。梁昭明太子著的〈陶潛傳〉裡，有關於淵明一節逸話：

淵明不解音律，而蓄無絃琴一張，每酒適，輒撫琴以寄其意。

別人的琴，是有絃而可以彈的；他的琴是無絃而以寄意的。亦可以明白他的神仙趣。

又淵明有一首很著名的〈飲酒〉詩：「結廬在人境，而無車馬喧，問君何能爾？心遠地自偏。采菊東籬下，悠然見南山。山氣日夕佳，飛鳥相與還。此中有眞意，欲辨已忘言。」右之一首，淵明在秋晴之日，處在閑雅之地，親近菊花之芬香，悠然對南山，悟入法悅之鄉裡，任是淵明自己，也不能辨其眞意。煞是沖淡玄遠，瀟洒出塵，極其自然之致。

外〈五柳先生傳〉、〈桃花源記〉、〈自祭文〉及其他種種的詩，無一不帶著神仙的趣味。就中的〈自祭文〉如沒有超脫名利，置死生於度外的人，斷不能做出的。

唐代的詩人，如常建、賈島、項斯等，亦皆歌幽寂、詠禪味、憧憬神仙生活的。甚麼：「月明古寺客初到，風動寒門僧未歸。」

第六章　酒的文學

中國的文學裡，前章的神仙文學和這章的酒的文學，是最有特色的是以欲徹底的，理解中國的文學，不得不先來理解神仙和酒。神仙已說了，今單把酒來說。

古來的中國人，對酒有執兩種的見解：

㈠排斥酒　這是政治家和道學者的見解。上自大禹下至歷朝的聖君英主，莫不以酒爲亡國喪身之本；傷風敗俗之基。是以或出禁酒令；或出斷酒戒；或椎擊金罍；或破碎玉碗以斥酒的毒害。

㈡禮讚酒　這是時人的見解。他們不但以筆墨頌酒德而已，甚至以爲飲酒是人生的最快樂事，除飲酒以外，沒有什麼事值得他們的一顧，他們以飲酒爲高尚，以狂醉爲風雅。又他們以爲詩人的生命，在能發揮狂醉美；放丟俗事、超越世界；忘卻形骸而已。他們又以不解飲爲恥辱：以因酒而狂歌肆意而行動爲英雄。

詩的禮讚，亦自很老古早就有。我們於《詩經》裡面，也會常常碰著頌酒詩。如：

君子有酒，嘉賓式燕（〈南有嘉魚〉）。

厭厭夜飲，不醉無歸。（〈湛露〉）。

三百篇的詩人，對酒的態度，尙未進到甚麼強烈。他們只以酒用於宴客、祭祀、公燕、招宴、送別、養老、鄉射國賓、和諸侯的會盟等之禮式而已。酒到了魏晉、南北朝或唐代，便一躍成爲詩中不可缺的一要素了。

那陶淵明也是一個的酒徒。自擬「曦皇上人」或「無懷氏」、「葛天氏」，他在〈歸去來辭〉裡這樣道：「攜幼入室，有酒盈樽，引壺觴以自酌，眄庭柯以怡顏，倚南窗以寄傲，審容膝之易安。」淵明的面目，多麼躍如於眼前呢！

又〈五柳先生傳〉的裡面也有說道：「性嗜酒，家貧不能常得。親舊知其如此，或置酒而招之。造飲輒盡，期在必醉，既醉而退，曾不吝情去留。」我們僅讀此幾句，也就可以去知道淵明對酒抱甚麼態度了。

淵明以外的酒徒，魏有「竹林七賢」。前章說過，晉「有兗州八伯」。就是：阮放（宏伯）、郄鑒（方伯）、胡母輔之（達伯）、卞壺（裁伯）、蔡謨（朗伯）、阮孚（誕伯）、劉綏（委伯）、羊曼（黯伯）。他們是飲酒的團體，聚合輒飲，期在必醉，以享忘我之境地。

到了唐代，飲酒之風輒盛。就中的代表者是李白和「八仙」、「六逸」等。

人稱李白是詩仙，但他不只是詩仙，還是酒仙。他的詩，會那樣飄逸放浪，沒有拘束，雖是根於他的天性，究竟也是飲酒所招致的。他一生六十四年間，堪稱全在酒中生活。他有一首贈內的詩：

三百六十日，日日醉如泥。雖爲李白婦，何異太常妻。

可見他一時一刻，如沒有酒可飲，就不得活在世間了。

他任是昇官、貶官，或遊覽的時，未曾拋卻那蘭鈴的美酒鬱金的香氣。

李白得唐明皇之寵，居長安約三年之久。每日只在長安市上酒家眠而已。

天寶中，明皇在興慶池東沉香亭，和貴妃賞木芍藥，宣賜李太白作詩。那時，李白値酩酊大醉，前後不覺臥倒在地，任人千呼萬喚也不醒起來，於是明皇命人以水灌注其身，一面命李龜年持金花牋，一霎兒，李由醉中朦朧微開眼瞼，一時乘其神采之興，賦就〈清平調〉三首。清平調作成，明皇隨即命梨園子弟付節；命李龜年高唱。這時候的貴妃，乘興舉七寶的玉杯，酌葡萄的美酒，兩頰渾紅起來，浮出微笑的嬌容……。因此，明皇一日越一日優遇李太白了。有一時，明皇曾命高力士脫去李白的靴。因此力士構怨遂以讒言陷害李白，左遷於長沙。李白雖遭貶官，亦和以前同樣無憂無愁。悠然置名利於度外，只是飲酒漂泊和八仙六逸放浪於酒裡的乾坤。

李白任是在客中，亦決不忘那杯中物。如：「但便主人能醉客，不知何處是他鄉。」其他李白的酒詩如〈月下獨酌〉、〈春日起言志〉、〈對酒〉等等都是傑作。又有一首〈與山中幽人對酌〉的七絕：「一杯一杯復一杯，兩人對酌山花開，我醉欲眠君且去，明朝有意抱琴來。」多麼飄逸！

又有一篇〈將進酒〉。今僅摘其中的幾句來：「人生得意須盡歡，莫使金樽空對月。天生我材必有用，千金散盡還復來。烹羊宰牛且爲樂，會須一飲三百杯。鐘鼓饌玉不足貴，但願長醉不願醒。古來聖賢皆寂寞，唯有飲者留其名。五花馬；千金裘，呼兒將出換美酒，與君同銷萬古愁。」

李白以外，還有七個酒徒。李白和他們叫做「八仙」，杜甫有一篇〈飲中八仙歌〉，描寫八仙嗜酒的態度很細很詳，今把其全篇轉載於左：

知章　騎馬似乘船。眼花落井水底眠。
汝陽　三斗始朝天，路逢麴車口流涎，恨不移封向酒泉。
左相　日興費萬錢，飲如長鯨吸百川，樂聖銜杯稱避賢。
宗之　瀟瀟美少年，舉杯白眼望青天，皎如玉樹臨風前。
蘇晉　長齊繡佛前，醉中往往愛逃禪。
李白　一斗詩百篇，長安市上酒家眠。天子呼來不上船，自稱臣是酒中仙。
張旭　三杯草聖傳，脫帽露頂王公前，揮毫落紙如雲煙。

焦遂　五斗方卓然，高談雄辯驚四筵。

又李白客任城時，與孔巢父、韓準、斐政、張叔明、陶沔等居徂徠山，號「竹溪六逸」，終日耽飲。

到了晚唐，出一個風流才子的杜牧。自稱「小杜」，而稱杜甫爲「老杜」，他也是個很好酒的詩人，每日殆乎在花天酒地生活。他的詩，富有艷情，聲韻又極其流麗，描寫又極其纖細輕鬆。如〈遣懷〉一首：「落魄江湖載酒行，楚腰纖細掌中輕，十年一覺揚州夢，贏得青樓薄倖名。」

這樣他雖是落魄於江湖，也不忍拋去「酒」，還要載在身邊。又有一首三尺童子都會暗念的〈清明詩〉：「清明時節雨紛紛，路上行人欲斷魂，借問酒家何處有，牧童遙指杏花村。」多麼瀟灑！多麼輕鬆！

其他如杜甫、王維、白居易、孟浩然等亦是唐代詩人之嘖嘖者，其奈這裡論的是由酒的立場，所以對於這些人，俟他日再研究。

到了宋元時代，嗜酒的人，也不少。如蘇東坡亦是好酒的文章家。

以上簡單把酒的文學說完了，中國的文人嗜酒的原因，是根於老莊的思想。老莊是超越主義，詩人們欲實行這個主義，不得不來飲酒消愁，得逍遙於天地虛無之間。

正正如李白之所謂：「天若不愛酒，酒星不在天；地若不愛酒，地應無酒泉。已聞清比聖，復道濁如賢。賢聖既已飲，何必求神仙。三杯通大道，一斗合自然。但得酒中趣，必爲醒者傳。」

這是李白論飲酒的原理：其主旨是在和大自然渾合一體。

第七章 新文學的一瞥

西曆千九百十一年十月，武昌一角舉革命的烽火以來，沒有甚麼困難，四箇月後，破壞四千餘年來的傳統，推倒帝制，建設共和的「中華民國」。誠然在中國政治史上，劃了一個的時期。世界的人們都很緊張地、新奇地向著這個新國家注目。以來已經二十三年之久了。其間軍閥的跋扈，革命繼以革命，紛亂繼以紛亂，弄得沒有個安定的時期，北伐後已漸趨於統一，爲東洋平和及中華民國自身，是可喜的現象。

中國的新文學運動，也稍有和政治運動，跑同一過程。今因便宜上分作四期來講：

第一期　文學革命
第二期　創作運動
第三期　革命文學
第四期　無產文學

四期中，第一期是白話文的提倡時代；第二期是純文藝的創作時代；第三期是反軍閥主義、反帝國主義時代；第四期是無產文學和馬克斯文學的抬頭時代。

第一期　文學革命

第一期是以雜誌〈新青年〉爲中心的文學革命運動。這時期的中心人物當推胡適、陳獨秀、錢玄同、周作人、沈伊默、李大釗、劉復等。他們的運動的主要目標是在言語學上。一九一七年、胡適在《新青年》一月號發表「文學改良芻議」爲導火線引起一個文學的大革命。當時胡適是在提倡言文一致的必要而已。他道：「吾以爲今日而言改良、須從八事入手。八事爲何？一曰須言之有物。二曰不摹倣古人。三曰須講求文法。四曰不作無病呻吟。五曰務去爛詞套語。六曰不用典。七曰不講對仗。八曰不避俗字俗語。」他發表這篇之後，陳獨秀也在二月號的《新青年》裡發表了一篇〈文學革命論〉以作胡適的聲援。陳獨秀的主張比胡適更激烈。他不單主張言文一致外，還有主張打倒舊文學的必要。他在〈文學革命論〉裡這樣道：

> 余甘冒全國學究之敵，高張「文學革命」大旗，以爲吾友之聲援。旗上大書吾革命三大主義：曰推倒雕琢的，阿諛的貴族文學，建設平易的，抒情的國民文

學。曰推倒陳腐的，鋪張的古典文學，建設新鮮的，立誠的寫實文學。曰推倒迂晦的，艱澀的山林文學，建設明瞭的，通俗的社會文學。

這兩篇（胡適的〈文學改良芻議〉和陳獨秀的〈文學革命論〉）發表了後，本來被以庶子待遇的白話文，竟一步一步向嫡子的地位上去。他們又一面對在來的古文學，送了個「死文學」的諡名，並舉了個悲哀的葬式。於是俄然喚起輿論。古文學擁護雜誌的「國故」「國民」，奮起而對已死了的古文學盡點孝心，代他們的老祖先洒些眼淚；一面嗾使當時的「安福俱樂部」的武人政客起干涉了。翻譯王林琴南，也對革命派放出反對的箭了。

雖有這樣的阻害，他們文學革命軍排除了一切的困難，堂堂向他們的前途邁進。他們先分三方面著手。一面是以翻譯外國的小說詩歌，就中俄國居多，日、英、法、德亦皆有。一面闡明宋、元、明、清以來的白話民間小說——《水滸傳》、《西遊記》、《紅樓夢》、《儒林外史》——的價值。還有一面採用西洋的標點符號以期文法的正確。這三方面的工作，日一日進步起來。白話文已像燎原的火一樣，轉瞬間，燒遍多麼闊的曠野了。胡適也發表一部詩集叫做《嘗試集》。他發表這部的動機是欲使人們知道以白話文也會做得詩。後來全國的人，都響應起來，新體詩的出現，一日越一日多起來了。

後來又有《每週評論》、《新潮》等也出來援助文學革命的勢力了。

這種運動，經了「五四的學生運動」（一九一九年五月四日，在巴黎會議，中國外交失敗起因），和「六三事件」（同年六月一日北京學生千餘名被官憲逮捕）以後，更得一層的刺戟，白話文的勢力，已完全支配中國了。刊行物，也像雨後筍一樣，先後出現了。至少也有四百種以上的白話報發賣了。康白情的《草兒》和俞平伯的〈冬夜〉等的詩集也先後出世了。

第二期　創作運動

文學革命軍，已由言語方面，占領到創作方面。文學戰場裡，也分作兩隊前進。一隊叫做「文學研究會」；一隊叫做「創作社」。

㈠文學研究會

中心人物是周樹人（魯迅）及鄭振鐸等。其主旨是謳歌人生主義，提倡人生的藝術。雜誌有《小說月報》（商務印書館發行）、《語絲》（北京大學發行）和《莽原》（北新書局發行）等。其內容是中國新舊文學的研究和外國文學的介紹。本來這個「文學研究會」的使命、與其說在創作方面，寧說其在研究方面爲當。魯迅的那世界之小說《阿Q正傳》，也在這時期出現了。內容是寫住在末莊的一個又醜、又愚、又古怪有卑怯的「路漢腳阿Q」的傳記。富有俏皮諧謔，描寫極其纖細，文體又極其簡潔。阿Q的性格表現到很完備，例如：阿Q本來也是正人，我們雖然不知道他曾蒙什麼明師指授過、但他對於「男女之大防」卻歷來非常嚴，也很有排斥異端——如小尼姑及假洋鬼子之類——的正氣。他的學說是：尼姑一定與和尚私通，一個女人在外面走，一定想引誘野男人，一男一女在那裡講話，一定要有勾當了。爲懲治他們起見，所以他往往怒目面視，或者大聲說幾句「誅心」話，或者在冷僻處，便從後面擲一塊小石頭。

等是就中的一節，也可以看出阿Q的性格的一部分了。此小說時現世界各國都有翻譯本。如日本、俄國多至數種。我們在中國文學裡，會看這種作品的出現，煞是不勝同慶的。這部《阿Q正傳》出世了後顯然對中學史裡劃一個《阿Q時代》了。

㈡創造社

中心人物，是郭沫若，郁達夫，成仿吾，張資平等。主旨是純創作，重個性。提倡藝術的藝術，標榜藝術至上主義。創造社的代表人物是郭沫若和郁達夫。此兩人雖是同派，至其性格，作品都有相當的差異。郭沫若是一個熱情家。他的作品很多，

《女神》、《沫若詩集》等都是罕見的傑作。反之，郁達夫自幼少就受社會的虐待，因此釀成一種憂鬱的性格。他不信世間有善人的存在。他也曾往革命都廣東去，目擊革命政府的實狀，後來對革命政治家懷疑起來，遂與日本的無產文學提攜，著中國農民文學開拓的先鞭。他的作品《沉淪》，《迷羊》和《達夫代表作》等。

這兩派——文學研究會派和創造社派——後來起了反目。創造社派的人們，也不能再繼續藝術至上主義，他們不得不轉換了。

中國文學革命軍、由創作方面、再進一步去占領革命文學方面了。

第三期　革命文學

創造派的人們，已不能整天陶醉於藝術至上主義的酣夢了。他們不得不轉換了。昨日是創作本位的他們，今天已變爲反××主義，反軍閥主義的他們了。這時候的中心人物當推郭沫若，蔣光慈，劉一聲等。他們對中國的詩壇上，擲下爆彈也似的一種咆哮的詩。你看郭沫若的〈前進曲〉，蔣光慈的〈勞働歌〉及劉一聲的〈奴隸誓言〉等。完全像獅子的叫喚，火山的爆發一樣。他們以爲沒有進到革命的文學，是沒有價值的。劉一聲主幹的雜誌《中國青年》，對於革命文學運動，也有很多大的貢獻。一九二四年七月，反帝國主義聯盟大會開於北京。以後「打倒××主義」和「打倒軍閥主義」的兩標語，很意識地浸潤一般的腦海裡了。

一九二五年的五州事件和翌年的三、一八事件直後、革命文學運動又得了個促進的機會。南北的文壇俄然蔽滿著反××主義和反軍閥主義的空氣。新詩壇的詩皆是由彈煙砲雨裡逃出來的人們之淒慘經驗記：如那時候韋叢蕪的一首「記三月十八日國務院前的大屠殺」是由鎗聲裡、死屍上，以淋漓的鮮血，產生出來的詩。描寫又傷心又慘目令人一讀不禁戰慄起來。

郭沫若也曾參加革命戰爭、是以此期間的作品、有的是由流血慘淡裡生出來的。他的作品：前記《女神》之外還有《我的幼年》、《水平線下》等。

蔣光慈的作品、有《少年漂泊者》和《鴨綠江》、《麗沙的哀怨》、《最後的微笑》等。他的作品、帶著很濃厚俄國的色彩。

其他表現靈肉交叉的作品有錢杏邨的《歡樂的舞蹈》、金滿城的《林娟娟》、葉雪鳳的《處女愛》和載平萬的《都市之夜》等。

占領革命文學後的文學革命軍，毫沒有躊躇再向無產文學方面進軍了。

第四期　無產文學

一九二七年末以至一九二八年初，中國的無產文學運動抬頭起來。此運動是由郭沫若的創造社一派和蔣光慈的太陽社一派的共同戰線引起的。他們站在馬克斯文學的立場，由理論和創作兩方面，大攻而特攻那貴族文學和有閑文學。這時恰巧魯迅和郁達夫提攜起來，在《語絲》裡揶揄無產派的文學。

到了一九二九年二月七日，創造社被封鎖了，政府欲對抗無產文學，極力提倡「民族文學」（一名叫做民主主義文學）《前鋒》、《文藝》、《流露》和《橄欖》等都是這個民族文學的機關雜誌。但這些雜誌，沒有甚麼支配讀書階級，不久，得了一個「國民黨的阿諛雜誌」的稱呼。

無產文學運動，雖遭了幾番的彈劾，每番都得了個刺戟，仍然不撓不屈，繼續他們的運動。

一九三〇年三月三日在上海堂堂舉了左翼作家聯盟結成大會。以來在這個聯盟之下，宣傳無產文學。而他們的運動的第一階段是和中國既成文壇鬥爭；第二階段走出理論上對於自己的糾正；第三階段是使中國的大衆都左傾起來；展開無產階級的解放運動。

今後的中國無產文學運動，會進到甚麼地步是不容吾們推測的。

要之中國自文學革命抬頭起來，以至無產運動的開始，尚未滿二十年。其間軍閥的橫暴，弄得壓迫的壓迫，彈劾的彈劾。雖處在這麼困難的文學戰場裡，文學革命軍，也占領到無產文學的地盤了。

回顧這十幾年來的中國文學史上，不可忘記的人，當推胡適、陳獨秀、魯迅、郁達夫、郭沫若、蔣光慈等。

中國的新文學啊！謹祝你們的前途！

結論

以上我們已把「中國國民性和文學特殊性」簡簡單單說完了。老實「中國國民性和文學特殊性」這麼大的題目，決不容吾們輕輕說過。如單對於家族主義，或神仙文學的一方面，任是費盡畢生的力量來研究，尚恐不足。何況在這個短期間和短篇裡，要說明完全，不消說那是很困難的一回事。不過我只淺淺現現說明其概念而已。幸而讀者諸先生，如能夠理解其概念，則我的工作就不為徒勞了。

統觀起來，漢民族的民族性，非是一朝一夕構成的。須要經過許多的歷史的，地理的變遷。我所舉的國民性的特點，雖多至七項，綜合起來，皆是由「尚古思想」發生的。這個「尚古思想」的影響實在厲害得很，阻止文化的進步，尤其是對於文學方面，打擊更大。古文到了今日尚且保存著的一大原因，也是由這個「尚古思想」引起來的。我們很希望大家趕快來打倒這種退縲的，保守的之思想而提高積極的，進取的之氣象吧！

中國有文字以來，約略有四千餘年之久，而尚沒有產出一種世界的很偉大的作品。這點很遺憾。其所以然的原因和責任，當歸儒教和科舉制度。人們受著這兩個的桎梏，束縛到不能些轉身。文以載道的思想，引起了二千有餘年來的中國，把文學看做和茶前酒後的玩意兒一樣。爲了文學，不免大哭一聲。

中國文學史裡，晉、南北朝和唐代的話，比較的，富有藝術值，這皆因那時詩人，崇拜無爲恬淡的老莊思想所致的。到了宋、元、明、清時代，完全開闢了文學上的一新途徑——平民小說（《水滸傳》、《西遊記》、《紅樓》、《儒林》）和戲曲（《西廂記》、《琵琶記》）的出現。那《西廂記》是北曲的白眉；《琵琶記》是南曲的元祖。以外還有數百種的戲曲的出現。其中雖沒有可以和英國的莎翁或挪威的易卜生等的作品相匹敵，但至少在中國文學史裡，建造了一個新分野。戲曲的發生，雖是屬於近時，但對中國白話文的功績很偉大。老實現現所用的白話文，已於宋元時代胚胎的。我們在前記的戲曲裡，可以看出很多和現行白話文一致的言辭和語法。本來戲曲的生命，是在口白，所以如沒有採用白話，是不能幹的。

到了民國思想也比較的解放到很自由，言語方面白話文也成爲正宗。我很希望今後的中國文學，會進到和世界的文學同一步調，更產出凌駕世界的作品吧！

一九三三、三、五於樹林

——錄自《黃得時評論集》（台北縣：台北縣立文化中心，一九九三年六月），頁三—六三。

孔子的文學觀及其影響

孔子，誰也知道他是吾們東洋產生的唯一的倫理學者。孔子的主義主張，構成儒教，支配了三千有餘年來的東洋思想界，也許是個空前絕後的大勢力吧！其結果怎樣呢？利益的地方固然甚多，同時貽害的地方也算不少，尤其是對於純文藝發展上的阻礙更大，致使那麼富於歷史的背景之老大國家，竟沒有產生一篇較有價值的作品，使吾人稱讚不已，觸目處的文學，非是基調於勸善懲惡，便是基調於因果報應，千篇一律，缺乏創作上的變化。一讀之下，只覺得無味乾燥，直如嚼蠟一樣，是以今日談新文藝的人，無論批評方面，或創作方面，欽仰歐美文學做指導原理，亦是怪不得的事。彼歐美人，原來是個人主義的民族，文藝上的表現，亦極其自由，道德與文學，有截然的分別。反之，吾們東洋人，日常生活以家族為中心，文藝上的表現，亦受那三綱五常，束縛得很厲害。是以所有的文藝作品，離不了那「道德」兩字。就是創作，就是批評，均是這樣。然則這種文學上的變態觀念，是由那裡來的呢？據我一個人的見解，是吾們的大聖人孔夫子的文藝觀及歷代的儒教政策使然的。

由來孔子是一個的倫理學者而已。他的倫理觀，有點可取亦未可知，如論起他的文藝觀，完全是誤謬。他的理想，只要求道德來規律一切的文化分野，使之道德化而已。是以一切的事物，如不入他所主張的道德範疇內，他就要看做是「惡的」。對於文藝亦何嘗不是這樣呢？他在《論語》裡，好幾處談詩說樂。其奈他所說的樂，他所談的詩，無非是用道德做主題的作品。如：

詩三百，一言以蔽之，曰思無邪。（〈學而〉）

（朱子註曰：「凡詩之言，善者可以感發人之善心，惡可以懲創人之逸志，其用歸於使人得其情性之正而已。」）

莫不以《詩經》為道德——思無邪——之表現。這種見解，使後代的學者，把一部《詩經》看做倫理教科書去讀，說甚麼「先王以是經夫婦，成孝敬，原人倫，美教化，移風俗。」等，都是誤解了《詩經》的本意。又：

子謂韶盡美矣，又盡善也。謂武盡美矣，而未盡善也。（〈八佾〉）

亦無不要求藝術的道德化。其奈好的藝術，不但不能與道德相調和，反能改革道德，如與當時的道德不相容的易卜生之《娜拉》（人形乃家）出現之後，天下的婦女問題及婚姻問題爲之一變。可見孔子的美善一致之主張，是有點無理的。

孔子既然徹頭徹尾，認識詩的本質是在乎道德的表現，所以他的獎勵學詩的目的亦不外乎此。

子曰：「小子，何莫學夫詩？詩，可以興，可以觀，可以群，可以怨。邇之事父母，遠之事君。多識於鳥獸草木之名。」（〈陽貨〉）

右記的「興、觀、群、怨」以及「事父母、事君」等，學詩的目的顯然是在乎倫理上的修養，非是鑑賞詩而陶醉於詩的境地。孔子既然這樣，受孔子薰陶過的諸弟子們或其派下的儒學者，莫不深信孔子的這種主張是眞正不可侵犯。子夏的〈詩序〉、朱熹的〈集傳序〉。亦是站在道德的立場去批評詩、解釋詩。因此互相影響，不知不悉之間，釀成一種特殊觀念，以爲一切的詩，須帶道德思想，如沒有帶道德思想的，無論多麼好亦不能稱做詩。如〈漢詩十九首〉的第一之：

行行重行行，與君生別離，相去萬餘里，各在天一涯，道路阻且長，會面安可知，胡馬依北風，越鳥巢南枝，相去日已遠，衣帶日已緩，浮雲蔽白日，遊子不顧返，思君令人老，歲月忽以晚，棄捐勿復道，努力加餐飯。

是敘述一個婦人在家裡，想念著出外的丈夫，悶悶的情緒，表現得很充分。這種解釋，極其自然。纔得說明作者的本意。其自然，纔得說明作者的本意。其奈陸賈、王翼雲和沈德潛一輩，偏要解爲邪臣蔽主，賢臣去國而不忍忘君之詩，極其不自然，大有指鹿爲馬之概。這種附會道德去解釋詩的例，極其多數，不遑一一枚舉。

要之，孔子對於文藝抱一種偏見，這種偏見隨儒教的隆盛而隆盛，致使純文藝作品，終難產生，只有那幾部內容極貧弱而沒有性命的勸善懲惡，或因果報應的平板小說，充滿中國的過去的文學史。今後如欲促進中國的文學，如沒有先把這個傳統的、因襲的之文藝偏見打倒，用虛心坦懷去從事創作批評，那是永遠絕望的！（一九三四·六·二七）

——原載《臺灣文藝》創刊號（一九三四年十一月），頁二〇—二一。

關於漢民族所謂的「天」

林慶彰譯

一

棲息地上的人類，對於頂在頭上，巍巍之高，湯湯之廣的天，想像著某種神妙不可測，神秘不可思議的靈力存在，不久，敬畏這靈力變成極自然的事。但由於地理環境和歷史傳統，在程度和意義上，僅有強弱之差、深淺之別。現在我想將被漢民族敬畏最強、最深的所謂的「天」，將其思想的大略加以敍述。

(一)有形的天

和其他民族相同，漢民族最初只見青空的天。即日月星辰運行。意表用肉眼容易看得出來的有形的青空。

湯湯洪水方割，蕩蕩懷山襄陵，浩浩滔天。（《尚書·堯典》）

倬彼雲漢，爲章於天。（《毛詩·大雅·棫樸》）

鳶飛戾天。（《毛詩·大雅·旱麓》）

夫子之不可及也。猶天之不可階而升也。（《論語·子張》）

天油然作雲，沛然下雨。（《孟子·梁惠王》）

以上的「天」，都意表有形的天。又《荀子》在〈天論篇〉中所討論的天，也是指有形的天。

㈡無形的天

其次，從這有形的天，漢民族想像無形的天。蓋上古漢民族從西亞細亞移位到黃河流域時，遭遇到疾風、暴雨、雷鳴、電擊、地震、山裂等天災地變，每次都感到極度的恐懼和害怕。其中，如黃河氾濫對他們來說是最爲恐怖的一件事。因此，他們對這種恐懼開始有各式各樣的疑問。爲何起天災地變？是誰讓這種天災地變發生的。對這種疑問，他們很質樸地作了如下的解答：「天地間各種現象的生滅，是神在背後支配。」即風有風神、雷有雷神作各種支配。把這些神組織化的是《易》的「八卦」。八卦是乾、兌、離、震、巽、坎、艮、坤，那是各象徵天、澤、火、雷、風、水、山、地八種神，這八種神支配宇宙的各種現象。而其中最高的絕對之神是「天」。這天才是生養萬物。且他們對宇宙間一切生滅現象有疑問時，全用「因天的支配」一句話加以解答。因此，他們稱呼天時有天帝、皇天、上帝、皇天上帝、皇皇后帝等各式各樣的尊稱。分體和用來說的話，天是體，帝是用。換言之，天本身叫「天」，從主宰我們這一點叫「帝」。

(三)有靈的天

這主宰的天，又是有靈的天，有兩點作用。一是生成萬物，另一是撫育萬物。前者是生萬物的作用，後者是養育所生者的作用。

(四)生生的天

大哉乾元，萬物資始。（《易·上彖傳》）

惟天陰騭下民。（《尚書·洪範》）

萬物本乎天，人本乎祖。（《禮記·郊特牲》）

天生烝民。（《毛詩·大雅·烝民》）

天作高山，大王荒之。（《毛詩·周頌·天作》）

子曰：「天何言哉，四時行焉，百物生焉，天何言哉！」（《論語·陽貨》）

以上都在說明天生萬物的作用。又天結合地同樣能有生生的作用。

有天地然後萬物生焉，盈天地之間者，唯萬物。（《易·序卦》）

天地不仁，以萬物爲芻狗，聖人不仁，以百姓爲芻狗。（《老子》）

天地之間，其猶橐籥乎，虛而不屈，動而愈出。（《老子》）

二

㈤撫育的天

如上述，因天已生成萬物，天和萬民是親子關係，故如父母生小孩，愛撫養育他們一樣，天要愛撫養育他的小孩萬民。但天常無爲無言。因此，代替天直接撫育人的，在人們中，找出極爲優秀，聰明叡知的人，以他爲萬民之君師，代天撫育萬民，這即「代天行道」。《尚書·泰誓上》說：

惟天地，萬物父母。唯人，萬物之靈，亶聰明作元后，元后作民父母。

天佑下民，作之君，作之師，惟其克相上帝，寵綏四方。

《左傳》中也可見：

天生民而樹之君，以利之也。（文公十三年）

天生民而立之君，使司牧之，勿使失姓。（襄公十四年）

從這些例證可以理解，君主是代天撫育萬民。故君主非要畏天命，從天意以治萬民不可。即要像前面所舉例證中「惟其克相上帝，寵綏四方」不可。這即是君主的職分。

其次，天僅生萬民，爲了萬民，非立君主不能作決定。天常監視君主，是否忠實體會天命，履行任務。即依人民的意向，人民悅服的話，就認爲國君已善盡他的任務。人民不服，四海困難的話，就認爲沒有善盡任務。從這點，漢民族的政治思想是頗爲民主。君立能執其中，寵綏四方，天就降下各種祥瑞作爲賞賜。《易．繫辭傳上》有：

河出圖，洛出書，聖人則之。

這如根據《尙書．洪範》：「天乃錫禹洪範九疇，彝倫攸敍」，孔安國及蔡沈的傳，前述的「河圖」、「洛書」，可解爲和神龜一起，是天降給君主的祥瑞。這傳說：

按孔氏曰：「天與禹神龜，負文而出，列於背。……《易》言。河出圖，洛出書，聖人則之。蓋治水功成，洛龜呈瑞，如蕭韶奏而鳳儀，《春秋》作而麟至。」

又《論語·子罕》有：

鳳鳥不至，河不出圖，吾已矣夫。

《史記·孔子世家》有：

叔孫氏車子，鉏商獲獸，以爲不祥，仲尼視之，曰：「麟也」。取之曰：「河不出圖，雒不出書，吾已矣夫。」

又《孔叢子》有孔子觀麟流淚所作的歌，述之如下：

唐虞世兮麟鳳遊，今非其時來何求，麟兮麟兮我心憂。

這是什麼，天下太平時，天降下如河圖、洛書、神龜、鳳凰、麒麟等的祥瑞，以獎賞君主的治績。（學者說河圖、洛書並非祥瑞，這裏暫從舊說）

三

相反地，要是君主果眞怠於任務，不能體會天命，做出殘賊的行爲，天先以天災地變加以警告，倘不悔改，則加以處罰，廢掉君主之位，如夏桀這種殘賊暴戾之君，天對這種人，就降下種種的災禍。《尚書·周書·湯誥》有：

天道福善禍淫，降災于夏，以彰厥罪。

《國語·周語》可見：

昔伊洛竭而夏亡，河竭而商亡。（幽王二年）

這是天讓伊水、洛水、黃河等的水乾涸，以警告無道的夏桀和商紂。因桀、紂昏庸不改，才把它滅亡。因此，天取代這些人給聖賢降下新的天命。在《尚書·商書》中有伊尹相湯王伐桀王，立了如下的誓，把它叫〈湯誓〉：

……王曰：格爾眾庶，悉聽朕言。非台小子，敢行稱亂；有夏多罪，天命殛之。今爾有眾，汝曰：「我后不恤我眾，舍我穡事，而割正夏。」予惟聞汝眾言，夏氏有罪，予畏上帝，不敢不正。……

又湯王從夏回到大坰時，仲虺作〈湯誥〉，其內有一節說：

嗚呼！惟天生民，有欲無主乃亂。惟天生聰明，時乂。有夏昏德，民墜塗炭；天乃錫王勇智，表王萬邦，纘禹舊服，茲率厥典，奉若天命。（譯者案：此段在〈仲虺之誥〉，非〈湯誥〉之文。）

這些話是君主昏迷，萬民陷入塗炭之苦，天即降下新的天命，給有德如湯王的人，誅無道的桀，取代他即君主之位，來統治萬民。又，商的紂王殘虐，天也同樣地，降下天命給武王，滅亡了紂。

有關這件事，議論最清楚的是孟子：

齊宣王問曰：「湯放桀，武王代紂，有諸？」孟子對曰：「於傳有之。」曰：「臣弒其君，可乎？」曰：「賊仁者，謂之賊；賊義者，謂之殘。殘賊之人，謂之一夫。聞誅一夫紂矣，未聞弒君也。」（〈梁惠王〉）

根據右邊所引，君主遵奉天德，萬民有服從的義務，一旦國君賊仁、殘義的話，就會失去君主的資格，而成爲一夫。因此，他是有德者，即使誰都可以誅一夫，登君主之位，君臨萬民是可能的。湯王放桀王，武王伐紂王，全出於天命、天意。這即是「革命」，是改革天命的意思，同樣地，《孟子·離婁下》也可見到：

> 君之視臣如手足，則臣視君如腹心；君之視臣如犬馬，則臣視君如國人；君之視臣如土芥，則臣視君如寇讎。

即君主和臣下的關係是對立的，有條件的。若君主重視臣下，看成手足的話，臣下也把君主當成腹心，來服從君主。若君主輕視臣下，看成犬馬和草芥，臣下也輕視君主，看成國人和寇仇，不必有服從君主的義務。

這是和奉戴萬世一系之天皇的我大日本帝國光輝國體完全不相容的思想。談及我帝國的顯赫威靈，天祖天照大神降下天孫瓊瓊杵尊時：

> 豐葦原千五百秋之瑞穗國，將成爲其他諸國之王，治爾皇孫，寶祚興隆，與天壤無窮。

在宣佈的御神勅中確實以這爲基礎。又歷代的天皇看臣下也猶如赤子，臣下也以慕親的純眞感情來侍奉皇室，君民同心合力，來永遠維持這世界所沒有的美好國體。這和中國易世革命思想和附有條件的君臣關係，可說有天地之別，不可同日而語。

以前從中國來日本的船舶，要是載來孟子之書，在海上必有暴風，相傳因此而有沈船的事件。即便是虛構的例子，可說也代表日本國民對中國政治思想的思考方法。

四

漢民族的易世革命思想，受後世亂臣賊子的利用，以「代天行道」爲口實，發動叛亂，歷史有明徵。最近發生掀起長髮賊之戰的洪秀全，宣稱在病中受天之大命，聚集黨徒，很巧妙地利用了漢民族的傳統天命思想。以上是有關受天和天命的君主之關係的敍述。其次是，天和所生之子萬民關係之敍述。

天生萬民的同時，同時也賦予萬民生活所不可或缺的種種法則。換言之，就好像萬民要能各自順遂的發展承自上天而來的生命，而設下必要的種種規範。《尚書·虞書》有：

> 天叙有典，勑我五典五惇哉；天秩有禮，自我五禮有庸哉。同寅協恭和衷哉。天命有德，五服五章哉；天討有罪，五刑五用哉。政事懋哉懋哉。

其中的典、禮、德、刑是天給人生活的法則。又《毛詩·烝民》也可見到：

天生烝民，有物有則，民之秉彝，好是懿德。

這表示倫理道德的根本出於天。其次，天絕對不是僅給與行爲的規範和法則，而後什麼都不管。首先，要道德優秀的先知者和先覺者，教導缺乏道德實踐力的後知者和後覺者。《孟子·萬章》所述的伊尹，是眞正的先知者、先覺者。

天之生此民也，使先知覺後知，使先覺覺後覺也。予夫民之先覺者也，予將以斯道覺斯民也。非予覺之而誰也。

又《論語·八佾》有：

二三子何患於喪乎，天下之無道也久矣，天將以夫子爲木鐸。

從這一點，可知教育的根源也出於天。

且天除要先知者、先覺者來覺後知者、後覺者外，本身也從高處來監視人。《毛詩·大雅·皇矣》第一句，很明顯地說出其間的消息。

皇矣上帝，臨下有赫，監觀四方，求民之莫。

而萬民敬畏皇天，遵守所給的天則，順從規範，就可得福祉，子孫永遠繁榮。如果輕侮天，違逆天則，講矇蔽眞象的話，天將降下災禍，加以處罰。

積善之家，必有餘慶，積不善之家，必有餘殃。（《易·文言》）

天道福善禍淫。（《尙書·湯誥》）

惟上帝不常，作善降之百祥，作不善降之百殃。（《尙書·伊訓》）

天之道不爭而善勝，不言而善應，不召而自來。繟然而善謀，天網恢恢，疎而不漏。（《老子》）

苟爲善，後世子孫必有王者矣。（《孟子·梁惠王》）

順天者存，逆天者亡。（《孟子·離婁》）

以上是在敍述天的勸善懲惡，因果報應。其他《墨子·天志篇》所討論的天也和這裏所說因果報應的天相同。

愛人利人，順天之意，得天之賞者有之，憎人賊人，反天之意，得天之罰者有之。

但墨子舉能順天意的堯、舜、禹、湯、文、武，舉違反天意的桀王、紂王。這兩者都是就君主而言，但也不限於君主，也可適用於一般萬民。

五

右面主要是無形的天有靈方面的敍述，但荀子對於這採完全相反的意見。即〈天論篇〉一開頭就說：

天行有常，不爲堯存，不爲桀亡。

天並不帶有何等主宰的作用，隨時以科學的天在運行，人事的善惡全然無關。因一世的治亂興衰，一身的吉凶禍福皆自己招來，天絕對沒有參與。如天災地變，是自然而生，並非天以此來處罰君主和萬民。所以有這種說話：

上明而政乎，則是（註：天災地變，吉凶禍福）雖並世起而無傷也。上闇而政險，則雖無一至者，無益也。

漢王充在《論衡》，和荀子同樣反對主宰的天。蓋荀子和王充不被認爲是傳受孔孟思想的人。

此外，有「食是民之天」、「妻是夫之所天」的說法，這些僅形容天之用，不能作爲思想來考慮。

㈥無靈的天

漢民族的天，除有靈的天，主宰的天外，也有無靈的天、理法的天。這是以宇宙的實在來看天，是由宋代理學家來倡導。當然，在先秦時代以哲學性來看天的，不是沒有。例如，如《中庸》的「天」「天道」「天命」「天人合一」等，談及宇宙的實在並不很清楚。但仍以主宰性、倫理性方面是中心問題。可是，一到宋儒直接就斷言「天是理」。那個「理」是宇宙的實在。故天從主宰方面往實在方面發展。

以上，是漢民族所謂天的大略敍述。

大抵來說，漢民族所謂的天有各種的意義和作用。政治、道德、教育、宗教、哲學等一切學科的根源，過去四千多年間，說漢民族全愛這種思想支配也不爲過。不，現在還一直支配著，相信將來也永久支配著。

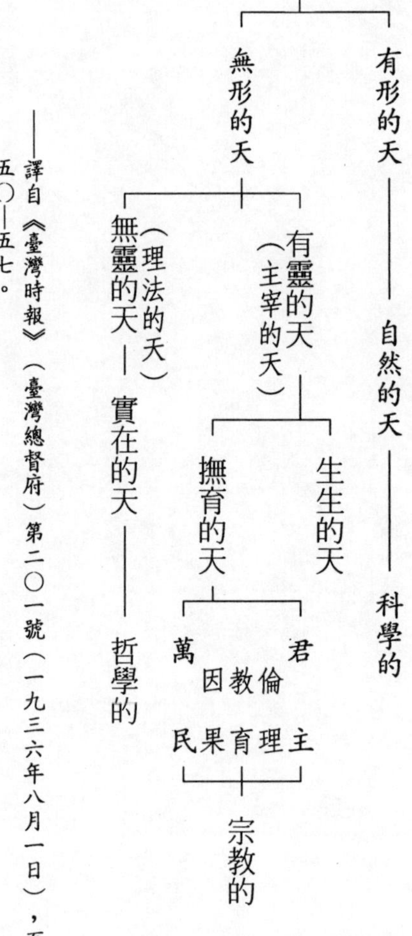

——譯自《臺灣時報》（臺灣總督府）第二〇一號（一九三六年八月一日），頁五〇—五七。

江文也（一九一〇—一九八三）

作者簡介

江文也，淡水人。祖籍福建省永定縣。生於清宣統二年（明治四十三年，一九一〇）六月十一日（農曆五月五日），卒於一九八三年十月二十四日。

民國五年（大正五年，一九一六），隨父母遷居廈門。次年，與兄文鍾、弟文光就讀於廈門旭瀛書院。這是臺灣總督府直接設置，專供臺籍子弟就讀的日文學校。民國十二年（大正十二年，一九二三）赴日本求學。民國十七年（昭和三年，一九二八）畢業於日本長野上田中學，考入東京武藏高等工業學校電氣機機科。課餘，在東京上野音樂學校選修聲樂，唱男中音。民國二十一年（昭和七年，一九三二）武藏高等工業學校畢業，決心棄工學樂。五月，東京時事新報社主辦日本第一屆全國音樂比賽，獲聲樂組入選，開始進入日本音樂界。次年五月，獲日本第二屆全國音樂比賽聲樂組入選。

民國二十三年（昭和九年，一九三四）八月，參加東京「臺灣同鄉會」主辦的「鄉土訪問音樂團」返回臺灣。在臺北、新竹、臺中、臺南等地巡迴演出，擔任獨唱節目，並收集民歌。本年所作樂曲〈白鷺的幻想〉，在日本第三屆音樂比賽中獲作曲組第二名，初露作曲才華。民國二十四年（昭和十年，一九三五），管絃樂曲〈盆踊為主題的交響樂曲〉獲日本全國第四屆音樂比賽第三名。與美籍俄羅斯音樂家齊爾品（A.

Tcherepnin, 1899–1977）同赴北平，探研中國民族音樂。民國二十五年（昭和十一年，一九三六），合唱曲〈潮音〉獲日本全國第五屆音樂比賽第二名。管絃樂曲〈臺灣舞曲〉獲（柏林）第十一屆奧林匹克國際音樂比賽銀牌第二等獎。民國二十六年（昭和十二年，一九三七），管絃樂曲〈賦歌序曲〉，獲日本全國第六屆音樂比賽第二名。民國二十七年（昭和十三年，一九三八），鋼琴曲〈五首素描〉、〈十六首小品〉獲威尼斯第四屆國際音樂節作曲獎。同年，內渡中國，任北平師範大學音樂系聲樂、作曲教授，所作〈大東亞進行曲〉、〈新民之歌〉等，為日軍所用，留下歷史污點。

民國三十四年（昭和二十年，一九四五）六月，由於專志於藝術，不為日本積極效勞，遭北平師範大學音樂系日籍系主任革職。同年冬，因〈新民之歌〉、〈大東亞進行曲〉等奴化歌曲，被政府當局逮捕，拘禁十個月。民國三十六年（一九四七）任北平國立藝術專科學校音樂系教授。一九五〇年任（天津）中央音樂學院作曲系教授。一九五七年，被劃為右派分子，剝奪教學、演奏、出版作品權利。一九六六年，文革期間，被打入「牛棚」，下放勞動。一九七八年病疾發作，臥床不起，長期癱瘓。一九八三年因患腦血栓症病逝於北京。

江文也的作品皆與音樂有關，《上代支那正樂考—孔子的音樂論》（東京：三省堂，昭和十七年五月），專門探討孔子的音樂思想。原書為日文著作，由本《參考文獻》編者譯為中文，全文收入本《參考文獻》中。

孔子的音樂底斷面與其時代的展望

一、「樂」與「音樂」

要完成人格的最終階段，須賴以樂。

這是孔子在《論語》的著述中的一段。我們看當時所謂的樂，與現在我們所謂的音樂，在意義上實在有相當的差異。但論及現在普通所通用的音樂的時候，雖然筆者是個學音樂的，可是，其中有不少的音樂，眞敢說是所謂淫聲不可聞的。

試觀現在世界的音樂界，即可知道不僅是東方的近代音樂是無目標而又騷亂的；就是西洋的近代音樂，很早就是如此。以此事實來說，如果人們都把音樂當做不過是一種的娛樂而已底觀念來看時，那麼，音樂就是到了什麼時候，都是無法挽救的。不必說能有完成個人的人格的效果，就恐怕因爲過於邪淫、騷亂，而有被否定其存在的一天的可能了。

就是現在，藝術已發達到相當程度的海外國家，逢著現今如此困難的時代，他們已經發生一種問題，就是在討論著：

「藝術是奢華品麼？」

像現在這樣的時代，這種問題，是必然會發生的；可是，「音樂是否爲奢華品？」這種問題，只少在孔子的時代，是不能聽得到的。恐怕孔子也絕對想不到後代的我們對於音樂抱著這一種思想；更又想不到音樂能墮落在這樣程度，而致使人們起了這樣的思想。

二、非天子，不議禮，不作樂

當孔子的時代以前，或以後，在中國，音樂是與國家同時存在的。一個新國家成立的時候，同時便有新的音樂復興起來，創造出來；某朝必有其制定的樂章，以代表其國體。所以沒有了音樂，就如同是泯滅了那國家一樣底意義。

實在，在中國歷朝的政治，是相當重視音樂，好像它們有著極密切底關聯似的。

在上古史中，我們已知道政治是以「禮治」爲本。「禮治」，只是不過在字面上省去了一個「樂」字而已。「禮」與「樂」在制度上，心理上，是不可分開而想的。故孔子所提倡的「禮樂」，不能說是孔子創始的，在歷朝已經各有其體制或樂制。

〈樂緯〉云：「黃帝樂日咸池，帝嚳曰六英，顓頊日五莖，堯日大章；舜日簫韶，禹曰大夏，殷曰濩，周曰勺，又曰大武。」

眞是，歷朝皆有其所制定樂章之舉！

就是孔子以後，到了後漢武帝的時候，雖然採用與古代雅樂相差很遠的胡樂，音樂仍然是受重視的。至於中世史，在隋唐時代，不只用古代的雅樂，即連俗樂也都一齊提倡起來，以致樂風起了不少的變化，可是音樂還是政治的一個重要因素。就是最近連袁世凱也把孔廟的大成樂章從新改作。

若是以音樂史的眼光看時，就是因爲有了「非天子，不議禮，不作樂」的思想，妨害了已經發達到相當高度的中國音樂的發展，並且因爲有了這種習慣，也妨礙了世界的音樂者去探討中國音樂的理論。

三、他的時代與禮樂

可是在孔子以前已經存在的「禮樂」，到了孔子的時代，就是司馬遷所說的「孔子之時，周室微，而禮樂廢，《詩》、《書》缺。」眞是，孔子的時候，周朝是已經崩潰了。它的主權已成了衰落的春秋戰國；所以社會全體就是沒有秩序的亂世，諸侯常會合而結成「大夫盟」，可是他們的協定，不多時就會破棄；他們也結成攻守同盟，可是一剎時就變成一張的廢紙。廢公田制，定新說法，以及什麼丘甲……等等……一個極小的都市，能獨立得挺挺稱霸；可是小國便有剎那滅亡的可能。比較起來，眞像今日的歐洲一樣。

至於孔子的誕生國家「魯」，也是非常的混亂；三桓恣權，魯昭公不得不客死於異國。如此上下混亂，人心荒廢的時代，在孔子的思想中，當然很容易激起一種「禮」的觀念，並且在他的腦根裡，定會映出了那周文武王時代整然有秩序的理想鄉。所以他說：

「郁郁乎文哉！吾從周。」

努力復興周朝的文化，回復禮制，樂制，而圖周朝政治的復活，自是理之當然的事了。

四、禮樂刑政，其極一也

所以孔子把「禮」、「樂」的思想與目的提倡得非常高。在〈樂記〉中他說：

故先王愼所以感之者，故禮以道其志，樂以和其聲，政以一其行，刑以防其姦，禮樂刑政，其極一也。

爲要人民能中節，故以禮而導其志之所行，使無乖戾之癖；以樂和其聲之所言……但是，其結果，禮、樂、刑、政，四者的方法雖殊，然而其目的終歸於一點。眞的，把禮樂的位置放於刑法、政治的同列相比，這種的主張，是非常大膽的。恐怕現今的政治家，也不過付之以一笑而已。可是在孔子，是眞的把音樂也視爲他的政治底秩序原理上的一大要素。

五、靈敏的感性

現在，這種的政治論對於筆者是無所謂的；刺戟筆者的興趣而促成這篇文章的動機，是音樂家孔子。

實在孔子尊重禮樂的原因，不只是爲了它們同政治有密切的關係而發動的。當然精通於歷代的禮制與樂制，在執政上是一種的要務；可是超過這些觀念，在孔子自己，是一個本能底音樂家。如果我們肯細心的觀察司馬遷的孔子傳時，是很容易發見孔子是一位具有非常靈敏的感性底音樂藝術家，以下就是筆者根據古典書籍中所觀察出來的音樂家孔子。

六、凡音之起，由人心生也

孔子把禮節、音樂，與祭典時的文武舞，三者結合得如不可分解似的緊密；絕對不是現今我們常想的那樣乾燥無味的東西；因孔子對其賦以含有潤澤意味，而有美學底藝術底意義，就是：

凡音之起，由人心生也。人心之動，物使之然也。感於物而動，故形於聲。聲相應。故生變；變成方，謂之音；比音而樂之，及干戚羽旄，謂之樂。

這是〈樂記〉開頭的一段。是筆者最喜歡而最佩服孔子的一段。在這一段中，好像把西洋近世藝術中的所謂綜合藝術，全部說明出來似的。至於音樂美學上的意義，在最近二三世紀的西歐哲學者、美學者所要說明的理論，而我們已經在二千餘年前的書上，早已發見出來了。

一個音樂家受了外界的刺戟，而發起了「音」的觀念；或者因內部靈感的襲擊，而興奮、感動時，就在音之中求他的表現，於是有音與音的重合，交響，便開始複雜的變化。在此時，如果以一定的形式給它們統一起來，就有所謂的旋律發生；假若再以此旋律與文舞武舞結合起來的時候，它的節奏便會端整了。孔子就是把這樣的現象叫做音樂。

嚴密地說，在學理上，對於旋律與節奏的定義，西洋的說法當然是與孔子所說的差得很多了；可是，筆者所佩服的是他們的理論底根底，是歸於同一點的。以近代的說法來講：節奏是結合音樂與舞蹈唯一的要素；我們是不會想到有「沒有節奏」底舞蹈的。

所以筆者想到，在二千多年前，已經有創出如此理論的人。在他自己，一定是有相當程度的作曲能力；或者本身已受過相當的音樂研究與訓練的，這種的想像，是很容易發生的；果然，我們可以在《論語》中，找到這樣的一句：

七、三月不知肉味

「子在齊聞韶，三月不知肉味。」「韶」是舜帝所制定的朝廷樂。傳說含有九樂章。普通對於這句的解白是說因為要研究這個音樂，而在三個月之中，忘卻了食肉的味道；可是，以筆者的經驗來說，恐怕他在三個月的時光中，除去聞韶之外，會把肉體上所有一切的感覺，完全忘去了吧！眞的，就以近代的音樂家來說，他們因為要學或要作一闋奏鳴曲、交響樂曲的時候，只少在「學」或「創作」之中，誰也免不掉有這種的經驗；何況孔子在不休的稱讚著「盡美矣，又盡善也」底此大樂章時，當然是會把所有的一切都要忘卻了。

據司馬遷的〈孔子世家〉傳中的考證，曾經記載有「孔子二十九歲適衛學琴」的一段；如以近代比較起來，二十九歲纔開始學音樂，那可以說是太晚了；恐怕近代的音樂教育者，對於這種學生，也一定要說出「你沒有希望」的話來！

可是孔子不只學「韶」時，有「三月不知肉味」的感覺；按筆者的推量來看，就是已到了七十多歲的孔子，也還是抱著如此的態度去研究所有的名曲及所有的樂器。

孔子他能贊「韶」樂爲盡善盡美，而評「武」樂謂「盡美矣，未盡善也」。在這一點去看，我們很可以知道他也同樣的研究了周朝的名曲「武」樂了。

八、當時的名曲

尤其是在〈樂記〉中，不太引起一般人們注意的一句，對於音樂家，是能惹起全身的神經顫動的。就是：

〈大章〉，章之也。〈咸池〉，備矣。〈韶〉，繼也。〈夏〉，大也。殷周之樂，盡矣。

這一句，實際上是報告給我們當時所存在的名曲；而且，唯有這記錄能把這幾種古代朝廷樂的性格，傳給後世的我們。

「大章」是堯的朝廷樂；這音樂，好像把堯帝的德行章明於天下那樣底交響著。「咸池」是黃帝的朝廷樂；這音樂，好像交響著黃帝的德行周備於天下一樣。而舜帝的「韶」樂，好像繼續堯帝的德行。禹帝的「夏」樂，好似光大了堯帝的德行。至於湯的大濩，武王的大武，實在是極於人事的美了！

如此孔子把古代的名曲研究後，復而又以簡單的形容詞給它們批評出來；我想；當時具有這種能力的人物，恐怕只有孔子一位吧！

九、不是天才，是學不倦

這樣觀察起來，我們可以看出孔子愛好音樂的精神。是可以用現今的慣用語所謂「本能底」的一句話來表現。

實在孔子自己也常說，他自己不是所謂天才；不過他對於探求與研究，是絕對不感覺疲倦就是。

我們看他要調查夏朝的遺風，就跑到杞去；要研究商朝的宗教習慣，就跑到宋去；又爲學周朝的朝廷儀禮，又奔到周國。眞是，永不知倦！

所以筆者想，他自從離開魯國，遍遊於諸國異邦之間，一定已在各國與各樂師學了各種樂器的演奏方法，研究了各種名曲的機構；雖然傳記中未曾有過詳細的記錄，可是以孔子的性格及愛好音樂的精神種種方面觀察起來，也是容易想得到的事。

十、他學音樂的方法與態度

孔子在研究音樂的時候，到底是以怎樣的態度去學習？這問題，對於我們音樂家，是有相當興趣的，同時又可給與音樂家不少的參考。

對於此問題，司馬遷留給我們一段極寶貴的記錄：

孔子學鼓琴師襄子，十日不進，師襄子曰：「可以益矣。」孔子曰：「丘已習其曲矣，未得其數也。」有閒，曰：「已習其數，可以益矣。」孔子曰：「丘未得其志也。」有閒，曰：「已習其志，可以益矣。」孔子曰：「丘未得其爲人也。」有閒曰：「有所穆然，深思焉，有所怡然，高望而遠志焉。」曰：「丘得其爲人，黯然而黑，幾然而長，眼如望羊，心如王四國，非文王，其誰能爲此也。」

眞是，孔子研究音樂的時候，就是這樣；集中了精神，研究得太緻密了。若是現在的音樂學生中，十之八九，是在不可進前的地方，他們也不管好壞，就隨隨便便的過去；孔子和這種性格的學生是太相反了。他已被樂師准許前進的時候，而自己還是研究著，說出節奏尚未正確，表情還不入微，作曲者的心境，還不能徹底的了解……等等的話！眞是太緻密啦！直到最後，就發現了作曲者是個面黑體高的……非文王其誰能爲此也，這種的音樂力，也太是非孔子其誰能爲此也了！

以近代的西洋音樂來說：樂譜的出版，是非常容易的；唱片，無線電已普遍了各地。所以音樂思想也發達到相當高了。假若我們現在隨便聽一樂曲時，只在開初的幾小節中，就能區別了Be thoven與Schubert的作風；Debussy與Rauev的作品；就是Strawinsky與Prokofiew的作品，也是很容易地能辨別出來。可是，以十七、八世紀的Frescobaldi與Zipoli等作品來看，就不行了，即便對於音樂專家，也不是容易的事。更何況孔子以先的古代，連樂譜都還未出現的時期，偏偏要司馬遷能寫出這麼一段的孔子。

孔子絕不是後代的人們所想像的，如石頭一般硬的人物；所以筆者想孔子也有如乳兒皮膚似的感性，在藝術上，這是一種非常靈敏而寶貴的感覺，他也是與我們同樣的由一個人間而出發的，因此，更加倍的感到他的偉大性了！

十一、詩　經

譬如以《詩經》來說：《詩經》是古代傳襲的三千有餘的民間歌謠，由孔子自己選擇，分類，加以整頓而成的三百零五篇。可是眞奇怪，這《詩經》的大半，以現今的流行語來說就是Love song，不是求愛的歌，就是關係戀愛方面的。其中有不少，以今日的社會觀來看，便成了所謂風紀上不良的作品：

子惠思我
褰裳涉溱
子不思我
豈無他人

這是從〈鄭風〉中隨便找出來的一節。如果我們現在把這首詞，配以如流行曲的音樂，灌成唱片時，社會局一定要頒佈「禁止發售」的命令了；可是，在《史記》「三百零五篇，孔子皆絃歌之」。

孔子已把這三百零五篇，每首都自己彈琴而歌詠之，以分辨詩詞與音樂，是否是合適的結合。若是再依從來的儒教思想判斷時，人們一定要說這是莫名其妙，非修正不可的一段！但是，以音樂家的立場來說，越加倍的感到孔子思想的包含力，及其寬廣的偉大性格了！（實際有人曾提起修正說，因爲淫詩太多，而編纂時，關於歌詞的取捨，並沒有一定的方針及標準；其他還有兩三個理由，否認了孔子的刪《詩經》之說。）

十二、「樂」與「仁」的理論

音樂，普通對於儒教，只不過爲修養方面底一個手段而已。並不是談什麼藝術，更不是爲娛樂的音樂了。

在近代的心理學上，我們知道，意志的構成或發動的時候，我們是不能否定感情底存在的。

可是，在孔子時代，關於國民教育最高課目的「六藝」中，感情的成分，包含得最多；也就是這個「樂」；故儒教對於意志生活而重視「樂」的原理，是我們可以理解的。並且，由「樂」的實踐底修養，與「禮」的道德規律連結起來，而實現了儒教特有的「仁」底生活，也是我們所能理解的。

「仁」的現實！對於孔子，眞是一個最高的目標了！

在字義上看來：本來「仁」是相親相和的意思。假若構成社會的每個人能互相親和起來，而創出有調和的秩序，那時，這個社會全體就是調和有秩序的社會；一社會與一社會調和起來，那時這世界就變成一個完美和平的世界了。所以孔子把一國的政治問題，完全放在個人的倫理上，就是所謂修身，齊家，而後治國，平天下。

孔子處在那樣的亂世，欲求社會秩序的再建設，是非由個人的教育問題開始不可！這種理論，我們也能了解！

然而，「樂」也能使我們相親相和。孔子在〈樂記〉中也說：

樂者爲同，同則相親。

又說：

樂者天地之和也。

大樂與天地同。

眞是偉大的音樂，能與天地調和底原理共鳴，而表現了天地調和的現象。

筆者回憶中學的時候，在《論語》的時間，先生曾講過：

「要完成人格的最終階段，須賴以樂」的時候，當時就抱了「音樂那裡有這麼大力量？」的一個疑問；可是自開始研究〈樂記〉以後，纔發見了孔子對於音樂，是賦予了更大的力量。

孔子他自己是這樣實踐了！

身通六藝者，七十有二人。

他的弟子也是這樣的實踐！

可是後代的儒者，是否也這樣的實踐？至此，筆者便不敢判定。至少孔子當時復興創造出來的樂曲，全失傳得不知去向。恐怕統合人格的儒教，也在後代無形中會變形的，這是不能否定的事實。

十三、困苦中的孔子與音樂

我們已經知道，孔子對於音樂的態度，不只求完成人格的效果，此外，能在許多地方，發見他是超越了這個範圍的。

孔子於野，不得行，絕糧，從者病，莫能興，孔子講誦，弦歌不衰。

陳、蔡爲防止孔子被楚之聘用，故用武力將他們圍攻於荒野之中。處在食糧斷絕，從者患病的情況中，孔子仍是弦歌不衰的。這種事實，不管後人是怎樣的批評，然後筆者已是佩服得無言可說！

現在我們如試翻音樂藝術史來看一下（不管洋之東西），就可以知道；一個人在本質上偉大的音樂家，無論逢到任何種痛苦與困難，總能突破難關，完成其欲創造的藝術。至於凡庸通俗的所謂的藝術家；一逢著困難，失望，即茫然自失而不知藝術的去向了；這種現象，不只限於逆境時；就是在得意的絕頂上，這種凡庸的藝術者，也是同樣的高興得會把藝術忘卻的。

偉大的音樂，不論在任何種的環境中，總不能失去了心底平衡而能感到音樂的光輝的。就是孔子，在那樣不幸的境遇之下，還未曾失去了心底平衡。所以音樂對於他，已越過了慰安的效能，而他自己在本質上是太音樂家化了！

十四、音樂上的業蹟

這樣的孔子，我們很能想像到他不只會彈琴或演奏其他的樂器，也許能作曲；司馬遷又寫出這樣的一節：

……乃還息乎陬鄉，作爲〈陬操〉以哀之。

這是孔子不得用於衛，想去見趙簡子的時候，忽然聽到晉國賢大夫竇鳴犢，舜華死亡的消息，嘆息之，因而退息於陬鄉，親作琴曲〈陬操〉以捧獻其靈。

可是孔子在音樂上的重要業蹟，還是完成了是時業已消散而瀕於滅亡的古代音樂與民間音樂之集大成。

吾自衛反魯，然後樂正，雅、頌各得其所。

頌，雅是周朝的雅樂，孔子把它們復興起來；又把將要斷絕的傳統，復原了他們本來的位置；就是在前項（第八節）他所批評的朝廷樂各樂章，筆者想也一定是把它們復興起來保存著的。至於像《詩經》的民間音樂：

三百五篇，孔子皆弦歌之，以求合韶武雅頌之音。

給它們統一起來，再照詞的形式加以分類。

像這樣的事業，在當時，也可以說：非孔子其誰能爲此也。

十五、編作曲的態度

音樂家同時又能作曲的孔子，對於復興此種古樂與民間樂的時候，到底是持如何的態度去編作，這又是我們音樂家所喜歡聽的一段：

觀殷夏所損益，曰後雖百世可知也。

具有創造精神的藝術家，對於孔子所說的這一句，是否會生多大的刺戟？他觀察殷、夏制度上的特徵、變化，而可以預言至百代以後的朝廷的發展變化；同時他又推定說周朝就把這二代的文化，統一之後所生出來的標準底朝廷。

「郁郁乎文哉，吾從周」，是他最後發出的一句感嘆詞！

在第三節中，筆者已經說過了，孔子是把周朝的文物制度，看做最高的理想，而努力實現其理想鄉。這種精神，是全據孔子的批判底精神與方法，而自然流動出來的結果。研究歷朝的歷史記錄——自堯帝、舜帝，直到秦穆公的時代——調查其文物所具有的一切，然後再給它們統一合體起來，加以批判底精神而發展之，像這樣的態度生出來的結果，所復興的事件，當然就不只限於「復興」二字的範圍，並且已經添加了「建設」的發展意義。

一樁事件，在發展進化的期間，我們知道它是不會由一方的極端，一跳就變到他方的極端的。據何晏的評說：

物類相召，勢數相生，其變有常，故可預告者也。

所以孔子所取的態度與方法，當然是很穩妥的；當然，他所復興的古樂與民間音樂，無疑也是在同樣的方法與精神發動之下而發生出來的了！

十六、僞造「周禮」說

結果，孔子創出了他的理想制度，尤以周朝的制度爲最高；其在當時混亂的世態中，計圖回復社會秩序，而又爲要象徵周朝的文化精神，復興了禮樂的權威。

可是，對於孔子所創作的制度，在古文派與今文派之間，發起了猛烈的論爭。據古文派的主張：是說孔子的新制度，是以周公所制的《周禮》爲標準而成的；可是，今文派就不承認了！他們並不相信有《周禮》一書的存在，並且說，那是孔子一派以周公爲招牌，而僞造出來的東西。

這一種的論爭，對於筆者也是無所謂的。關於《周禮》的眞僞，是不在本問題之內的。對於筆者起重大的意義，就是他把歷代的文物全統一合體，而又附以批判底發展精神。

回想我們的現實，這個批判底發展精神，是不是正是我們現在最需要的東西?!

十七、結　尾

然魯終不能用孔，孔子亦不求仕。

持以如此高邁的禮樂底思想，創出新制度，而遊說其重要性於諸侯之間。然而，在結果，孔子是失敗的。不只是在魯，到處都不用他的。

若是單以「樂」一方面來說，恐怕到了什麼時代，人們都想它就是，「沒有也可以」的東西！

恰好有識著，對於世人，大聲主張其重要性，然而他的聲音越大，人們更越想是，「沒有也可以」的東西了！

可是，這是「樂」的眞的運命麼？（一九四〇，十二，五於北京西城）

——原載日本大阪《華文大阪每日》半月刊六卷一期（第五十三號），一九四一年一月一日；收入秦賢次編《海鳴集續集》（台北縣：台北縣立文化中心，一九九六年七月），頁二三三—二四九。

上代支那正樂考——孔子的音樂論

林慶彰譯

序

筆者在這本書，將對中國古代的「樂」，及孔子的音樂稍作論述。筆者既非孔子的信徒，也無意在本書中，從事復興或宣揚儒教的音樂思想。筆者只不過是一個音樂家，即生活在音符中的一作曲家而已。

筆者在北京時，聽說有幾近廢失的孔廟音樂《大成樂》六章，深感有將此重現成近代的交響管絃樂曲的必要，所以著手加以研究。從那時起才開始發現孔子的人性，且透過其各類古籍，開始認識其音樂思想的偉大。

筆者很驚異地發現，孔子有如此豐潤的人性與豐富的音樂思想，以及留下如此多音樂方面的功績，而此種種驚異即完全改變了筆者一向所想像的孔子的形象。在一個音樂家的眼裡所映現出來的是，比音樂家更像音樂家的孔子的形象。而且爲了參考孔子的音樂及儒教的「樂」的需要，雖嘗試去找尋其著述，但無論在日本或在中國，一直都未能尋得相類似的書籍，這次意外的發現，對筆者來說，又是一次的驚喜。即使在禮樂之本國，除了一、兩個斷片外幾乎別無一物。以上是促成筆者決意撰寫本書的動機。亦即筆者嘗試撰寫本書，與其說是爲了公諸於讀者爲目的，不如說是爲了作爲自己在編曲上的參考而寫的紀綠及試論。在中國「禮」與「樂」正如陽與陰一樣有密切的關係。「禮」同時也是古代中國爲政的中心。因此，透過本書中的「樂」，或許可一覽中國的古代文化。就孔子本身而言，也與我們一樣，是一位有生命現象且愛好音樂的人，即有聽覺而且熱心的人。筆者不但想描述孔子是一位如何灑脫的音樂家，而且更想將其音樂的事件與近代有關的結合起來，並且敘述它們的關係。當然，這些事件皆引自各種古籍中（其中有不少不可信的古代文獻）。對此古籍有些地方也作一些批評，古籍中未記載的部分是筆者自己的推論和想像。

然而，以推論和想像去描繪是音樂家、作曲家的特性，因此，或許可能會將那些事件超乎音樂的加以變形，而且筆者對於以訓詁爲中心的古學不太感興趣，或許在解釋上有些地方與儒教本來的教義略有差異。

無論如何，筆者是以音樂家的立場來看孔子，來推論和判斷「樂」。

對此，爲了對研究孔子建立其權威性，希望有識之士能多加包涵。

二六〇二年三月八日

北京西城　著者

例言

一、本書是以極其自由地心態執筆。

二、關於五音七音及六律六呂等的調或律的問題，暫時不加談論。即使僅爲音樂專家撰寫，也將成爲另一本巨著。

三、漢（中）文亦僅以表示原書爲準，不附記返點或送假名等（爲便於訓讀漢文，在漢文右邊或下面標記其詞類），而將原文原封不動的加以引用。

四、本書爲方便計，共分總說、本論的前編及後編等三部分，實際上，本書爲不須如此區分的單一形式。就如有幾條線在同一主題下消失，隱藏，最後再結合起來一樣。

五、最初不用「支那」而用「中國」二字，後來因爲地理上的關係全部都改寫過來。

上代支那正樂考——孔子的音樂論

目次

後編　關於孔子的「樂」

總　說

「樂」在文化上的特殊性

「樂」永恆地與國家並存。若開頭就這樣寫的話，乍看之下，也許會令人覺得這句話有著非常大的意義。然而，事實上在中國，自古音樂與一國的政治總是同時並存。

當今，已十分熟悉西洋式音樂史的人，如果閱讀此文，首先會覺得奇怪，然後會起疑，這樣反而是一種常識。不過，現在若再一次打開中國史的話，不難發現，自開始記載正確的史實起，歷史家們絕沒有忘記過音樂。

此即中國音樂文化史與其他國家不同的地方。用西洋式的想法也許無法相信，或者也是難以理解的特徵之一。

特別是，社會的一般制度尚未十分完整的古代中國，其重視音樂的傾向卻與上述社會制度形成強烈的對比。即音樂早已較其他文化設施發達。從當時中國的文化來看，絕非次要的存在。其本身具有一種權威，也具有充分的力量，而且就其效用來看，也充分達成其目的。若將這與西洋的音樂文化史相比，必能發現兩者間有相當大的差異。

就西洋的文化史來說，音樂的發展比其他藝術要來得慢。就如普契尼所批評的：「和這些藝術相比，音樂好像剛學會走路的小孩。」

即使在雕刻、繪畫、建築、文學等有百花齊放之感的義大利文藝復興的燦爛時代，音樂也仍未萌芽。事實上，在蒙特培迪和巴哈以前的音樂作曲，雖自樂譜的進化或音樂史來看，多少有其價值與存在的理由，但也僅僅如此而已。衆所周知，其他並沒有值得去探討的東西。

不過，在全中國的歷史上，無論在孔子時代前後，音樂與國家總是永恆地並存。成立一個國家的同時，動員所有的音樂家創作新音樂，或復興舊樂，以制定代表該國的樂章。如沒有制定此種音樂，或是雖曾制定而已消失的話，即表示這個國家已不存在，甚至表示該國已滅亡。

因此，中國人批評其他國家，時常罵它是「無樂之邦」。在對音樂具有如此特殊意義的國家，不難想像，這句話是多麼的辛辣。不僅蔑視對方是野蠻國家，甚至有更壞的含意。

像這樣，在中國，音樂總是離不開政治。以我們現在的想法或許會覺得奇怪，爲何如此單純的音樂會有如此的重要性。事實上，古代中國，自三代（夏、殷、周）以前就有「以禮治爲本」的政治思想。即特別重視「以『禮』治之」的道理。當然，此處所說的「禮」，在字面上，將「樂」字省略罷了，「樂」與「禮」對古代的中國人來說，無論在心理或在實踐上均有其不能分開思考的密切關係。這正如陰對陽的現象，或天對地的關係一樣。

一般都認爲，「樂」是輔佐「禮」的一種手段，其實，這種想法並不合理。實際上，這是數學上二成爲一後所表現出來的結果，不，寧可說，本來是一，在外表上，而以兩種形式表現出來而已。對此，自孔子開始，後經過儒學家的討論與實踐，再經各種說明，包括所謂《禮記》的著作，留下許多的資料。有關「禮」與「樂」，以下先舉出其中二、三個例子。

樂者天地之和也，禮者天地之序也，和故百物皆化序故群物皆別。

這是將「樂」與太極陰陽五行的思想結合在一起，認爲音樂是在謀求天地陰陽的和諧，禮是在調整天地陰陽的秩序。用現在的話來說，如將天地陰陽改爲宇宙，也許比較容易瞭解。根據陰陽五行的說法，最初宇宙本是渾沌而絕對的實存的東西（大概近似於現在所稱的星雲），這就是所說的如一團氣的所謂大極。這種氣不知何時分爲二，一是輕而澄，另一是重而濁。輕的浮在上面變成天，並形成雲，重的在原處凝結成大地。因天上的氣是熱的所以帶陽性，地上的氣是冷的所以帶陰性。因此，說到陽時指的是天，而且陽有經常下降和陰相接觸的性質，另一方面，說到陰時指的則是地，陰雖重，卻上升和陽接近的傾向。陽氣結晶成火，陰氣積聚成水。火與水出現時，便開始交錯。於是出現雲，打雷，下雨……。火與水相組合而成木、土、金等。再加上前面說到的火和水，稱爲五行。

根據上述古代中國的宇宙觀，音與聲等是一種輕的氣，所以音樂屬於天之氣，是陽且動。而禮因由地上物質或器具所制定，所以是陰且靜。由上述說明，可以明白音樂可達成天地陰陽之諧和，而禮則具有調整其秩序的功能。如此，天地萬物就可以和諧，相互融合，秩序井然，各得其所。

禮以道其志，樂以和其聲。

這句話不僅做爲中國古代的治國的方針，且爲歷朝所採用。這是說，以禮引導人民的節操，以音樂調和人民的聲音及言論，是最有效的方法。依劉氏的註釋，就其治國上的效用來看，能這樣去引導必然中節，如此調和的音樂也不會乖戾。這是造訪大陸實際觀察生存，在此一望無際的廣大黃土或大地上，具不同語言與習慣的多種民族後，一定會想到，爲政者的腦海裡所以會自然而然地產生這一句話。畢竟，武力是有限的，即使是有戰車或飛機的時代也一樣。更何況，利用鐵的技術尚未十分發達的時代。

知樂則幾於禮矣，禮樂皆得，謂之有德。

這幾句具有修身上的意義。這是說，眞正懂音樂的，也懂得禮節，禮樂兼備，才算有德。據應氏的解釋，「知樂則幾於禮」的「幾」字，不僅有知道與洞曉的意義，而且有辨析事物之精微的意義。

以上是筆者從《禮記》中的〈樂記〉，各舉有關哲學、治國、倫理的例子，但從龐大的儒教的禮樂思想來看，也不過是九牛之一毛而已。

古代中國在三代以前，已因反覆地以禮治的好壞決定國家的存亡，所以，禮樂思想並非孔子時才有。只不過在孔子時代，正逢亂世的春秋戰國，社會秩序蕩然無存，樂也亡佚，且已成爲無暇講求「禮」的時代。當時，最受重視的是事實而非秩序。

孔子就在此時出現。本書後編將詳述孔子如何以不屈不撓的精神，使先王所播種的不滅種子，重新在被戰爭踐踏的大地開花結實。他爲了調查夏朝的遺迹走訪杞，又爲了研究商代的禮儀去拜訪宋，像這樣不辭辛勞地調查及研究先代所有的紀錄和傳統，最後集其大成。衆所周知，孔子不但對此加以批判，而且獨創其理論，並使其發展而達至「郁郁乎文哉，我從周」的結論。

然而，後代的儒學家並未將孔子的努力與功績全部加以善用或發展。畢竟，所謂傳統，本來是在不顯眼且無意識中，存在於某處的持續的行爲及風俗習慣，且此種行爲及風俗習慣在無形中流傳到現在。換句話說，將過去的東西予以現代化。所謂現代化是指，在傳統上再建立傳統的意思。而此種過程包含著創造性。如同過去的人們在不知不覺中創造傳統一樣，我們現在也不斷地創造傳統。

孔子所以調查與研究自古至周的制度與文物，並致力於復興與恢復其傳統，是認爲在那種亂世，有必要重現百性最能安居樂業的周公時代的理想國，可見，這是一種必然的創造。可是後代的儒學家，並不一定全部都贊同他的想法。結果使傳統變成徒具其表的行爲，且被利用成猶如虛有其表的工具。換句話說，與其說是傳統，不如說已經把它變成像一種遺物的東西。變成一種遺物！

我們時常發現像這樣矛盾的儒學家的生活。此種矛盾或許廣泛地且頻繁地發生在藝術界及人類生活中。

非天子　不議禮　不作樂

在古代中國，重視音樂的各朝代，究竟制定何種樂章？

根據《周禮·春官》的記載，有「以樂舞教國子。舞〈雲門大卷〉、〈大咸〉、〈大磬〉、〈大夏〉、〈大濩〉、〈大武〉。」《樂緯》記載，有「黃帝樂曰〈咸池〉。帝嚳曰〈六英〉。顓頊曰〈五莖〉。堯曰〈大章〉。舜曰〈簫韶〉。禹曰〈大夏〉、殷曰〈濩〉。周曰〈勺〉，又曰〈大武〉。」其他尚有鄭康成的註，或《禮記》等也記載有關古代的樂章，但從這兩個例子便可看出，多少有其不同的地方。不過，綜合來看，黃帝所制定的樂章爲〈雲門大卷〉或〈咸池〉，帝嚳爲〈六英樂〉，顓頊爲〈五莖〉，堯帝爲〈大章樂〉，舜帝爲〈大韶樂〉，禹帝爲〈大夏樂〉，殷代爲〈大濩樂〉，周朝爲〈勺〉，或〈大武樂〉。不過，究竟黃帝、帝嚳及顓頊三帝是否眞有其人，暫不予討論，容後再探究，現在且依紀錄的順序予以論述。

有關上述諸樂章名稱的由來，也將於後編中加以說明，大體上，均依該音樂所表現的性格，及對當時民衆的影響等而得名。又根據鄭康成的註，則稱〈咸池〉、〈大章〉、〈大韶〉、〈大夏〉、〈大濩〉、〈大武〉等諸樂章爲「周所存六代之樂」，即推測周朝時尚留存著此六代的樂章。當然，這些全部是古代雅樂。

這樣，歷朝各有其禮制，且制定足以代表其朝廷的樂章。當然，此種情形不單是孔子以前如此，以後的各朝代也一樣。在漢武帝時代，即使引進與古代雅樂完全不同的胡樂，甚至中世史的隋唐，不僅提倡古樂也提倡俗樂，音樂風格雖多少有些變化，但音樂政治仍保持其密不可分的關係。當然，到了後代「樂」雖漸漸失去其本來的權威，但自漢唐直至清朝，歷代分別修正各自的雅樂，這是一種復古。直到最近，袁世凱爲達成其野心，重新制定孔廟的大成樂章，應該是記憶猶新的事。

從古代各朝代各自制定其樂章的事實，不知不覺中在中國文化史上形成一種奇妙的習慣。即「非天子，不議禮，不作樂」。這是說，非天子者不許談論禮制，不許創作音樂。

以現代的人來看，實在是很奇怪的習慣，但在古代，那是極爲自然的趨勢。又在俗樂尚未抬頭的時代，事實上，在民間不可能有創作雅樂樂曲的人。這是因爲作曲與演奏完全是不同的領域一樣，即使作曲家本身也會演奏琴、瑟、磬等，且自己也會唱（事實上，在中國作曲家本身常是優秀的演奏家。即自己不會演奏的話便無法作曲。即使現在不理解作曲理論是什麼的音樂家仍舊不少。），合奏時通常需多數的樂器與人員。而在古代，能夠擁有如此多的樂器與人員，必須有某種目的且有其必要性，尤其有足夠的財力勢力，才有可能。因此，在民間稍有音樂才能的人，早就到朝廷任職。這應該是極其自然的現象。爲了發展原始時代的音樂，毋寧說是可喜的現象。但此種習慣不久卻有很大的弊害。

孔子時，正如《史記》中所說，「孔子之時，周室微，而禮樂廢」。周王朝的權力已幾近衰微，周公時代那種隆盛的制度，已不見蹤影。當然，禮或樂也荒廢殆盡。

孔子本身也這樣說，「吾自衛反魯，然後樂正，雅頌各得其所。」孔子雖然不得志，但樂則從消滅離散而獲得解救。諸樂式也分別回復其正確的位置。而且，「孔子以詩書禮樂，弟子蓋三千，身通六藝者七十有二人。」致力於發展禮樂，不久禮樂也隆盛起來。不過，問題也從這裡開始產生。即儒學家非同時修習樂不可，而且修樂對完成人格的最後階段扮演重要的角色。就如孔子所云：「立於禮，成於樂」即在無形中，後代的儒學家們，同時掌握了樂制的職權。然而，一般的儒學家與音樂家，在本質上，各有不同種類的性能。像孔子這樣，同時懷有藝術家的資質與音樂家的才能的人，才能夠毫無矛盾的確立「樂」的思想，能夠很簡單地付諸實踐，但至後代的儒學家，缺陷也出現了。儒學家爲了維持其權威，不得不陷於爲掩飾而掩飾表現的窘境。特別在漢代，這種情形最爲嚴重。

僅僅拘泥於古籍，賣弄玄奧的空論來解釋樂，或和《易》的思想扯在一起，並舉起「非天子，不議禮，不作樂」的旗子，用盡心機來諂媚當時的天子。把本來已不易瞭解的古代樂書，弄得更加晦澀，樂律和樂理等，因此也完全迷失在五里霧中，不知何去何從。

然而，所謂音樂，並非供人去閱讀，而應該是供人去聽的東西。實際上，當時的儒學家們已經陷入相當困苦的立場。在此我們也可看出儒學家的矛盾。說起來，想作掩飾性的表現，本質上，那是女性的專利品。正如裝腔作勢的小丑一樣，故弄玄虛讓人有滑稽的感覺。好像要掩飾其弱點而假裝似的，那祇是擺姿勢而已。當然，我們也知道，姿勢擺的好壞，在社會上更容易生存。但是，爲了在他人面前表現的化妝，不能說是表現出眞實的自己，何況，對儒學家而言，有這樣的作爲，更不可原諒。

不過，對當時的儒學家，不得不作出此種假裝的事，不一定是吃飯的問題。也許由於當時與古代的社會制度大不相同的緣故。由於社會的變遷，民間的天才，已不拘泥於那些過時的音樂，能以民間的力量合奏或演唱自己的作品。

事實上，迄今爲止，有關中國音樂的書籍，絕對不下於三百本，但如果說，其中無一本書能對我們現在的疑問給予令人滿意的解答，也不爲過。將古琴置於前，然後手拿著尺（不過，是否與古代的同長，非常懷疑），從岳山量起，或從龍齦量起，費了些時間查閱各種參考書的結果，才開始瞭解，那是表示A調的「do」音。不過，這音也相當可疑。無法了解的占其大半，完全不能了解的情形占多數。

如上所述，事實上，此種非天子，不議禮，不作樂的思想，阻止並消滅了自早期即已高度發達的中國音樂的發展。又就音樂而言，因此種思想的存在，當現在的音樂學家要從事中國音樂的研究時，不下苦功的話，將非常困難，甚至完全無法入手。

本論

前編　試論孔子以前的「樂」

古代史的傳說批判

中國雖有汗牛充棟的書，但可靠的並不多，這種情形不限於音樂。從整個中國的文化面來看，可以說都有這種弊病。連被尊爲亞聖的孟子，對其教祖孔子手定的各種經書都表示滿腔的不信任感。如，「盡信書則不如無書」，是對〈武成篇〉所提出的異議，也是告誡我們的一句名言。

對於書的內容，與其絲毫不加批評而完全相信，不如甚麼也不去了解的好。中國的古代史，對現在的我們來說，神話和傳說到底僅止於神話和傳說，即使如眞實般地被記載，也不能完全將其當作史實看待。即使對其發生懷疑或批評，那是因爲是神話、傳說。

無論埃及、巴比倫、希臘、羅馬等，我們都知道有其著名且被潤飾過的神話和傳說。而此種神話和傳說，都被當作該國家或該民族最初的歷史書籍。中國史也一樣，中國人也從其所能想像得到的，首先創造出多姿多彩的三皇，接著是五帝。

至目前爲止，已成爲中國史之精髓的司馬遷的《史記》，也從五帝最初之帝王黃帝開始記載。司馬遷時，已從戰國時代魏安釐王的墓中發現所謂《竹書紀年》的古代史，但《史記》並非根據此書，而是以儒家的經典爲中心，參考所能見到的《左氏春秋》等書。故有人說，《史記》是以先秦古書的《書經》爲主，再增添資料而成。但《書經》中並沒有提到黃帝、顓頊、帝嚳等三帝的事。

又所謂傳說，正像在人的腦海裡成熟的果實一樣。即司馬遷在編纂《史記》時，將在當時已漸成熟的有關三帝的傳說，加在堯帝與舜帝之前。

有關三皇的問題，也許大體上與上述情形一樣。到司馬遷更後代的唐朝，司馬貞寫了〈三皇本紀〉，並把它加在《史記》的卷首。從司馬貞時的前漢至唐朝間，人們更使其想像中的神話的果實接近成熟，到了司馬遷時，終於成熟到被人視同史實。

從先秦至前漢，人們創造出五帝的傳說，而從前漢至唐代則創造出三皇的神話。如果以這種方法創造歷史的話，從唐代至現在的中華民國，或許應該會創造出一些神話來。從厭惡偶數的中國人的習慣來看，五的前面安排了三，如果三的前面必須安排一個數字，應該是一。那就是創造天地的神，不然的話應該歸於星雲進化說吧！

這點，現代中國有代表性的學者，認爲神話和傳說，到底還是神話和傳說，就任其存在，但他們的著作則從科學的實際性來執筆。例如，胡適的《中國古代哲學史》，是從老子與孔子時代開始討論，郭沫若的《中國古代社會研究》等，則以殷墟出土的龜甲及獸甲的文字爲基礎，把殷代視爲中國歷史的開始。

再者，根據新的學說，從古代天文學的記載，竟把堯帝、舜帝認爲是假想的帝王。

音樂的開端

那麼音樂方面如何呢？

根據某研究者的說法：「……神農、伏羲等英才出來後文化大大地提高……伏羲氏作五絃琴及三十六絃的瑟。」

可是，這種論述等，即不應簡單地或隨便地加以記述，同時也不能輕率地加以否定。筆者也想知道，究竟其根據爲何，如何去考察而得到該結論。此種情形不僅對於某一著作，無論就一般地中國音樂史或東洋音樂論而言，當發現其開頭大概都與這相同時，常常會覺得奇怪。

例如，俗稱《琴操》的樂書中也記載：「伏羲作琴」。

而在《史記‧補三皇本記》則有：「太皞庖犧氏……作二十五絃之瑟。」而且所說的琴是：「劉桐爲七尺二寸之琴，繩絲以爲絃，絃二十有七，命之曰離。」又至今仍留存的有趣的傳說，即以故事方式所寫的一節：「庖犧五十絃，黃帝使素女鼓之，哀不自勝，乃破爲二十五絃……」（引自《世本》）。

此即黃帝命有如巫女的女官（有一說法是命音樂家），彈奏伏羲氏的五十絃瑟，滿座的人受感動而悲傷得無法忍受，因此黃帝將瑟分而爲二，使其成爲二十五絃。這故事即使在今日仍以不同的方式流傳著。

下面讓我們查證一下，伏羲到底是甚麼樣的存在？有一記載形容伏羲爲：「蛇身，人首，有聖德」。根據晉的《拾遺記》，在母胎中經十二年才誕生。即三皇中的伏羲，若依我們現在的想法，有點近似於童話中的妖怪。在後漢武梁詞的畫像石所見的伏羲，其腰下並沒有腳，正如想誘旅遊者入水的西洋人魚。像如此的怪物到底有無可能創作出琴或瑟的樂器，實讓人懷疑。

從樂器的進化學上來探究，疑問更大。無論琴或瑟都是帶有絲或絃的樂器。從其構造或材料來看，此種樂器遠比打擊或吹奏樂器複雜，故上述說法實讓人懷疑。

一般來說，中國古籍一談到文化，必然地都以黃帝爲其起源，且已成爲習慣。如黃帝創造文字、想出曆法、始作音樂……等說法。然而，事實上對於黃帝這樣一位帝王的存在，就像前面所說，年代遙遠，萬事已變，實難教人捉摸。當然，從此種種雖會讓我們感到中華民族有悠久的文化起源，但如黃帝始作音樂等，尚有許許多多無法說明的缺陷和疑點。不過，以下將依順序介紹其文獻與紀錄。

《史記》有：「黃帝使伶倫伐竹於崑谿，斬而作笛。」這是相當有名的一句。且因此句造成東西樂制的爭論。黃帝命音樂家到崑崙山取竹。並以該竹作笛。不過，如果這是事實的話，在那文化尚未十分開化的荒涼的太古時代，僅爲了作笛即派其部下到如此遠的地方，可說是一位明君，從文化上考量時，也不得不說是一件相當重要的成就。

有關此問題，在《呂氏春秋》的〈古樂篇〉中有詳細的記載。受命於黃帝的伶倫，從大夏出發往西方走，在沅渝之陰的嶰谿之谷採竹。把厚度與空間平均的兩節間切斷，據說其長爲三寸九分。因吹這個決定了黃鐘的音。再作十二支，帶到沅渝之下，依鳳凰的鳴叫聲分別十二律。雄、雌鳥各鳴六聲。

對於黃帝，或像鳳凰鳥等在想像中出現的靈鳥，我們多少都會感到古怪，但對西洋的學者而言，對於這段文字，好像看到鬼似的，卻非常重視。像傳說產生了科學似的。

問題是，伶倫出大夏往西方走的事，與中國古代的樂制，亦即律和調的制定方法，很奇怪的與古希臘的畢達哥拉斯以數學理論爲基礎的樂制，結果竟然相同。明白地說，中國音樂的起源也許曾受希臘的影響。因畢達哥拉斯爲紀元前六世紀的人，與孔子差不多同一時代，畢氏並未留下自己的著作，其理論均由弟子所發表，所以應該與《呂氏春秋》同時代，或早些。

的確，中國的隔八相生法，畢氏的五度定音法，均可獲得同樣的結果。且依該主張者的論據兩者都很不錯。何者較先，並不想在這裏作決定。不過，專門追究的話，也許不難發現其不同。關於此，依王光祈氏的論文，在希臘的是在稱爲monochordon單炫樂器上所制定者，在中國，至漢元帝的郎中京房出現前，全部以管爲基準所制定者。管與絃，從物理學上看，應該有某種差異才對。因此，對於能夠建設像周那種有創造性的廟堂文化的民族，卻不能判定這種程度的音，實讓人無法相信。

雖爲探究伶倫往西方走的虛實，而把話題移到東西樂制先後之爭的問題上，但從另一觀點來看，這裡所指的向西方出發到崑崙山谷的傳說，從中國文化史上，則可連想到種種的事，實有其探究的價值。

黃河

說到崑崙山時，它是大黃河的發源地，說到黃河時，則會連想到它是中國文化的發祥地。

黃河在中國，不僅是地理上的一條河流，而且給人有如一隻生物的感覺。即提起黃河立刻會讓人連想到龍。不單是因爲它的形態相似，而且更因爲它的一切給予人們有如此印象的緣故。

龍乃帝王之象徵。

帝王始於黃帝。而帝王中既有如堯舜型的賢君，同時也有如桀紂那樣的暴君。就黃河來說，也一樣。

治水——洪水

到二十世紀的今天，黃河依然如故，隨時有發生洪水的可能。

黃河——龍——黃帝。

猶如帶有神話意味的故事就要出現似的吧！

黃河（續）

自古至今沒有變的是，黃河下游有一望無際的黃土大平原，且其傾斜極爲緩和。

儘管有水流的慣性與不很固定的河道，隨時都有氾濫的可能，而且河底與地面等高的地方到處可見。當然，現在像這樣的地方一定築有隄防。可是，不論人們在睡覺時，起床時，或在話家常時，黃河卻一分一秒的帶著大量的黃土往下流。

漢的張戎說：「一石水，六斗泥」。其帶泥量因地方和季節之不同，有相當的差異。根據橋本增吉氏所作的紀錄，八月在黃河發生氾濫的地方，從每一百公克的水沈澱五公克的黃土。又依泰拉氏的統計，黃河一年中所帶走的黃土，多達天文數字的一百七十五億立方呎。其中約六成隨洪水氾濫而淹沒大地，三成則加高河床，只有一成隨流入海。即使注入海中的僅剩下一成，曾經從塘沽乘過汽船的人，一定會對如此廣大範圍的海水，被染成黃色的景觀感到驚訝。

像這樣，黃河時時刻刻在加高河床，塡高海底，任意改變海岸線，經常發生洪水，有時把大地染成一片黃色，有時則任意改變河道。黃河可以說像活的東西。猶如啃食地圖的蟲，同時猶如橫行於大陸的一條史前的巨大爬蟲類動物。

這就是黃河之所以被連想爲龍的緣故。形態上有如此相似之處也是件奇妙的事。

發源於崑崙山的黃河，並不是直線的往東流。其中已約束了中國神秘的命運。途中轉向北流後，再轉向東流，然後再往南流。到了潼關附近集汾水、渭水、洛水等再轉向東。如此時而向北、時則向南的情形，不得不讓人覺得一條河猶帶有兩條河的性質。換包話說，一條黃河中，有兩個上流，兩個中流和兩個下流。

現在翻開地圖便可一目瞭然，黃河至東經一百二十度的地方，在包頭附近已結束中流的形式，變爲浩浩蕩蕩地下流形式，在此灌漑四面的平地，但在東經一百十二度的地方，則不得不碰上山西省的台地西部。若想到黃河有其不可避免的自然性時，總會覺得那裡存在著一種不可思議的宿命。遭遇該台地時，黃河不得不沿著其南北的斷層線往南流。於是必須通過構成山西省與陝西省省界的溪谷。在此黃河也因此再變成上流形式。從此以後，再一次反覆其中流及下流的形式，最後才注入渤海。

就如尼羅河對埃及的文化，印度河對印度的文化有深遠的關係一樣，這有雙重性格的黃河，造成中國文化宏偉的特性。當然，古代黃河的水道，不難想像，其水流的性質與現在有相當的不同。（根據《尚書・禹貢》、《漢書・溝洫志》，當時黃河的下流與現在有顯著的不同，渤海也比現在深，海岸線也更縮進陸地。）不過，問題的上部與下部的雙重性格依然沒有變化。

我們會想，一條河有兩個中流和下流，是否有可能發生兩種文化。

黃河上部的中流流域周邊，曾是所謂彩色陶器出土的地方。根據發現人安德遜氏的說法，將此彩陶與世界其他地方所發現的彩象陶器相比較，因該處附近自太古就與西方有往來，故可推論此地曾爲西方文化的中心地。而且他亦認爲，此文化大大地影響發生於黃河下部的另一個中國的文化（以彩色土器作比較，馬上斷定與西方有某種關係的說法，正如上述東西樂制之爭一樣，這是西洋學者常有的事，有些學者認爲，這是西方學者在無意識中所產生的一種優越病）。另一方面，一九二九年斐文仲氏，在現在的北京西山山麓的石灰洞內，發現北京猿人的成人頭蓋骨，被認定爲世界最古老的人類遺骨。若如此，在現在的北京附近，自太古以前已有人類居住，因此，也可推想或許中華民族起源於此。於是又會讓人連想到，黃河下部這一帶也有產生其固有文化的可能。現在，這是個有待解決的問題。或許有一天，由於考古學的進步與出土物的發現，而出現證明此事實的時代會到來也不一定。

不過，迄今在古籍中出現的傳說中的古代帝都，例如，堯的平陽，舜的蒲坂，禹的安邑，殷的商、亳，周的鎬、洛邑……等，確實都在黃河流域。

筆者曾追蹤伶倫爲求笛而往西方走的事，但遭遇到一點困難。想到黃帝和伶倫，以及彩陶和北京猿人遺骨等時，似乎沒有任何足以把它們連在一起的理由。

從那些只能感覺的是太古老，而且更遙遠。至於解答這些問題的鑰匙，雖仍深深地被裡在地下，尚未被挖掘出來，但只好期待現代科學今後的表現。

黃土與文化

去過大陸的人，看見大地被一望無際的黃土所覆蓋時，不知做何感想。當然，呈現在眼前的風景是，可以說是：

黃土——地平線——天空。

站在誰也沒有走過的黃色平原上，人們稱它爲：道（路）。這句話，果然會浮現在你的腦海裡嗎？此時，從「道」這個字所受的感覺，或觀念，到底會成爲什麼東西呢？

道——道

實際上，那裡並無任何東西。在此黃土的大自然上，人們只要走過就會留下他們的足跡，此即變成所謂的「道」。只要走過，就會留下來。在此如無依無靠的大海似的黃土上，人們只要有自己的意志，都可以有自己行走的方式。

在一片無際的土地上無目的地走。而走的，不論直線，曲線，或更複雜的幾何學上的方式……

筆者想再繼續談論，古籍中有關樂的主要紀錄。問題的伶倫，不僅作笛，《呂氏春秋》並記載：「黃帝命伶倫鑄十二鐘和五音」可見，黃帝還讓他作鐘。根據陳暘的《樂書》則記載爲：「鼓之制，始於伊耆氏，少昊氏」。伊耆氏是指三皇中之神農，依《三皇本紀》記載，伏羲爲蛇身人首，而神農爲人身牛首，其母因感於神龍而懷胎。少昊氏是在黃帝之後即天位的帝王。亦即當時已有鼓的存在。

又同樣有關鼓的紀錄，《帝王世紀》有：「漢帝殺夔，以其皮爲鼓，聲聞五百里」。夔爲一種動物名，而非下面將出現的傳說中古代有名的音樂家。用此種動物的皮所作的鼓，其聲音可到達五百里。

《禮記》的〈明堂位篇〉有比較詳細的記載：「土鼓、蕢桴、葦籥，伊耆氏之樂也。拊搏、玉磬、揩擊、大琴、中琴、小瑟，四代之樂器也。夏后氏之鼓，足。殷，楹鼓，周，縣鼓，垂之和鐘，叔之離磬，女媧之笙簧。」看了這些後，大概可以想像出古代曾有過何種樂器。

土鼓是中國古代書籍中最常出現的樂器之一。根據杜子春氏的註，這樣寫著：

「土鼓，以瓦爲匡，以革爲兩面」。

當時只有兩面使用皮革，其餘則以瓦質作成。敲打時以蕢桴爲之。蕢指的是土塊，即使用土的撥。如此一來，一定無法敲出木質作成的太鼓或桴的清脆的聲音。籥爲三孔或六孔的笛子。可見，堯舜以前的時代，其樂器的制作只能以土或葦爲材料。而且此正和《周禮》的〈冬官篇〉中所記述的：「有虞氏上陶，夏后氏上匠」，大體上一致。

到四代（有虞氏的舜、夏、殷、周）時，樂器的製造漸漸進步，已經會作相當複雜的東西。所謂拊搏是以糠塡塞形同小鼓的打擊樂器。玉磬並非眞正的玉，大概以極其堅硬的石頭作成的較多。磬是吊著敲打的打擊樂器。

所謂指擊是指柷與敔，此爲中國樂器中最爲獨特的。演奏古代雅樂時，不可或缺的重要打擊樂器。現在仍在使用它。柷爲木製且形如四周的火鉢或植花木鉢，其大小爲二尺四寸，四方深一尺八寸（當然，裏頭不放入灰或土等東西）。當演奏樂曲時，一定先敲擊柷作爲開始。敔爲擦搓在木製的虎背上，如櫛的齒一樣排列著二十七塊鉏鋙，使其發出音響的樂器。演奏此種樂器時表示一個曲子的結束。此種敔等樂器，外觀上看起來較接近玩具，其音正如當今的小鼓發出短促的顫音一樣的感覺。故與其說是音樂，不如說是雜音來得恰當。對當今的聽衆來說，好不容易心情愉快地在欣賞優雅的古代音樂時，忽然傳來如開始打掃庭院似的聲音，有一種奇妙的感覺。

此後，琴或瑟等比較高級的樂器也終於出現。

關於鼓，夏后氏（指禹帝）時有一種用四隻腳支撐的太鼓，殷時出現貫穿太鼓的共鳴箱，並有軸似的東西，到周時製造吊著敲打的太鼓。

所謂和鐘與離磬是將幾個鐘和磬，依五音之順序排列懸吊的樂器。

有稱垂的人，相傳是舜時代的共工，是百工的工頭。

叔一名無句，相傳他創作磬，但時代不詳。

女媧爲神話裡三皇中的一位，此人據說作笙中的簧。有關女媧的神話，據《淮南子·天文訓》，在古時顓頊和共工爭天下，爲此不周山的天柱折斷了，地維斷絕，女媧煉成五色石，修補了蒼天。

在〈明堂位〉中的一節，我們大概知道了古代樂器的名稱。筆者閱讀這一節時，忽然聯想到，奇怪的是難道和當今的考古學的常識沒有任何的關係。《尚書·舜典篇》中有這麼一節：「夔曰：於！予擊石拊石，百獸率舞」。

這裏所說的夔，即出現於中國古代史上有名的音樂家。《史記》說：「以夔爲典樂教稺子」。

他大概是掌管舜帝一切禮樂制度的人。他一擊磬，連百獸都會起舞的名演奏家。

如前所述，舜帝所制定的朝廷樂中有所謂韶者。後來孔子稱讚這可讓人「三月不知肉味」的韶樂是：「盡美矣，又盡善也」。此曲或許也是此人所作。將夔擊磬云云一節與前面的〈明堂位〉的記述，結合來看，不由得會產生，舜帝以前是還在石器時代，或可能是新石器時代的疑問。

剛好這裡有關音樂的有名的插話。那是在較早的堯帝時代。這時代對儒學家或歷史家等來說，是最理想且天下太平，行仁政的時代，所以一直都是後世的榜樣，幾乎所有的儒學家，都如口頭禪般地，凡事都必然加以引用。那時候的賢君堯，因關心人民的生活，自己微服出入民間，巡視鄉閭或田野。於是，有時一個老人邊擊大地邊這樣唱：

日出而作，日入而息。
鑿井而飲，耕田而食。帝力於我何有哉？

所唱的是當今已幾近陳腐而著名的〈擊壤歌〉。此歌的樂譜僅以樸素且單純的五音所組成的曲調，現在仍留存於世。因非常單純，使我們不得不相信它是古代的東西。此歌可能以手或腳擊地，一邊打拍子一邊唱（普通是一邊拍肚子一邊唱）。無論如何，歌唱時是帶著享受天下太平的表情。照道理說，在堯帝的面前，唱著「帝力於我何有哉？」

實在是非常無禮的作法。但奇妙的是，據傳說所云，堯帝本身聽到這首歌時卻非常滿足。或許此種傳說的目的是儒學家等認爲，使人民不覺得受統治者的壓力，而又能飽食是政治理想的象徵之一。

不過，對音樂家來說，沒有樂器而只有人的聲音和大地就能產生音樂，從這事來說，我們可以了解，當時一般農民們在音樂上的能力。

根據古籍的記載，自古朝廷已有像大樂章般進步的音樂，且這樣說：

戛擊鳴球，搏拊琴瑟以詠，祖考來格，虞賓在位，群后德讓。下管鼗鼓，合止柷敔，笙鏞以間，鳥獸蹌蹌……

《尙書．益稷篇》形容爲燦爛的存在。可是，如果以當今的考古學常識，或在民族黎明期人的能力等做爲考慮，則此〈擊壤歌〉更眞實地傳達當時的狀態。

當今除古籍外，實際從土中挖掘出來的，能夠證明中國原始文化的事實經過的，可以說是，西元一九〇〇年時，從河南省附近的某一小村的黃土層下，所挖掘出的無數的龜甲和獸骨的碎片。這裏據說是殷代的首都。這些碎片上均刻有文字，就其形狀來說，與其說是文字不如說是象形圖畫較爲適當。那是極爲原始的東西。而且，其文字的內容是實際紀錄殷代朝廷占卜的記錄。

根據這些出土物，其文字構成，爲縱寫或橫寫，或正、反寫等，眞是千差萬別，並未統一，其中有的幾個字寫成一個字，有的則分析後才看出一個字可以分成幾個字，且其寫法也有許多方式，即一個字也達到四十五種寫法。可見，字形尚未固定。即可看出文字剛開始其形成與進化。根據報導，與龜甲及獸骨一起出土的古器物有石器、骨器和惟一的銅器，當時尚未發現鐵器等。根據一般的推測，從上述事實來看，殷代雖仍在金石並用時代，但可證明脫離新石器時代已爲期不遠。

殷代若如上述情形，當然依以前的禹（夏）、舜（虞）、堯（唐）等時代，應該屬於更原始且未開化的時代才對。如果是這樣，無論甚麼〈帝典〉，或〈禹貢〉等偉大的古書籍等，在那種時代能夠完成，實叫人難以相信。因此，當時的樂器，也不會出現太高級的東西，這或許是一般的想法。

另一方面，傳說中夏的首都就是山西安邑一帶，即彩陶土器的主要出土地。然而，從這些彩陶出土地並沒有出土金屬的東西這一點來看，夏以前的時代，可推測或許仍屬新石器時代，或剛進入金石並用時代。彩陶時代根據發現人安達遜氏的推定，大約自西元前三五〇〇年至一七〇〇年之間。

如果是這樣，現在所知道的中國最古的文化狀態，或許是夏朝以後的新石器時代。在新石器時代，已有簡單的農業，食用穀物，而且從出土的陶器可以推定，當時也已發明盛食物的各種容器。如出現鬲型、豆型、壺型，及中國特有的三腳的鼎或甗，與其他彩陶民族一樣，可推測也使用骨器或角器。且從其出土陶器的紋樣來推想，也可能開始使用植物性器具，而與此有關聯的東西，如由植物纖維所作的編織品或絲等也可能出現。又已飼養家畜，如豬、牛、馬等，牠們的肉可供食用，骨或皮等則作爲其他的用途。這應該是很自然的聯想。

至於樂器也應該以上述情形作爲量的依據。在那個時代的那種文化狀態下，究竟可能會有何種程度的樂器出現？

有關此，〈明堂位篇〉中的一節，雖多少有點混淆，大體上，其記述尚能依上述順序，故較爲可信。

中國的樂器，一般而言，有金、石、土、革、絲、木、匏、竹等，及依其製作材料可分爲八個種類。——俗稱八音——但這並非自古即出現如此多種多樣的樂器，而是到了相當後代，人們才因方便上將發達進化後的樂器加以分類。實際上，這種分類並非十分妥當。例如，以笛來說，以吹奏樂器來看時，其本身的性能並無任何差異。若分爲竹製的笛，銀製的笛，玉製的笛等三種類時，則變成好像有三種樂器。如果這樣的話，當然數目會增加。

假如，相信古籍上所記載的樂器全部是存在的，只要一一提出討論，即可能完成一冊龐大的中國樂器論。然而，因出土物中雖有彩陶及其他古代的出土物，但迄今尚未挖掘出古代的樂器，因此，可以相信到甚麼程度，又如何進行推論等，實可說是件極其困難的事。

以上爲筆者以《禮記》中的〈明堂位篇〉的記載爲中心所做的推論。不過，若《禮記》爲漢初河間獻王時代所出現的書籍，則僅依《禮記》之記載，即立刻相信其所紀錄的古代至周的樂器的眞實性，或許會被指爲過於單純的想法。也許，對於這些樂器應該解釋爲，從漢以前已經存在，而當時的學者等則推論，周以前即已存在。

龜甲、獸骨與祭祀

然而，從殷墟出土的龜甲與獸骨，卻引發筆者另一個聯想。

到底爲何將剛形成的文字費盡苦心且不辭辛勞的刻在龜甲或獸骨上，而且達到如此多的數目（現在已挖掘的不下四萬片，僅羅振玉一人也已搜集三萬片）。這與畫家的素描，作曲家練習對位的意思並不相同。

從這些刻入龜甲及獸骨的文字，在當時生活上所發生的一切吉凶的事，全部都求問上天，占卜其福禍。即將想求問天的事或想占卜的事先刻入龜甲及獸骨上，然後才舉行其儀式。

從當時天子的名字出現在龜甲或獸骨上的情形來看，這些行事均爲天子的責任。所謂天子，即天之子也。最能體察天意，祀奉天帝，忖度天意而傳達給人民，並以此治民。此爲從中國古代至最近的中心思想。

所謂天，如《周易》所云：「萬物資始」，此不僅與今日我們所說的宇宙同義，而且也是萬物的創始。即萬物生成之基在於天。有「萬物資生」的說法，即天所生的一部分。

天始而地形成。天之氣在上，地之氣在下。而人則存在其間。構成人體的魂魄，魂是受於天者，魄是受於地之氣者。故人象於天地。「惟人，萬物之靈」，因此，人之道，也是天之意。董仲舒氏有句名言：「道之大原出於天」，是從古代即有的思想。若人之道爲出自天意，則最常祀奉天地，常服從天意者，必最有德者。天子是惟一被選出來的人。故在古代，天子必須同時爲聖人。被如此要求：「惟人，萬物之靈，亶聰明作之后」。

爲了常祀奉天帝，常服從天地，因此常舉行此種卜占。（此種觀念也許是發明文字的原因之一。）在此讓我們馬上聯想到的是，無論當事的政治或社會的一般習慣，可能仍處於所謂祭政一致的古風中。

事實上，如龜甲及獸骨的文字所示，當時出師或狩獵等當然以占卜決定，連決定祭祀的日子也以占卜問天意。尤其，就其常遷都一事來說，正是殷代的特徵之一。從契至陽爲止曾遷都八次，從陽至盤庚也遷過五次——而且奇怪的是，其前的夏朝一次也沒聽過遷都的傳聞。當然，其遷都皆以占卜來決定，萬物以天爲基的思想，從這時代已成爲絕對的東西。不遵從天之命者，與不遵從天是一樣的意思，如此不僅會遭受天罰及災害，也打破先王的慣例，有背於祖先之靈。

不過，一國的遷都即使是在原始的古代，也非易事。從此點可推想，殷代對土地的執著心比較弱，可能尚未脫離遊牧時代。特別是出現龜甲或獸骨的地方，其祭祀時所使用的犧牲數，常達三四百以上，所以可以想像到當時間接地過著畜牧的遊牧生活。那麼，龜的甲與獸的骨，到底和音樂有何關係呢？筆者之所以多加介紹有關從殷墟出土的這些怪誕的龜甲與獸骨等事記述，事實上，只是爲了導出其原始遊牧的事實，與祭政一致中的祭字的緣由。

現在無論在世界甚麼地方，祭典日沒有不伴以音樂的。無論未開發的土人也一樣，越未開發音樂越盛。

先前筆者曾推論過，或許尚未出現高級的樂器。不過，即使不以《周禮》或《禮記》等的古籍爲根據，也可以確定，原始的笛或太鼓已被廣泛的使用。以笛及太鼓，這樣已經夠了。若再加上人的聲音的話，就有可能出現出色的音樂。

笛和太鼓。的確，這是可引發我們一種思鄉之感的話。這是一句從太古到現在，永不改變，使人回到夢中的話。當聽到笛和太鼓聲時，筆者總是覺得同時看見人類幼童時的樣子。由於笛和鼓，人們或許會回到小時候的日子，回到小時祭拜日的時光。這是因其本能上具有使人超越時空，忘記文明與野蠻的吸引力。

在那可能過著遊牧生活的時代，舉行祭典或許很簡單。且與今天北京的天壇或大廟的大建築物所浮現在我們腦海裡的一切，已經大不相同。現在所想像的並不是建築物、神位或偶像，而是直接祭天的情形，但無論在何時、何地祭拜，必然地不能沒有音樂。

在此情形下，音樂常爲：「樂者天地之和也」。音樂爲一種輕的氣體，輕輕地飄上天，傳達地上的願望與祈禱，或透過音樂，使祭祀者感受某種靈感，並產生使天地之間渾然融合的氣氛。也許原始時代的人們這樣想也不一定。

因爲，在那種情形下，總是想辦法達成天上與地下間的連絡。如燔柴即其方法之一。當時認爲，天子在壇上燒柴，而從柴所發出的煙，高高地上升到天上，可將地上的敬畏之念和眞誠之心，透過煙傳達給天帝。可是，將誠心託付煙，實在是一句諷刺人的話。如果是當今的神，或許會生氣。

不過，在音樂方面，即使如此，仍有幾份眞實性。

笛與太鼓

如前所述，在考慮音樂性時，只要有笛與太鼓，即意表那裡已經成立樂曲。而且再加上人的聲音則更完全。

上面筆者將古代歷朝所制定的諸樂章，依古籍所記載的加以排列。但是，實際較像史實者，如果從殷才開始的話，則有關禹、舜、堯等的紀錄的可信度即將面臨考驗。當然，較此以前的紀錄更是如此。

然而，對於那些樂制云云，是否可因其爲僞裝的紀錄一句話，而簡單地加以否定，筆者並不想這樣。因爲，上述所出現的土鼓和葦籥——可想像得到的最原始的樂器等，若再與人的聲音調和的話，十分可能產生音樂。又從殷墟的出土開始了解當時的文字，並明白一部分的社會狀態，但這並不表示其以前並無人類存在。反之，或許會以以前的人的腦筋漸漸進化，而發明文字爲由，加以辯駁。加上黃河所具有的雙重性格，即具有上部中的下流與下部中的下流兩部分，及北京西山的石灰洞內所發現的北京猿人頭蓋骨等，使我們了解中華民族很早就已經存在。

實際上，文字的有無，與音樂的存在，筆者並不認爲有那麼重大的關係。問題是只要有人就可以。例如，無論任何未開化的人，只要敲打石頭也會感覺出其節奏，產生節奏感後，自然地想要發出聲音。最初是從簡單地單音開始，然後嘗試升高或降低聲音，最後開始唱複數的音，這些都是自己一個人慢慢體會、熟悉出來的。或者，也可從其反面來想，未開化的人因心理有所感觸而叫出來，或唱出來，不知不覺中，敲打旁邊的石頭或土，並打著拍子，於是養成節奏感。當然以上兩者都有可能。

總之，當人的肉體或精神，因某事興奮或緊張時，必然以某種形式發散或表現於外表。或許因無法忍受而如此表現。因此，在原始時代，如石頭、手足及口等馬上成爲其表現的手段，是極其自然的事。

又有關音階的問題，在原始時代的音樂，尚無一定的音階，及單一關聯的音形等的出現。或有學者認爲，人類藉著其模仿的本能或再現的喜樂而來的力量，能夠從自然界引發一定的音樂性動機。或許不久即因民族性的關係，上述動機終於成爲中國的五音。不過，具有三孔或六孔的葦籥所發出的音，是否和今日我們所聽的極正確的五音一樣，實不能斷言。恐怕，其音有譜表難以表現而微妙的音差。正如我們當今聽土人的音樂一樣，有同樣的感覺。

再者，有學者認爲，先有節奏。例如，人的心臟的鼓動，動物的腳蹄音等……。不過，即使在太古，也有男女的存在，一旦至某時期，其心跳會更激烈，而這種興奮便轉為叫聲或唱聲，是極其自然的現象。

筆者有時會想，音樂的發生可能比人的語言早。如果已經有了土鼓或葦籥的話，即表示有近似音樂的音樂的存在。現在再一次回到古籍，並對此問題再作探討。

〈咸池〉為黃帝時代所制定的樂章，古籍中大概都如此記載，所以大家都信之不疑。《莊子》中也說：「黃帝張〈咸池〉之樂於洞庭之野。奏以陰陽之和，燭以日月之明。」即在洞庭之野演奏〈咸池〉之樂，且為相當好的演奏。有關黃帝為何時、何處人的史實，如前所述，很難加以斷定。然而，在太古的某時期，某地方，某部落，有一種被命名為〈咸池〉的音樂，傳下來的事實，或許值得相信。

同樣的，堯帝的大章樂、舜帝的大韶樂、禹帝的大夏樂、殷代的大濩樂、周代的大武樂等諸樂章，是傳到周代的六朝音樂，這些紀錄即使可能是儒家等充門面的說法，但多少近乎事實，故筆者寧願相信。

在此，再舉一件記錄當時民間樂的狀況的有趣的事。《周禮·春官篇》中的一章有如下的記載：「籥章掌土鼓豳籥。中春，晝擊土鼓，龡豳詩，以逆暑。中秋夜迎寒，亦如之。凡國祈年于田祖，龡豳雅，擊土鼓，以樂田畯。國祭蜡，則龡豳頌，擊土鼓，以息老物。」

這是眞實地記述當時農民的生活與音樂之關係最寶貴的一章。樂器只有土鼓及豳籥可用。（豳國出身的人所帶來吹的笛，稱爲豳籥）即在中春的白晝，敲打土鼓，吹奏豳詩，迎接夏天的到來。在中秋晚上，亦行同樣的事，以迎接冬天的到來。此處也依陰陽五行的說法，認爲夏天的暑氣屬陽，故祭祀在晝間舉行。冬天的寒氣屬陰，故儀式在夜間舉行。且向田祖（指神農氏，爲農事的神）祈求豐年之際，吹奏豳雅，以擊土鼓伴奏，讓農夫們快樂，十二月蠟祭時，吹奏豳頌，同樣地敲打土鼓，以慰藉年老者。恐怕這是整年的行事。這裡也只有笛與太鼓就夠用。因此，在時代上與周初差不多的殷，就音樂而言，或許不算幼稚。不過，一般被稱之爲樂章的，對於習慣於當今西洋交響管弦樂的人來說，也許馬上認爲是一種相當複雜且爲大曲也說不定。尤其，與當代帝王的名字聯在一起時，或許一般會如此聯想。不過，事實上並不幼稚，但也沒有需要加上「大」字的程度。

現在，在北京及其他各地，每年春、秋各舉行一次的孔廟的祭典，其音樂的演奏仍以笛與太鼓爲主體。且其音樂只加以人的聲音，而編鐘及離磬等只擔任輔助節奏之音色的作用。至於琴瑟，也不加調弦，僅排放著。不過，《禮記》中有的各種樂器，可以說都全部拿出來擺飾。如果說，這些樂器因經過幾千年的時間而退化或失傳，並不過言。因此，實際參加祭典時，有一種奇妙的感覺，即笛與太鼓的豐潤的鳴響讓人以爲，連那些只做爲擺飾的樂器也一起鳴響的錯覺。

這並不限於孔廟的祭典，不妨在北京街頭（不，無論中國的哪個地方都一樣）傾耳試試究竟，看看通過街道的葬禮或結婚典禮的鑼鼓隊，便可了解。其樂隊雖以像西洋喇叭的金口角一支，及太鼓、鐃、星（像鈴的銅鈸）等，看似極爲幼稚的樂器所組成，但其中卻可感覺到，中國幾千年來的神秘的思想和悠遠的律動，以及憂鬱的詩等，完整地表現在音樂上。

至於殷代有那些樂器，均無紀錄可查。從殷墟出土也未出現可資證明的材料。不過，只能斷言的是已經有笛和太鼓，再加上人聲的音樂。這也許是把事實降至最低限度後所做的考察。然而，從音樂家的立場來看，以此成立樂曲有十分的可能性。筆者的推論，所謂大濩樂，也可能爲這種程度的東西。

暴君與音樂

在殷代末期，仍與音樂保持關係。尤其，留下極其通俗且充滿趣味的傳說。此即有名的暴君紂王的故事。

某一王朝滅亡而由別的王朝取代時，必定出現暴君，這是中國歷史家普遍的寫法。事實上也成爲一種習慣。

如夏朝末葉出現桀王，稍晚的周末出現的幽王一樣，現在也出現紂王。與暴君不可分的美女也必然同時出現。如桀王著迷於末喜，幽王則因褒姒而失去判斷力一樣，紂王則「妲己之言是從」，在《史記·殷本紀》中，特別記載為迎合美女妲己之意，對其所言無不聽從。而正當此時，出現一位名叫涓的有名樂師。

「於是使師作新淫聲，北里之舞，靡靡之樂」，亦即為了妲己而作北里之舞及靡靡之樂。且清楚地揭示下面有關行樂的紀錄：「以酒為池，懸肉為林，使男女倮，相逐其間，為長夜之飲。」此即在酒池、肉林中，裸體的男、女，互相追逐……

平常極為嚴肅的儒學家，也藉此機會，把所能想像到的最高程度的肉體的快樂，毫無保留地完全寫出來。

音樂也一樣。如果紂王的傳說是一事實的話，從這時起的音樂，必然已非常進步。畢竟，音樂不僅代表國家，及調和民聲的最好手段，同時也具有使國家滅亡，使民心腐敗的巨大力量。

的確，涵蓋著兩極的力量！

不過，像桀或紂的故事，或許只屬一種傳說也說不定。也許這是因為儒學家，想將教義導入故事中，來表達其理想。即暴戾的君主，必失人心，天必除之，有仁德者，民從之，得天命。此即易姓革命的根本思想，寫在歷史書籍中，以便作為君主治國時的教訓。

可是，對音樂而言，雖有所助益，但並不怎麼光彩。的確，在此種時代，音樂也必然登場，一定扮演一個重要的角色。

插話

因出現暴君紂的緣故，當時的天下也因此形成周不得不崛起的局面。此種筆法，正如湯的興起，配上夏代末葉的暴君桀王一樣。無論《史記·殷本紀》或《周本紀》，皆有同樣的記述，如果周武王不發兵討紂，天下便無法統治。

照理說，周是紂的臣下，諸侯中的一人而已。這是臣下對君王的叛逆行爲，應該說是不忠、不義的舉動。可是，若以當時儒學家的一般論法來說明的話，則爲「君不君，臣不臣。」即君不像君，若爲死不足惜的暴君，殺死他不僅無罪，而且是順應天意，也是人民所希望的。

書曰：湯一征自葛始，天下信之，東面而征，西夷怨，南面而征，北狄怨。曰：奚爲後我，民望之若大旱之望雲霓也。

這是殷王爲征伐夏，在出師時，孟子形容當時人民熱望的情況。而湯王本身則作以下之宣誓：

格爾眾庶，悉聽朕言。非台小子，敢行稱亂；有夏多罪，天命殛之。今爾有眾，汝曰：「我后不恤我眾，舍我穡事，而割正夏。」予惟聞汝眾言；夏氏有罪，予畏上帝，不敢不正。（〈湯誓〉）

在秋收時出師，就連人民之間也會有不平的聲音。這就是其辯白。但還是因爲敬畏天命，必須討伐有罪的夏王。若未加以討伐，反而與他同罪。其後六百多年，周武王滅殷時，以同樣的手段宣誓：「……今予發，惟恭行天之罰……」（〈泰誓〉）。如此以相當長的宣言揭發商（殷）王受（紂王之名）的暴行後，接著表示，我發（武王之名）所以討紂，是代天行道。

在此宣誓中，包含著我們現在的人極感興趣的問題。「無畏，寧爾也，非敵百姓也」，是其中之一。這是武王對敵方人民所發出的宣傳。這是說，你們不必害怕，爲使你們能夠安居樂業，討伐的是你們的君王，而不是與你們爲敵。從三千多年前就採用這種有效的宣傳方法爭取人民的信賴。好像近代戰事似的。

又一點是，音樂成爲宣戰的原因之一，即構成其宣戰條文中的一條。「……乃斷棄其先祖之樂，乃爲淫聲用變亂正聲……」

也許對於殷祖先代代所流傳下來的端正且莊嚴的雅樂感到乏味，而將其改變成俗樂式的音樂。或者此時，五音的音階中已被插仕新的半音。總之，正統的音樂已被弄亂。因此非正樂不可。這也成了戰爭的原因之一。

儒學家如何地重視音樂，在此應可窺見其一二。

再者，無論閱讀哪種中國的歷史書，殷湯王及周武王都被稱爲明君。其前必然把桀王及紂王等暴君並列出來。配以相反的顏色，醞釀出強烈的畫面效果的描寫法，並非近代畫家們的發明。又儒學家如果沒有那樣寫的話，在古代中國那樣的時代裡，也許其他沒有東西可以寫，或儒學家的立場也難以維持。

另一方面，紂王到底被如何描述呢？在〈殷本紀〉中說：

周武王於是遂率諸侯伐紂……甲子日紂兵敗，紂走入登鹿台，衣其寶玉衣，赴火而死。

紂王因兵敗，登上過去曾盡情歡樂的鹿台，穿上以眞珠、寶玉作成的衣服，走進柴火堆中自焚而死。或許攻過來的周兵只能在遠處叫嚷，無法接近。其死法簡直像個暴君。又在《史記》中接著說：「周武王遂斬紂頭，懸之白旗」。這是說，斬下燒成黑焦的頭，懸在白旗上。武王正如其名，其作風像一位武王，而紂王所受的天罰也相當殘酷。

又根據〈武成篇〉，所說的戰況是：

甲子昧爽，受率其旅若林，會于牧野，罔有敵于我師，前徒倒戈，攻于後以北，血流漂杵……。

即激戰的結果，所流出的血使杵漂流。

可是，孟子對此叩加以反駁：「仁人無敵於天下，以至仁伐至不仁，而何其血之流杵也。」這是說，仁君與暴君的戰爭，不戰即已決定勝負。像武王這樣的仁君，討伐像紂那樣的至不仁的人，不可能發生血流漂杵那樣的激戰。

到底相信哪一方好呢？其實以讀者自己的立場去判斷，最爲適當。最後「於是周武王爲天子」（《史記》），奠都於鎬京。

這個故事，有幾分是史實，並不能保證。只是成爲四千年來的習慣，古籍上如此的記載，而人們也如此的認爲，在這裏，祇好依其記載，姑且當作插話加以記述。

插話（續）

當然，即使不是這樣小題大作，現在，從另一面來觀察當時的社會狀態及其進化的階段時，我們也有想像得到的一面。

如前所說，如果殷初尙屬遊牧時代，則紂王出現的末期，應該已過遊牧的全盛期，而剛要開始原始農業的時期。人類一旦開始從事農業，便對於輾轉各地的遊牧生活感到不便。

再者，若以人類進化史的常識來考量的話，男性應該從這個時期，即成爲家庭生活及社會生活的中心。人類尙過著漁獵生活的曚昧時代，男性仍屬於女性的附屬品，且當時只有簡單的石頭或箭矢等的工具。當一切皆以女性爲中心，即所謂群居或氏族社會的時期。在此看法下，古代的中國史中，舜帝等即充分具有此種意味。

然而，根據科學家的說法，當男性在漁獵時，學到了如何畜牧，並開始擁有自己的畜牧對象，而開始居住在一定的土地後，便開始覺得農事的必要。於是，從事耕作或發現各種的穀類。最後男性的生活逐漸穩定。不但創造財產，且擁有它。從此以後，女性的地位逆轉，在家庭生活中變成從屬的地位。

如此一來，男性中也出現擁有相當勢力的人。特別對於一向以女性爲中心的社會形態的反彈。誰也無法斷言，會不會出現仿傚上述暴君紂王的人。不，似乎有可能的事。

另一方面，討伐紂的周武王，究竟是怎樣的一個人？武王的前一代，即其父文王是一位賢君。由於武王在伐紂前，尚屬服庸朝貢紂王的地方性諸侯，故周的文武兩代，就其文化來看，應該尚未達到高度的水準。特別是其祖先棄，根據《史記》的說法：

> 周后稷名棄，其母有邰氏女，曰姜原。姜原爲帝嚳元妃，姜原出野，見巨人跡，心忻然說，欲踐之，踐之而身動如孕者，居期而生子……。

這是說，其母見巨人的足跡，踐踏後便懷孕。若再根據《周書》的記載，其母認爲此事不祥，所以把生出來的兒子丟棄，於是：

> 馬牛過者皆辟不踐，徙置之林中，適會山林人多，遷之而棄渠中冰上，飛鳥以其翼覆薦之。

如此有多次不可思議的神護，而免於一死。因此，其母便帶回來撫養，長大後擅長耕農相地，所以在堯帝時，被舉爲農師，舜帝時，則這樣記載：「爾后稷播時百穀，封棄於邰」。

從其神話似地祖先，及這位祖先后稷曾爲農業的神，其母的名字雖很清楚，但其父帝嚳，則爲五帝中想像中的人物等說法，加以推測，大體上，對於周初的文化狀態，可以簡單地想像出來。

因此，其音樂，應該不會比同時代的殷發達。故在前幾章中探討音樂時所記述的內容，也與此周初的情形等符合。我們可以想像，或者，對周而言，討伐紂王時，所聽到的淫聲「靡靡之樂」當然對其有所影響，尤其，當第一次聽到都城的音樂時，才知道殷的音樂和自己的有很大的不同，而其樂器也是自己所沒有，而且比自己的更進步。

尤其，殷自盤庚時遷到殷墟後，便沒遷都，一直以此爲其帝都。使帝都永久固定下來，不但具有固定主權者的意義，同時亦具有文化開始進化及發展的意義。傳統的觀念已產生。據王國維氏從出土的龜甲及獸骨所作的推定，殷時的勢力範圍是在黃河下流的南北各國。而周則在渭水的流域，在文化上很少與殷交往，或者像日本人所說的是屬於鄉下武士。

因此，當周繼承殷的文化遺產時，很有可能導入自己特有的精神，並以其固有的方法改善以前的文化。或者，因兩種文化在質方面並不相同，所以才造成儒學家誇張地塑造出像殷王這一類型的傳說來。

不過，周是很早就重視農業的種族，因此，其本身應該擁有自己固有的文化才對。無論如何，因爲此兩種文化的交流，才促使周能夠實現那一段興盛的時代。

鐵——秩序

事實上，周滅殷時的勢力確實很大。在滅殷前已經平了昆夷、虞、密、共、沅等各種族，將天下三分之二佔爲己有，所以要消滅殷並沒有什麼困難。

至於其勢力爲何如此強盛的原因，學者曾舉出種種理由，首先是農業發達，及在多次征服中，《詩經》中所稱的黎民（郭沫若氏稱此爲奴隸）數的增加。加上鐵的發現等。周已度過青銅的全盛時代，而剛要移入重要的鐵器時代。

現在講到鐵，人們馬上聯想到戰爭或兵器，但依中國的冶鐵史，鐵實際上被用於兵器的，是春秋時代的末葉，由揚子江沿岸的南方種族開始使用。在周時，只用於農具而已。當時，把銅稱爲美金，而稱鐵爲惡（壞）金。根據《管子》的說法，美金用於劍戟，而惡金則用於鑄造鉏夷、欘、斧等。

只因發現鐵這件事，就造成周的隆盛，這個事實，今天我們看起來，或許會覺得奇怪。事實上，對於當時仍處於原始狀態的周來說，那是一件不得了的事。

鐵——黎民——農業

具備這些要素的國家，如果仍不隆盛的話，那才不可思議。

畢竟周已興起。

由於周的出現，也許中國史才能算成立。那可與最近改變爲共和體的革命相比，是有關中國文化的大革命，也是一件大事。亦即人類由蒙昧或野蠻的時代踏出一步，開始有了秩序感。

若獸性及蒙昧是野蠻的時代，則秩序正是制度的時代。即把一向除事實以外，其他皆無的情形，人們卻開始動用自己的腦筋，使其變有。的確，周所制定的制度是相當了不起。暫且不管實行成效如何，就其制度本身來說，可以說已經完全完成。

三公、三孤、五服、五爵、六官、宗法、……禮、樂、刑、政、……經禮三百、曲禮三千。

把極爲複雜的圖表井然有序的描寫出來。

創造出古代的仁君，或其相對的暴君，恐怕都是在這個時代吧！就如同在學者的頭腦裡一個接一個的結晶似地，一大堆故事也接二連三的形成，連時間的流逝都加以區分與裝飾。的確，本來沒有的東西，就如同有的樣子開始看得見。

改變對天的想法，也是從這個時代開始。以往把天看成絕對的東西。一切人事均須遵從天命。也因此才有龜甲和獸骨等之存在的必要。可是，自殷滅亡，建立周室後，也產生修改此種想法的必要性。

對周來說，王本身如果有德，則可代天，已成爲其思想。即王的位置已成爲至高無上，且具有絕對性。這可以說，依賴天命不如依賴人的德性的理智想法的抬頭。——在考古學上，德字在殷時尚未出現，至周成王時的器物上才刻上去。——即當時的思想已從本能的及迷信的，移向理智的交叉點上，因此，也發生了把現實過分地加以僞裝的情形。

何謂神聖，何者應加讚賞等，均不知不覺中成爲人們注目的課題，而且人們亦開始了解，祭典、儀式、禮、樂等，爲馴服或限制粗暴的野性，或更誇大那些神聖的及應加以讚賞的東西，最有效的手段。

的確，周的制度從整個中國史來看，是最爲絢爛的時期。這種輝煌的歷史，常常會讓人覺得是否爲一種桌上的遊戲。在此完善的制度中，若世間的一切以其條文和文字均可能解決，那麼劍戟和馬等，不久便成爲不需要的西西，周的勇士也在不知不覺中，或許會，只有過去的事實，把解決一切的時代視爲野蠻。或者忘掉那些，完全馴服於其條文及文字之中，並達到尊重的地步，最後與自然一樣，視其爲極其自然的東西。

就像狼喪失其利牙的威力，及野豬不知不覺中變成家畜一樣，自己本來的能力被減弱，而連個性也消失掉。如在極好的秩序中，連人的精神都會陶醉在不欲思考，不受任何干擾的安逸氣氛（這種道理，應該與作曲學或許有某種關係）。

或者，這是制度上的缺陷。周建國後未經幾代，反而因此制度導致王室的衰微。在治者階級之間開始暗鬥，互相衝突，王的威令幾至難行之地步，於是叛亂接連出現。此時周的厲王及幽王，即出現於西周存亡期的二王，有關二王的故事非常有名。再者，周四邊尚有蠻勇的東夷、西戎、南蠻、北狄等，隨時想趁機攻掠、襲擊周。此外，象徵喪亂的天災頻頻發生。

像這樣，當時的天下又回無秩序與事實的狀態。

周非把帝都東遷到洛邑不可。

不久出現了春秋戰國時代。

「樂」的確立

那麼，音樂方面到底如何呢？

實際上，中國的音樂史也因周的出現，才有特別論述的價值。在此以前，完全無法超出前面所觀察的幾項範圍。連上述觀察也多少帶有由音樂家本身自我方便的誇張成分。

不過，天下變為周以後，禮樂二子才清楚地表現出來。一般來說，在古代的中國史中，若表示其時代精神的文化特色時，可以簡略地說，夏代的勤儉、殷朝的維新，以及周的禮樂。可見，只有周的禮樂制度，不是儒學家的誇張性，或紙上的裝飾性記述。只有這些值得去相信。又無論翻閱任何中國史，皆能感覺到那裡存在著成立禮樂制度的必然性。

筆者在開頭即已明白表示，自然發生的中國音樂，在其國民性與原始社會之性格的基礎下，早已和政治發生密切的關係。不過，不同的想法也有可能，即從三代以前有關「以禮治為本」的傳統及習慣等條文化的事，若認為有些地方是儒學家所作的修飾性的紀錄，不得不加以否定。即三代等的時代本身已經有問題。何況像禮治這樣高度的政治思想更是……。若如此，以前所作的推論，則變成完全無意義，而再繼續探究下去也等於白費心機。這樣筆者對於過去不清楚的地方，也不必一直附纏下去。

儘管如此，筆者仍願意從另一層面去探討，即對於促使周朝能夠建立如此榮盛的禮樂制度，所必要的細胞因素作一探討。

到底，在此種情形下，究竟是否能夠從無而突然生有？亦即有關仍處於原始狀態下的音樂發展問題，從沒有任何東西的地方，是否松茸會突然間在短時間內生成，而陸續的長出來呢？即使松茸，也必須有肉眼所看不見的菌類的存在。

能夠使周朝確立如此榮盛的禮樂制度的原因，即其細胞要素。筆者認爲應該追溯到周以前的夏或殷時代。即周的禮樂制度並非從自然發生的原始音樂，立刻進化、發展成周朝的音樂，而是以包含在過去那些舊的音樂性爲基礎，將其復興或創造而成。

不過，周朝在最初的文王時代，尚「卑於服，康功即田功」的努力於農事，從早到晚忙得無暇進食，難怪讓周公讚嘆不已。因此有關樂方面似乎也應準此去考量。前面所揭示有關《周禮》的籥音的一節，與農事有密切的關係，但其樂器只有籥或土鼓。連王本身都勤奮於農事的時代，因此朝廷樂也大概不會出現超過我們所想像的範圍。不過，無論如何，只要有笛和太鼓，應該已經有音樂的存在，以這種程度的原始方法，一切的儀式，應已夠用。

接著的武王時代，正如其名，是個征服天下勇猛無比的時代，至討伐紂時，以擁有三分之二的天下，其勢力之大實令人刮目相看。單就「諸侯不期而會盟津者八百」這句話，即可顯現武王強盛的武力。

到底，在其本身擁有如此強烈的威力，且所到之處皆能征服或平定的時候，有藉音樂的力量懷柔民心的必要嗎？

武王時代，尚未出現像音樂的音樂。即使有，也是聲音特大的古時的大鼓，或會發出熱鬧聲音的打擊樂器及吹奏樂器等，或許是最被珍重的樂器吧！這也許是表面上的觀察，然而，實際上，唸到這一段中國史詩，特別會想像到，武王討伐紂時，連在陣中都禁止足以影響征人思鄉的笛音。就不曾忘記以前音樂作爲宣戰理由之一條的武王而言，有相當的可能性。

那麼出現樂的場面，必定爲繼之而來的時代。筆者認爲那俗稱「成康之治」的時候。即武王死後，其子成王年事尙小必須輔佐，周公旦成爲其家宰，攝行國政。其音樂應該從這個時候開始。

周公旦爲武王的弟弟，因伐紂有功，被封於魯，是位多才多能的人（有一說法是，他篡奪了王位）。據歷史家的記載，他攝政時，爲中國史上一段模範的仁政時代。即周公確立文物制度，鞏固周的國基，並建立後世的模範。

「興正禮樂制度於是政，而民和睦頌聲興。」《史記》也特別記載這個時代。禮樂二字清楚地在文化面顯現出來，且極具實質性，也由此開始。

其次是有關康王的治世，因其禮、樂、行、政均恰得其所，所以是：「天下安寧，刑錯四十餘年不用」。這是說，由於康王時實行仁政，牢房四十多年都是空的，只有雜草叢生，所以可以說是理想國的出現。

事實上，在周公旦的時代，雖發生過一、兩次叛亂，但無須使用武力，仍以文治爲中心的時代。此時正是周朝最隆盛的時代，其成爲後世歷代模範的政治思想，及社會一般的文物制度，如煙火一起爆開似的發出絢爛的光輝。而且被認爲一切接近完美。當你知道在三千年前，已達完成境地的高度文化現象時，或許會想到，這些對以後中華民族的發展，到底是幸或不幸的問題。孔子屢次讚歎的「郁郁乎文哉，吾從周」，也是周初的這段隆盛的時代。也許可以這樣想，因爲有了孔子才有此周初高度的文化遺產。或許也可以說，生於亂世的他，爲重新實現此種理想國，而盡其全部的思想和整個生涯。再說，若沒有這些文化遺產，孔子的禮樂思想，或許會變成無意義的議論遊戲。

成康之治！這曾是儒學家想實現的夢。孔子年輕時常夢見周公，但年老則常感歎不再夢見周公：「甚矣，吾衰也；久矣，吾不復夢見周公」。

宏大的樂制

然而，究竟在周這段時期，有甚麼樣的音樂？在此，筆者仍願從古書籍中舉例說明。

如前所述，根據鄭康成的記述，雲門大卷、大咸、大磬、大夏、大濩、大成等爲留存於周的六代之樂。

至於詩樂，依《周禮．春官篇．大師》的記載：「教六詩：曰風、曰賦、曰比、曰興、曰雅、曰頌。」此六詩，若依儒學家向來的解釋，風是指歌頌聖賢治道之遺風；賦是指直率地歌頌當時政教之善惡；比是指不直接談論當時之惡政，而以別的方式加以諷刺；興是指當時的政治若有媚諛善事，則對此以喻勸的方式加以歌頌；雅，正也，即為了使正者永遠讓後世所稱讚而歌頌；頌者，誦也，容也，即以一般地且廣泛地形容方式讚美當時的德政。當然，這些不單是一種詩，而且均與音樂結合在一起歌頌。可是，這些六詩，後來可能已分散消失。孔子本身也這樣說：「吾自衛反魯，然後樂正，雅頌各得其所。」這是說，可能在孔子重新整理前，這些一旦被歌頌的六詩，已被春秋時代的暴風所吹散。

在《禮記．明堂位篇》，常引用的一節為：「升歌清廟，下管象，朱干玉戚，冕而舞大武，皮弁素積，裼而舞大夏」。這是說，讓樂工上廟堂，歌頌周頌，堂下則配以管樂器，讓其吹奏象武的詩。手持塗朱的盾及以玉裝飾的斧，身穿袞冕（天子的服裝）跟著大武的樂起舞，又穿皮弁素積（三王的服裝）並露出裼衣，跟著大夏的樂起舞。此節讓人想像，不單在聽覺上，或在視覺上均為極其盛大的情景。接著為，「昧東夷之樂也，任南蠻之樂也」。即連東夷或南蠻的異國音樂，也一起在廟堂演奏，這些或許想表現當時的盛況。

有關祭祀天地神明時利用何音樂的問題，在《周禮．大司樂》有寶貴的一節：「司樂以禮奏黃鐘，歌大呂，舞雲門，以祀天神，及契太簇，歌應鐘，舞咸池以祭地祇」。這是說，演奏黃鐘的律，以大呂的呂唱歌，以雲門的樂跳舞，這是祭天時的樂。另一方面，奏太簇的律，以應鐘的呂唱歌，以咸池的樂跳舞，則是祭地祇時的樂。

接著是：

乃奏姑洗，歌南呂，舞大磬，以祀四望。
乃奏蕤賓，歌函鐘，舞大夏，以祭山川。
乃奏夷則，歌小呂，舞大濩，以享先妣。
乃奏無射，歌夾鐘，舞大武，以享先祖。

從以上我們能夠了解，六代的樂到底如何演奏，在何種場合被使用等（文中所說的先妣是指姜源，如上述因踏到巨人的足跡而懷孕，生了后稷的周的先母。）

再下來幾個時代，即在《左傳》的襄公二十九年，有關當時的音樂有不少重要的紀錄留下來。這是把當時所有的音樂都排列出來，相當壯觀的一節。

吳公子札來聘……請觀於周樂，使工爲之歌〈周南〉、〈召南〉，曰：「美哉！始基之矣，猶未也，然勤而不怨矣。」爲之歌〈邶〉、〈鄘〉、〈衛〉，曰：「美哉淵乎！憂而不困者也，吾聞衛康叔、武公之德如是，是其〈衛風〉乎！」爲之歌〈王〉，曰：「美哉！思而不懼，其周之東乎！」爲之歌〈鄭〉，曰：「美哉！其細已甚，民弗堪也，是其先亡乎！」爲之歌〈齊〉，曰：「美哉！泱泱乎！大風也哉！表東海者，其大公乎！國未可量也。」爲之歌〈豳〉，曰：「美哉，蕩乎！樂而不淫，其周公之東乎！」爲之歌〈秦〉，曰：「此之謂夏聲。夫能夏則大，大之至也。其周之舊乎！」爲之歌〈魏〉，曰：「美哉，渢渢乎！大而婉，險而易行，以德輔此，則明主也。」爲之歌〈唐〉，曰：「思深哉！其有陶唐氏之遺民乎！不然，何其憂之遠也。非令德之後，誰能若是？」爲之歌〈陳〉，曰：「國無主，其能久乎！」自〈鄶〉以下無譏焉。爲之歌〈小雅〉，曰：「美哉！思而不貳，怨而不言，其周德之衰乎？猶有先王之遺民焉」

爲之歌〈大雅〉，曰：「廣哉，熙熙乎！曲而有直體，其文王之德乎！」

爲之歌頌，曰：「至矣哉！直而不倨，曲而不屈，邇而不偪，遠而不攜，遷而不淫，復而不厭，哀而不愁，樂而不荒，用而不匱，廣而不宣，施而不費，取而不貪，處而不底，行而不流。五聲和，八風平。節有度，守有序。盛德之所同也。

見舞〈象箾〉、〈南籥〉者，曰：「美哉！猶有憾。」

見舞〈大武〉者，曰：「美哉！周之盛也，其若此乎。」

見舞〈韶濩〉者，曰：「聖人之弘也，而猶有慙德，聖人之難也。」

見舞〈大夏〉者，曰：「美哉！勤而不德。非禹，其誰能修之？」

見舞〈韶箾〉者，曰：「德至矣哉，大矣！如天之無不幬也，如地之無不載也，雖甚盛德，其蔑以加於此矣。」

至於舞，〈象箾〉、〈南籥〉是指文王的舞，〈韶濩〉是指〈大濩〉，爲殷的舞，〈韶箾〉是指〈簫韶〉，爲舜的舞。

如上所述，無論詩歌或舞樂均種類繁多，故當時音樂的興盛情形，已無須再多的誇張。尤其，以《左傳》爲首的各種古籍等的寫法來看，其中齊與魯成爲當時文化的中心，而只有〈大韶〉、〈大夏〉、〈大濩〉、〈大武〉等諸樂章，尙完整無缺的被保存下來。魯同時爲孔子的出生國，《論語》亦如此說：「子於齊聞〈韶〉，三月不知肉味……」。可見，孔子也曾在齊研究〈大韶〉。

從《左傳》的這一節也可以了解，在當時，《詩經》諸篇如何被作爲音樂大大地歌誦的情形。在《左傳》裏，當時諸侯常舉行詩歌的會來看，現在被留存的《詩經》在當時仍與音樂結合，實際上經常被歌頌。閱讀過《左傳》的記載後，若今日感覺敏銳的音樂家的話，那是什麼種類的音樂，應該能夠察覺才對。

而且，根據《周禮·大司樂》一篇，當時僅屬主管音樂的官職，像下面所述，也極爲繁雜，樂師、大胥、小胥、大師、小師、鼓矇、眡瞭、典同、磬師、鐘師、笙師、鎛師、韎師、旄人，籥師、籥章、鞮鞻氏、典庸器、司干等十九種官職。此篇不僅說明各個樂師的職能，而且若要想知道其他古代中國音樂上的制度，是絕對必要的一篇。在此，先僅指示有關職能的部分：

樂師，掌國學之政，以教國子小舞……教樂儀……

大胥，掌學士之版。以待致諸子……

小胥，掌學士之徵令……

大師，掌六律六同，以合陰陽之聲……教六詩……執同律以聽軍聲……

小師，掌教鼓、鼗、柷、敔、塤、簫、管、弦、歌、……掌六樂聲音之節，與其和。

瞽矇，……諷誦詩，世奠繫，鼓琴瑟……

眡瞭，掌凡樂事，播鼗，擊頌磬笙磬……

典同，掌六律六同之和……以辨天地四方陰陽之聲，以爲樂器……

磬師，掌教擊磬，擊編鐘……

鐘師，掌金奏……

鎛師，掌金奏之鼓，……

笙師，掌教龡竽、笙、塤、籥、簫、篪、篴、管、舂牘、應、雅、……

韎師，掌教韎樂、祭祀，則帥其屬而舞之，……

旄人，掌教舞散樂，舞夷樂，……

籥師，掌教國子舞羽龡籥……

籥章，掌上鼓豳籥……

鞮鞻氏，掌四夷之樂，與其聲歌，……

典庸器，掌藏樂器庸器……

司干，掌舞器……

從音樂本身來看，遠比當今大都市交響管弦樂團的組織還要複雜。而且，上述也可以了解，教育來說，陰陽之聲、軍聲、六詩、舞、……等都包含在樂制中。總之，樂長同時也是教育的長官，眞可以說是令人驚歎的龐大組織。當然，有關《周禮》出現的時代，正如古文派與今文派間尚有相當激烈的爭議一樣，也許不能馬上把其中所記載的認爲全屬周朝的東西。然而，在古書中，有關古代音樂的記述與說明，最詳細的就是這一本書，因此，筆者才將其內容的一部分加以介紹。

無論如何，即使儒學家的記述多少有些誇大，但周時禮樂的盛況，與樂的規模的宏大，應該是不可否認的事實。

關於舞樂

從上述所舉的「見舞〈韶濩〉，見舞〈大夏〉」。可看出，歷朝所制定的朝廷樂，與其說是作爲演奏，不如說是作爲獻舞。讀者或許已注意到。

在古代，無論樂、舞、詩等、都還未獨立，互相間仍保持密切的關係。此三者根據本身的特徵，形成各自獨立的藝術形態，是在相當晚的事，開始時，雖有三者之名，其實只有一個原始的形態。

根據《周禮·春官篇》，樂師掌國學之政，教國子們跳舞。而其所指的舞爲「有帗舞、有羽舞、有皇舞、有旄舞、有干舞、有人舞」等六種類。帗舞是指，社稷百物的神爲民祓除不祥的舞，舞時全部持羽。羽舞是指，在祭祀宗廟時，手持籥和羽而舞。皇舞是指，頭上覆以羽毛，且身穿翡翠色的羽毛，在四方祭祀時所跳的舞。旄舞是指，手拿牛尾以示邊鄙的地方。干舞是指，手持斧或盾，象徵兵事或武力而舞的舞。最後的人舞，可能是最原始的形式，即手不持任何東西，只用身體的手和腳所跳的舞。《詩經》的〈序〉有著名的一句：「詠歌之不足，不知手之舞之，足之蹈之。」這可能是世界上任何民族所共通的舞蹈發生原理。

上述這些即屬古代六朝的樂與舞。但事實上，實際被後世所用者只有韶和武而已。亦即在後代，代代分別制定不同的舞，但無論如何，皆不出文舞與武舞的範圍外。現在孔廟的祭典，只舉行這兩種舞，孔子本身這樣說：「韶盡美矣，又盡善也；武盡美矣，未盡善也」。從孔子明白地評論詔與武的事來看，讓人不由得不懷疑，各經書的記述與事實或許有些不同。

舞樂之制定，若對一國的政治具有表徵的意義，則一國之政治即使因朝代而有所不同，也離不開非屬文治即屬武功的範圍。

那麼，這時代的舞究竟甚麼樣的舞呢？其性質與當今我們所理解的舞蹈概念有明顯的差異。以人體的動作作爲基礎這一點，雖無差別，但並沒有以形式或線的變化來引發美的效果的想法。那些舞並不以結合音樂與詩，再由運動產生出某種形式和線的美爲目的，其演出好像我們當今所稱的默劇一樣。總是一種模仿或常常會讓人聯想某些事的動作。例如，以〈大武〉爲例：

且夫武，始而北出，再成而滅商，三成而南，四成而南國是疆，五成而分周公左召公右，六成復綴，以崇天子。夾振之而駟伐，盛威於中國也。分夾而進，事蚤濟也。久立於綴，以待諸侯之至也。

這是《樂記》所記的，徹頭徹尾，象徵著武王如何去消滅殷的舞（現在來說的話，說是默劇較爲適當）。亦即初奏（成是指奏，一曲終了謂之一成）是表現武王在盟津觀兵的狀況，即從第一位置向北移到第二位置的情形。次奏是表示滅殷的意思。三奏表示平殷後還有餘力，再回南邊的位置。四奏是表示也征服了侵犯國境的南方的荊和蠻等。五奏是表示平定天下後，周公與召公分職治理的事，六奏是表示建立武功回鎬京，四海皆推崇武王爲天子。……即向天下宣示威風，表現其勝利。這就是大武之樂。這只不過是象徵其文德及武功的種種動作而已。也就是一種戲。不過，在此值得注意的是，無論樂士或舞者完全都穿同樣的服裝。而且雖稱它是一種戲，但絕不是有一定的目的而向該目的發展，如前所示，是在極爲單純的觀念下，規定其動作，且反覆該動作罷了。不論是大夏或大韶，大體都一樣。只是有的注重文德，有的則表徵武功的地方較多而已。

孔子讚歎韶樂九成爲盡善盡美，而對於武王的樂，則單說是盡美而未盡善，這相當有意思。

對於武樂做如上的觀察後，在此我們又發現一個新的事實。今日我們說到舞蹈時，總會帶著一種近乎喜樂的感情。而原始時代的人，當他們起舞時則必然帶著興奮，或成了忘我的瘋狂狀態。

然而，從剛才所舉的例子，我們所感覺到的是只有冷靜或嚴肅而已。即此種舞與一般人在鄉村的廣場或城鎮的郊外，一有機會就要跳，且自然發生的舞是不相同的。那種舞也許要考慮演技，所以無論技巧上或表演處的高度均需有所要求。因此才有舞臺、舞者及觀賞者的產生。本來舞者本身同時也是觀賞者，到處都可跳舞。

這種冷靜且嚴肅的舞，後來與儒教的倫理觀相結合，不久便扭曲了舞本來的生命。亦即輕視身體上的聽覺或運動神經，未考慮其本質，一味地想使其隸屬於倫理觀中。亦即使其變成機械化的東西。連今日所謂有教養的人也一樣，有蔑視一切肉體上的問題的傾向。儒教教導人不隨便將喜樂哀歡表現於表面，而追求格物致知的結果，更使肉體的感受性遲鈍化，並進而鄙視肉體的表現，因此後來變形成枯燥無味的東西。此種結果，究竟是好是壞，實難加以置評。

然而，若考慮到其開祖孔子本身時，所謂君子二字的本義，到底眞的就如經過矯飾的固體，實讓人懷疑。

夷樂的存在

我們同時發現，在上面一節，考察有關宏大的樂制時，在宗廟舞的不僅有先王的樂，我們知道也獻納夷樂。

在〈明堂位〉有如下的記載：「昧，東夷之樂也；任，南蠻之樂也，納夷蠻之樂於大廟，言廣魯於天下也」。這是說無論東夷或南蠻之樂，都一樣被演奏於大廟。這也是表示，周公的偉業及於四夷，故有如下之註解：「故廣大其國，禮樂之事，以示天下」。這是說，禮樂爲一國向天下表示其版圖廣大的手段。

夷樂是指夷的音樂。而夷則指周四周之所有的疆界侵犯者。雖以夷稱之，但這只是周王朝對於外族的看法，其實都是中華民族的一部分。在此，我們能夠發現中國的特異性。

雖可用簡單的一句話來稱呼中國，但從地理來看，中國卻擁有可與歐洲相比的巨大版圖。因此，若以我們現在所稱的國家去衡量，在觀念上必發生很大的差異。中國本身乃成爲一個天下，擁有一個世界，形成了一個世界史。有無數相異的民族，不同的語言，各自不同的風俗……被認爲有史以來，沒有一天不相爭，這是千眞萬確的事。

儘管如此，那裡仍需有一個文化傳統成爲領導的中心。我們必須說，那正是繼承三代文化而建立宏大樂制的周朝的廟堂文化。在現在的陝西省，俗稱關中之地。其首都鎬京就是中心點。其後的秦、漢都據有此地。當時，取得關中的人，就如同獲得天下一樣。因此，在關中四周圍的異族，全部稱作夷，而以野蠻人來處理。東夷、黎族及葷粥族等，可以說其中最具代表性的民族。

不過，異族當然有自己的音樂。從夷族在宗廟演奏音樂來看，天子的仁德也及於該地的說法，應該有可能。根據古籍的記載，夷樂的開始相當早。〈汲冢紀年〉有如下的記載：

后（夏）發即位元年，諸夷賓於王門……諸夷入舞。

《後漢書》的〈東夷傳〉也這樣記載：

自少康以後，世服王化，遂賓於王門，獻其舞樂。

周的樂制中也有各種記載：「韎師，掌教韎樂。旄人，掌教舞散樂、舞夷舞。鞮鞻氏，掌四夷之樂與其聲歌」。由此可見，這些都被官制化，但即使是夷樂，其中也有不能忽視的東西。韎樂是東夷的樂。所謂四夷之樂是指：東方的韎，南方的任，西方的株離，及北方的禁而言。但依《四書》，則東方爲株離，南方爲任，西方爲禁，而北方爲昧。因書之不同有一點差異。

而上述夷樂，根據《五經通義》的記載，舞時似乎都手持武器。

東夷之樂持矛舞……南夷之樂持羽舞……

西夷之樂持鉞舞……北夷之樂持干舞，

這些記述浮現在眼前的，似乎像一個殺氣騰騰的場面。

然而，根據〈明堂位〉的一條記載，在宗廟也獻納夷蠻之樂，但依古代的習慣，這些舞都在門外舉行。通常都這樣寫：「古制夷樂皆陳於門外」。

也有簡單地記述，因夷是外族，故在外舉行。有關此，現在從《禮記》中舉出兩三個例說明：

九夷之國，東門之外，所以知不在門內也。

九夷、八蠻、六戎、五狄來朝，立於明堂，四門之外。

如上所述，六朝的樂、夷樂、六詩、……與燦爛輝煌的周的樂制，幾乎全都達到完整無缺的境地。然而，其後，如何發展呢？

可悲的是，後來不僅毫無發展，反而衰微下去。

中央在穩定的秩序中，享受其甜美的夢時，四周的戎夷，頻頻地侵犯國境。由於統治者間的不和，及周王喪失其權威，當時的社會已變成重事實而輕秩序的局面。戰國的亂世持續著。亂世持續著。

至於樂，在此亂世中誕生的孔子還沒出現前，可惜的是只有消失一途。

後編　關於孔子的「樂」

孔子與音樂家

到底孔子與音樂家有何關係？將此兩個似乎無關連的東西結合在一起是可笑的事，人們大概都不會認眞地加以思考。連筆者本身，在五、六年前，或許也覺得可笑。就事實而言，只要將兩者並排在一起，即會給予人們有奇怪且毫無關係的感覺。

儘管如此，筆者願在此先提出結論。

孔子是位音樂家。

帶有高度音樂素養的藝術家。

尤其，考慮其時代背景時，至少可以說，與當今我們所常接觸的或看到的專業性音樂家等其性質相異，且以極爲單純的態度創造音樂。縱然，孔子在作樂時，將其治國效用或教育門徒等之必要性加以考慮，但仍値得我們去深思。

實際上，如果我們拋棄自中學時代的先入爲主的觀念，即將孔子的所謂仁、中庸等概念完全回歸白紙，再一次閱讀孔子傳的話，或許和筆者持同樣的意見會不少。我們在此發現，作為一位聖人，他一生極度愛好音樂，且談論有關音樂的事還相當的多。

又根據一種說法，孔子在世時，除了集大成的文化與歷史之書〈五經〉外，尚有所謂《樂經》。雖尚無明確的考證，但可能今日我們在《史記》中所看到中的八書中的〈樂書〉，及《禮記》中的〈樂記〉就是這些書。

無論如何，在一個音樂家的眼裡所映現的是，孔子是一位有高度音樂素養的藝術家。這也是激發筆者所以動筆寫這本書的原因。

孔子開始學樂

歷聘紀年記　孔子二十九歲適衛學琴

在《史記》〈孔子世家〉的考證中，特別有一條這樣記載，孔子正式學習音樂是在二十九歲時。這一年孔子赴衛學琴，而這一段《史記》的記載，是在討論孔子離開魯國後才開始學琴的眞實性。

不過，筆者認為，孔子應該早就學會彈琴。因為根據傳說，二十四歲時喪母的孔子，喪禮過後第五天曾彈過琴。

孔子既祥，五日彈琴而不成聲，十日而成笙歌。（《禮記・檀弓》）

事實上，如果到二十九歲才開始學音樂的話，則比起我們近代人可以說相當晚學。若在今天，也許會被音樂老師指正其手指的肌肉已經失去柔軟性……云云。事實上，現在到了二十九歲或三十歲才想認眞地開始學鋼琴或小提琴的人，已經不多見。

即使孔子到二十九歲才正式學習音樂爲事實，那麼，是否在此以前，對於「樂」一無所知呢？不，絕對不這麼想。正如今日日本的年輕作曲家一樣，大概過二十歲才開始學習作曲，可是在此之前，雖未領會作曲的道理，但其頭腦裡或聽覺中，已裝滿交響管絃樂的各種樂器的音色及奏鳴曲的形式……等的音，在音樂方面，可以說已有相當的程度。

孔子生於魯國。魯這個國家是武王討伐紂王後，「封周公旦於曲阜曰魯」。如《史記・周本紀》所記載，這是由周公開始的國家。如前所述，周公旦是創成康之治及確立禮樂的一位偉大人物，而且是一位讓孔子感嘆其老後已經不再夢見的偉大人物。

此偉人所建設的國家就是孔子出生的魯國。事實上，在春秋戰國時代，就文化而言，魯與齊是中心點。至於齊，如孔子在其晚年時所說的，「齊一變至於魯，魯一變至於道」。這是說，齊若再向前進一步的話，將成爲和魯一樣的文化國。就生長在這種環境下的孔子來說，應該算是很幸福的。

在前編有關〈宏大的樂制〉一章中，已舉出，「吳公子札來聘……請觀於周樂……」的燦爛的一節，若屬襄王二十九年所發生的事，則當時的孔子尙八、九歲的時候，即孔子還年幼時，可以說，當時還有値得一聽的音樂。例如，《史記》記載：「孔子之時，周室微，而禮樂廢」。雖然是在這樣的時代，但比起今日在中國大陸對「樂」的全面性泯滅，要好許多。

在這樣的魯國出生的孔子，曾這樣寫：「孔子爲兒，嬉戲常陳俎豆，設禮容」，這是必然發生的事。把聽到的或看到的，以玩家家酒的方式，作個祭壇的形式，排上模仿禮樂的各種用具，學成人的口氣說「堂上樂啦！堂下樂啦！」的嬉戲，實在不難想像。就像現在的小孩模仿日蓮行者敲鼓，或收音機、電唱機一響，便模仿演奏者或指揮者一樣，並沒什麼兩樣。

孔子在十五歲時，有志於學。處於如此優越的環境，卻反而不去運用環境，是不可能的事。尤其，當他二十歲時，當了魯國的委吏，不久便轉爲司職的官位。雖然不算甚麼了不起的工作，但其職務尙稱重要，所謂司職是專司馬、牛、羊、豚、犬、雞等畜類的一切事務，而家畜祭祀或祝宴所不可或缺之物，在祭祀或祝宴時，「樂」又是必然登場的東西。

孔子已立下志願，他說：「三人行，必有我師焉」。從孔子的這段話來看，難道他對於「樂」，會懵懵懂懂且毫無感覺地掩住自己的耳朵嗎？

要求重唱與參與歌唱的孔子

子與人歌而喜，必使反之，而後和之。（《論語》）

使人歌，善則使復之，然後和之。（《史記·孔子世家》）

讀過《論語》和〈孔子世家〉中的這兩句後，絕沒有人會認為孔子為五音不全，且對音沒感覺的人。

當別人唱歌唱得很好時，一定要求重唱，自己也加入和唱，這樣的孔子實在是我們音樂家的好朋友。在那裡拍著手，用腳打拍子的孔子的姿態，以及心神愉快地熱中於歌唱的孔子的心情，宛如浮現在筆者的眼前。這種姿態，如果給後世的儒學家看見，或許不會相信那就是「至聖先師孔子」，然而，我們確實看見如此喜好歌唱的孔子的姿態。

畢竟，當認眞地去思考時，我們會發覺，並不能輕言所有的人都一定保有音樂上的感性。誠然，所有的人都有聽覺，但如果被別人唱的歌所吸引，而加入和唱的話，我們本身都必須有好唱的精神。然而，對一般人來說，其內在也有不具備那種條件的人，或者，對於在一時也無法融合的事物，實際上，人類被創造成不僅不覺得有其親近感，而且也不想去接近的性格。因此，透過別人的歌，能夠把感情融合在一起，可以說，這是表示已經在別人之發現自我，並且獲得共鳴。下面願就此問題加以探討，此問題對於「仁」的實現，有密切的關係。

在此種情形下，如果那首歌是好的且美的話，由於該共鳴，我們內在的某部分，已提昇一層。像這樣，我們的內在受到外在的刺激而清醒，當與外在一致或理解時，便一層一層地提高。在此已不僅是和唱而已，或我們內心所受的刺激而已，而是已超越那種程度，以更善的且更美的東西向著我們而來，當我們與它共鳴，且歸而爲一時，我們本身也提高了境界。

又從肉體上來看，在歌曲中的節奏要素，已成爲結合自己與別人最好的接觸點。自己生命鼓動也是他人生命的鼓動，自己感情的動搖也是他人感情的動搖……等等，都同樣地融在此節奏的坩堝中。如此一起歡樂，一起悲傷的力量，確實是活生生的東西。那是在不知不覺中誘導我們進入一種精神運動中的不可思議力量。我們只要聽那種歌，不知不覺中就會融入那氣氛中，現在反而我們的內心中開始一種生命的活動，我們也都感覺出那種氣氛或感情。近代醫學證明，當聽覺開始興奮時，最會對我們肉體發生作用的部位是腦皮質。

孔子知道音樂有這種不可思議的力量。且他本身也保有那種力量。

可是，聽起來好像述說一些歪理似的。事實上，對於生來就具有音樂才能的人來說，幾乎是直覺的和別人的歌唱精神達成一致，而沒有天賦才能的人，即使藉著所謂的悟性或概念手段，並以推論方式進行，也難以理解。

即使有很好的歌曲，實際上還是要看聽的人如何欣賞。

這是為何需要有「樂」的教育。

熱中於音樂的孔子

子在齊聞韶，三月不知肉味。（《論語》）

與齊太師語樂，聞韶音學之，三月不知肉味。（《史記·孔子世家》）

孔子在齊學韶樂。上述「吳公子札來聘……」中也有見韶箾之舞的一條記載，由此可知，魯也保存韶樂。但當時孔子才八、九歲，則等他長大後離開魯國的期間，到底是沒有機會聽，或魯的韶樂比齊的不完全，才沒有感動孔子。

總之，根據《論語》的記載，孔子在齊聽韶樂，而《史記》的〈孔子世家〉則記載聽韶樂學韶樂。無論是聽，或聽且學，這時候孔子的熱心程度應該是一樣。別人唱得好，就要求重唱且自己也加入和唱的孔子，把韶樂稱讚爲：「盡美矣，又盡善也」，這樣清楚地批評。三個月間熱中於韶樂，是極其自然，且也是可能的事。這時，聽等於學，而學則「學而不厭……何有於我哉，」，「……發憤忘食，樂以忘憂，不知老之將至云爾」的孔子，用現在的話來說，他的熱中已到了無我的境地。能夠連續三個月，不知肉味的聽韶樂，的確，那是有超乎學習的某種力量吧！

那麼，讓孔子如此熱中的韶樂，究竟是甚麼呢？

帝舜有虞氏之年己未，帝即位，作九韶之樂。（《竹書紀年》）

簫韶九成。（《尚書．益稷篇》）

這是舜帝所制定的朝廷樂，含九樂章的相當龐大的音樂，至於其演奏的情況，有如下的記載：

戞擊鳴球，搏拊琴瑟以詠，祖考來格，虞賓在位，群后德讓，下管鼗鼓，合止柷敔，笙鏞以間，鳥獸蹌蹌，簫韶九成，鳳凰來儀。

這是說，天子與諸侯會聚一堂，堂上歌聲配合著石磬及琴瑟，堂下則排好笛、太鼓、笙及鐘等，以擊柷指示曲子的開始，以刷敔表示曲子結束。而且笙的形狀像鳥，或鐘飾以獸形的東西，好像禽獸也都享受韶樂。

如前所述，韶樂是由稱爲夔的古代中國名音樂家所作的曲。上有舜的德，下有夔的名曲來調和，連鳳凰鳥也飛來一同起舞，眞可說是吉祥的情景。

這一幅理想國般地情景，不管有少眞實性，畢竟，這是有關韶的記載，即傳至齊被保存下來，讓孔子感動的音樂。

的的確確，此種讓孔子如此感動的音樂是問題的音樂。普通，我們所說的感動，若指接觸作品的人，一時性的或相當長的期間中引起動搖或變化的話，則讓孔子三個月也食不知味的韶樂，我們不得不說是那是相當感人的作品。究竟它有什麼樣的力量呢？孔子在齊聽韶，如果這回事的話，究竟會如何呢？如果完全受動盪的亂世所蹂躪的話，最後此韶樂也只不過成一種遺迹罷了。韶樂必然是經夔的手苦心創造出來的偉大的作品。深受其偉大所感動而讚嘆：「盡美矣，又盡善也」的孔子，若當時不存在的話，其結果，或許韶樂根本不會被記載於今日我們所能見到的《論語》，或其他樂書中。

那種力量，不如說是孔子所特有。

的確，孔子才是此力量的發源者，孔子的生命力可以說，對齊的韶樂點燃了生命之火。

然而，這位聖人孔子的肉體，和我們音樂家並沒甚麼不同。就我們作曲家來說，創造稍微形式的奏鳴曲或交響樂曲等之作品時，三個月期間，忘記一切肉體上的慾求，是常會經驗的事，演奏家也是一樣。或從決心熟練大曲之瞬間起，也同樣會因過於熱中而忘記肉味。

至於肉味，儒學家也曾試圖作各種解釋，依筆者的經驗，此不僅爲有關豬肉或牛肉等一般食慾的問題，而且是必然把附著於我們肉體的一切慾求，眞的都消失似的完全忘掉。

省察（其一）

不過，雖然這樣說，但現代的世界已是從講求速度，進而講求超速度的時代。若三個月也忘記肉體上的享樂，而埋頭於音樂中的話，從社會的一般人，或許會覺得音樂家都是多麼無聊而魯鈍的人。或者連某種音樂家，也會嘲笑如此說法。這也可說是時代的風氣吧！

可是，他人眼中的無聊，正是我們音樂家最快樂的時間。看到鋼琴家爲了要熟練李斯特華麗樂曲中單調無味的一小段，而反覆不斷的練習，也許會讓人覺得可憐。即使該鋼琴家本身，也許有時也感到辛苦，可是，這種辛苦與無聊就是作爲一位音樂家所必要的一種快樂。上述的說法，像似一種反話，但音樂家應該將此種無聊與辛苦轉爲快樂才行，即一點一點的將其完成，並創造出自己。人門果眞聽說過沒有上述經驗的眞正的音樂家嗎？

尤其，對於需要肌肉運動，或觸感的音樂家來說，更應如此。就實際的演奏而言，對於與聲有關的肌肉，或與手指運動有關的肌肉，常以運動加以調整，而訓練正確的聽覺，且由聽覺敏銳地傳到運動神經，並由於使手指運動的肌肉，或發音器官的肌肉獲得調整後，才成爲歌，發出音樂。這種事好像誰都做得到，但事實上，像上述過程一樣，並非隨便就可以做到的。即必須經過不斷地練習才行。而此種練習必須是技術上的練習。而且對於以如此方式演奏技巧完成的演奏家，一向均視爲僅具模仿才能的演奏家。在音樂界，除此之外，尙對於聲，或在音樂中演奏者自己對曲子的判斷力，以這種判斷力來對每一個音節作批評，達到全體的和諧。由他自己所發現的新音，而以此新的音追求和以前所不同的優美的聲音世界。

這樣的音樂家，如何才能作到呢？單要熟練一個曲子，筆者眞想說，這裡所說的三個月是不夠的。

省察（其二）

藉介紹演奏家之便，也談談作曲家。

作曲要比上述情形更爲困難。

作曲家能夠獲得某種靈感的瞬間，所能領悟到的只不過是幾個音或幾個小節罷了。比起已完成的樂曲，只不過像體中細胞的存在而已。而把此一點點的東西，使其發展成某一形的樂曲，或使其完成一個曲子等的技術，仍須經過訓練及練習才有可能。

一個樂曲是由無數的音符所構成。此無數的音符中的每一個音符，必須在絲毫不損傷該樂給聽衆的印象，且不抹殺作曲者的靈感，始終各得其所的表現出來。這常被比喻爲一種流動的建築物。正是如此。就作曲家而言，即使有幾萬，甚至於幾十萬的音符，仍須無微不至注意每一個音符對於該作品所可能造成的印象，並著實且綿密地加以處理下去，最後才能完成該曲。

給人像火一般，像空氣那種感覺的名曲，其構成的單位仍爲一個一個的音符。在演奏會聽數分或數十分鐘就會終了的樂曲，也許人們會認爲一下子就在作曲家腦裡完成似的。那樣的作曲家，說不定被認爲是幸福的藝術家，事實上，是一種不幸。米開蘭基羅曾說過：「藝術掌握在我的鑿子的尖端」。他的這段話，作曲家也都能從內心深處感覺出來。當我們想寫下去時，有時會覺得五線譜好像活生生似的，而且在妨礙我們繼續寫下去似的。寫到某處而稍覺難以下筆時，也好像看到吐出紅的舌頭對著我們嘲笑。有時也會認爲，它們爲了要保持白的空間和黑線，而抗拒著我們。儘管有上述的情形，但對於寫下一個白點或黑點的決心，仍和對著一塊石頭一鑿一鑿地刻進去的雕刻家，並沒有什麼不同。然而，無論此種變成凌亂的粉末而散落的石頭的抵抗，或使人眩的空間或黑線的騷擾，皆反而在等待著創造者的存在似的。他的存在則表現於超越該石頭的抵抗，或紙的騷擾，作品也因此被創造出來。

樂曲就這樣創造出來。事實上，作曲時，幾乎都要善用最細微的部分，注意不起眼而被埋沒的東西，且經不斷的努力才能創造出來。

尤其，不僅是技術上的問題，而且我們所要求的是，除其造型的完美外，尚須有知性的協調和獨特的表現。枝節的作曲技術只不過是技術，不帶有知性的低能兒，終究無法超越低能兒。這些總是和我們所說的作曲家有一點不同。

可是，在今日，這種意見已經行不通了，已經是快速且超快速的時代。用五天或一週寫好一小時的有聲電影的音樂，一有要求便趕忙作曲。迅速地把我們帶走。跟不上的人，讓人覺得好像在說，自己已不想活了。

速度已把我們應該受磨練的耐苦精神毫不留情地帶走。且在不知不覺中形成一種習慣，即把專心從事工作的喜悅及興趣都喪失殆盡，如今，連對於經常長時間憑著良心工作，也會產生一種近乎厭惡的感覺。

的確，也許三個月多少會讓人覺得無聊。

音樂方面的意外發現

不圖爲樂之至於斯也

這是接「子在齊聞韶，三月不知肉味」之後，孔子感嘆的一句。也因每個人之想法的不同，而解釋爲種種不同的意義。

一方面，這樣的說，沒有料想到會爲音樂如此的熱中，這句話可解釋爲，多少輕視音樂的說法，及沒想到音樂也有如此盡善盡美的東西，即這句話可解釋爲，發現韶樂有意想不到的好處而驚異；另一方面，則可解釋爲，自己對音樂具有如此的感受性而未自覺的孔子，發現了新的自己，並且把這件事說給自己聽。

孔子還是一位懷有意外地音樂素養的人。

我們也可能，在某種機會，忽然意外地發現自己也出乎意料地懷有「某方面的」才能。

聽了某種音樂就會自問，音樂也會有如此好的嗎？這樣的人本身中，或許也含有「自己也懷有如此的音樂素養嗎？」的意義。

精密與感性

孔子學鼓琴師襄子，十日不進。師襄子曰：「可以益矣。」孔子曰：「丘已習其曲矣，未得其數也。」有閒，曰：「已習其數，可以益矣。」孔子曰：「丘未得其志也。」有閒，曰：「已習其志，可以益矣。」孔子曰：「丘未得其爲人也。」有閒，曰：「有所穆然深思焉，有所怡然高望而遠志焉。」曰：「丘得其爲人，黯然而黑，幾然而長，眼如望羊，如王四國，非文王其誰能爲此也！」

在司馬遷的《史記·孔子世家》中，有此長長的一節。在那小小的書中，就其分量而言，若想到司馬遷特別爲此作如此多的記述，常會認爲可能這是特別爲我們音樂家寫的。

此節爲記述孔子學習文王所作「操」的琴曲時的情況。其師襄子爲魯人，與其說是琴師，不如說他的本職是磬師，在《論語》中所言之擊磬襄，即指的是此人。孔子在魯國當官時，曾推舉此人擔任掌管音樂的主官，孔子離開魯國時，自己退居無人居住的海上孤島。

孔子就是跟這位老師學琴的。學琴雖已經過十天，孔子仍無心向前學習。當其師問及原因時，孔子則回答說，雖已大致學會該旋律的輪廓，但還沒學會拍子（或者說是曲子全部的節奏較爲正確）。經過不久，其師再問拍子已經正確，爲何不向前學習？孔子回答說，表情還不十分好。再過一段時間，其師又問，表情已能充份表達，已經可以了吧？孔子再回答，自己對該作曲家的人還未能有所感覺。……像這樣，對該曲子精心研究的結果，終於領悟到下面的結論：即該作曲家爲一位色黑，身高，眼如羊般地溫和，其心有如君臨天下般的偉大人物，此人非周文王莫屬，只有他才可能創作此曲。聽完這些話，其師從其座席站了起來向孔子拜謝。我們看起來，的的確確帶有神秘感，且多少也帶著滑稽的故事，但另一方面，則可從此節了解，孔子如何學樂，及其學習的方法與態度。

或許有人會認爲，孔子本身較其師更懷有音樂上的感性。拍子不準或表情未充分表現等，應該是出自其師的話才對。因爲這是爲師者應有的職責。

不過，這是我們學習音樂的人無論誰都會經驗的事，普通在老師還未准許時，自己就獨斷地一直往前練習新曲子。今日學音樂的學生，十有八九都是這樣。因此常會聽人說太多有關音樂家的閒話，這是其原因之一。

不過，我們從本節了解，孔子如何學習音樂，且以多麼細膩的態度研究音樂。我們佩服他的細膩與嚴謹的研究態度。

省察（其一）

爲完成自己的目標而摒棄一切雜念，縝密地用心研究的態度，實値得讓人感佩。是否時代使然，暫不過問，但今日像這種例子已不多見。

對音樂家而言，目前由於收音機或電唱機的發達和普及，幾乎所有的音樂家都以此爲目標，不然便以在劇場或演奏會的發表爲目標，而不停的努力。因此，與其說那是爲完成自己，不如說是帶有爲宣傳自己的傾向。亦即爲引人注意或誇示自己的存在爲其目的。故其重點不在於完成自己，而是以誇示別人所不會的藝能等，即以容易受別人注目的新奇的或古怪的東西，而成爲音樂家或作曲家。這種奇怪的傾向，在近代的音樂家（洋東西也包括在內）之間逐漸濃厚起來。

當然，眞正的天才，其本身總是有個性的，且讓人有如漠視規則似地奇異的感覺。

至少在表面上看起來是如此。然而，今日的音樂家，究竟有誰實際實踐過像過去的天才所經驗的技術上的訓練，和對音的世界無我的追求。

若想誇示其天才，只要模仿天才的外觀即可。因屬於新奇，故人們認爲不必考慮自己所追求的東西，在藝術上究竟有何種價値，應處於哪種地位等問題。即只要引發問題即可。

因此，不僅最近二三十年來的音樂界如此，而且看遍全世界的音樂界也可了解。某某派、某某運動……實讓人眼花撩亂！此種變化絕不會持續兩年或三年，且過後也會有不能留下任何痕跡的空虛感！但是儘管拙作力圖造成一股旋風，然而亦終究不過是一篇愚作罷了，強烈具有人類意識的作品，有朝一日必然會喚起人類的意識。

到底，多少喜愛音樂的人，有過這樣的經驗。當我們接觸到非常好的演奏或作曲時，會受其優美的旋律感動得靜靜地閉上眼睛，最多只有不斷地呼吸，從嘴裡出來的也只有無聲的讚美。而對於新奇或異妙的東西，我們最多只有拍拍手並加以喝采而已。

如果僅具新奇或異妙就認定其價値的話，我們只要想起裸體國王的故事就可明白。最好一絲一掛地去逛逛銀座（東京最熱鬧的街道）。也許不會有比這件事更新奇的吧！不過，想起來眞的要脫光衣服在大街上走，實際上也不是一件簡單的事。

省察（其二）

確實在今日，音樂藝術是爲了完成自己而有，因此和資助完成他人，在意義上有些不同。然而，我們知道，過去有過這樣的作曲家。例如，我們所見過的某作曲家的原稿，當他要決定數小節的旋律時，很謹愼地一次又一次的改寫，再三的修改，宛如在享受其塗改似的，且好像在冥想似的，最後才找出其音型。他總是依託於自己內在的潛能，耐心承受任何作曲家所不可或缺的學習，並忍耐且不斷地苦練。事實上，這樣的態度才把作曲家從只重視誇示的表面上的完成拯救出來，這種態度才是眞正稱得上自負。

事實上，音樂理論常與高等數學作比較，要想學會其精巧且極其複雜的技術，必須有相當的決心和努力。而且那只是作品以前的預備行動而已，技術同時必須對著作曲家的目標與理想，自由地驅使，自由地表現，不達到目標與理想一致不可。

尤其，對作曲而言，作曲家所作的曲子，也就是供人聽的東西，從其形式馬上決定其內容（或者正相反），題材與此所創造出來的型之間，必須隨時保持其渾然而統一。像曲子的曲子就是經常像這樣的東西。因此，作曲時，雖內容好而形式不像樣，或動機好而處理技術不夠，均無法達到其目標與理想。若缺其中之一時，均不能滿足作曲的要件。例如，我們聽了布拉姆斯或穆索魯考斯基的作品即可了解，二人的作品看似兩極端的東西，但無須一分一釐的變更。這是因爲無論複雜或單純，都能各得其所，恰到好處的緣故。

省察（其三）

再重提一下上文所言之追求，這完全是作曲家爲完成自己，誇示自己的作爲，其實不應有爲了作給人看的任何意圖。最近不知甚麼理由，在世界的作曲界，很早以前流行的賦格曲（遁走曲）或對位法的要素再出現。其理由到底在哪裡呢？由於作曲家新的自覺，或由於樂曲整體構造上所需要的表現手法的擴大，或由於遁走曲與對位法所具有的追逐或遁走之感的特質，讓我們聽起來有現代感，或由於爲掩飾近代音樂性的貧乏而做的象形文字上的遊戲。總之，在新作品中常可看到，以遁走曲及對位法，或其他要素作成的曲子。

可是，儘管這種遁走曲及對位法，雖具有追逐的性質，但對近代的聽衆而言，仍覺得有十八世紀的黴味。其本身在本質上，太過於學術性，且只有連鎖地死板的音，而沒有音樂上其他形式的冒險、波瀾和糾葛的感覺。從頭到尾都是單一的，在對位法的軌道上，猶如事先約定似的，玩著接捧賽只是往下延長。我們很難從那裡期待，有任何可異想天開或新穎的東西。因此，就專以指望奇怪的或古怪的東西的近代作曲家而言，確實是無緣的存在。

的確，所謂近代的作曲，大體上均接近雜音。那是重視瞬間的效果，及一時的變化在流行。(而且只有暫時性的)作曲家，與其必須考慮整個作品在構造上的平衡，及對造型上的技術下功夫或考察，寧可對線香及煙火等外表上的東西覺得有魅力。連被稱做大作曲家的人也參與這種餘興。可是，這種外表上的東西畢竟只能停止在外表，線香或煙火的閃閃發光的時間也不會太久。不管全世界的作曲界將捲起何種流行的暴風，日本與中國的作曲家，應該仔細觀察其流行的長短趨勢，從別的且獨特的觀點與立場，應創造出適合本身的東西。

而像作曲家的作曲家，仍像以前的巨匠們所持的態度，即不爲任何人，也不爲表現自己，而完全爲作曲家本身的技術訓練及求智上的探討，嚴密地追求一個音對另一個音的對位關係，或對一種節奏的對位節奏，及形式上的操作等，這種態度對任何人都是必要的。這是音樂藝術成立的必要條件，在任何時代均屬共通的東西。遁走曲或對位法的要求，猶如反時代似的，再頻繁地出現，到底意味著什麼呢？這是由於作曲家新的自覺，或由於掩飾音樂性的貧乏，或僅屬一種象形文字上的遊戲。

實際上，有些作曲家，確實十分了解這些基礎訓練的必要性。而且事實上也認眞地作過練習與創作。然而，如前所述，因他們的習作完全爲完成自己，故其所表現的是作品以前之作曲家的心理準備，而此種心理準備應該深深地藏在箱底。因爲，今日的作曲家，如果無論誰都爲遁走曲或對位法爲必要的話，無論任何作品都可以寫，何必特別提出來誇示自己呢？

的確，任何學過遁走曲或對位法的人都曾經歷過，一旦學得遁走曲的技術的人，都會對該作法發生興趣，於是任何作品都以該作法來處理，且其興趣是無窮的。又因其能以機械式地操作，也是引起其興趣的原因之一。

可是，究竟在哪一種作品中有使用遁走曲或對位法的必要，從對此問題的判斷，才可看出是否眞正學過遁走曲或對位法。毫無目標地且一味地創作遁走曲或對位法，不能說眞正懂得遁走曲或對位法的人，那樣作法所創作的作品，可以說尙不成作品。可以說還在習作的階段，最好把它收在箱底的深處。

然而，所謂近代的作品，何者爲習作？何者爲已完成的作品？實難加以嚴格地區別。因爲所謂近代的作品中，十之八九，手段變成目的，或方法變成結論。越具練習曲形式的越新奇，即與色彩越濃厚的越覺近代化，這也是事實。

省察（其四）

或許閱讀過上述說明後，讀者一定認爲，筆者所言的已完成的音樂作品，是包含時代較晚且較古典因素的東西。

可是，恰恰相反。

因細心地演練此種基礎練習的結果，最後其作品尙未見更進步，若屬這種習作程度的作曲家的話，那麼，若完全未經驗過那種基礎訓練時，到底能創造出何種作品呢？我們並不是說，要限定作曲家自己的個性，或壓抑其横跨天下的熱情。相反的，在現在的作曲界，正缺乏有嶄新的個性與充滿燃燒般地熱情的作品，因此我們所說的是，希望能充分地表現出那種個性與熱情的技術。這是要強調的必要性。

由追究這種技術的訓練，最後使其化爲作曲家的一部分，並且就像使技術的觀念完全消失一樣，自己必須追求到作品中已感覺不出任何味道爲止。

此時，作曲家所作的東西才同時成爲給人聽的東西，而給人聽的東西才能化爲所作的東西。達到此種境地時，作曲家才能在一瞬間決定全體，自由的活動也同時變成正確的判斷，此時作曲家才能因其作品的完成，更加了解自己。

的確，時代的趨勢似乎不讓我們埋頭做如此的追究。在躊躇之間，時代也不停地消逝。作曲界也自上次大戰以來，其作風與手法也發生各種的變化或分派。如前所述，當今的年輕作曲家，擁有其難以吸收的嶄新，及極其複雜的東西。而且在各方面，各留下優秀的作品，只要他們持有其傑作，我們就處於更爲難的狀態。只要理解其存在的理由和優秀事實，我們便更加覺得迷惘，且不得不覺得煩惱。

然而，即使迷惘或爲難，作曲家仍須站起來。熟練技術的運用和深入智慧的考察……等任何派別都是共通的，任何作曲家都是必要的。

所謂藝術，就是從已完成的人所滲透出的行爲及其結晶，這不論在哪一個時代也不希望把它忘記。

又誰也不會掛在嘴邊的「自我完成」這句話，也不希望把它忘記。

接續前項

感性——在演奏某樂曲中，能感覺誰是其作曲家，也是我們近代音樂家會經驗的事。

像近代西洋音樂一樣，樂譜的出版已很容易，唱片或收音機也非常普遍的今日，音樂程度也相對的升高。因此，在今日只要聽上兩三小節，便很容易的區分出那是貝多芬或舒伯特的作品。又如德布西及拉威爾，或史特拉汶斯基及普羅高菲夫等的作品，我們聽了以後也很容易區分出來。可是，再早一點，如十七、八世紀的普雷斯戈巴蒂或吉伯里等作曲家的作品，即使專家也難加以分辨。也許是不常聽的原故，且當時的曲子都讓人覺得好像全部被染成一樣的音色。

這種情形，中國古代的作品，更是有過之而無不及。因此，孔子在如此情形下，能從琴曲中聽出周的文王，足可證明他絕不是一位音感遲鈍的人。

孔子並不像後代人所想的，如石頭般地死板的所謂道德家，他懷有敏感的聽覺，如嬰兒的皮膚般地感性……且有熱中於事的性格，他更是一位藝術家。

不過，惟有色黑或身材高，會讓人覺得多少帶點滑稽。也許是傳記過分誇張的吧！或者是司馬遷加上去的蛇足。

關於琴

以上述那種精神學琴的孔子，其彈琴常與某種事有所關連。現在，有關琴的事，願意以備忘錄的形式，將閱讀過的諸古書籍中所出現的且較有意義的寫下來。

「琴通於禁。」其所禁者，即禁邪念，正人心，成美事。

琴屬於所謂八音中之第五「絲」中，琴箏是同類，尤其與瑟有不可分的親密關係。就如俗話常說的琴瑟和鳴一樣。

在八音中，絲最受重視，而絲之中，則以琴最具代表性。中國之正樂迄今，完全未受外來音樂的影響，而仍保存太古形態的只有琴。據古書記載，伏羲作五絃琴，神農作七絃琴。把伏羲、神農形容爲蛇身人首、或人身牛首的怪物，暫且不予過問。最初的琴曲，現在仍流傳的是〈南風歌〉。根據《尚書》，這是舜帝彈五絃琴所唱的南風的詩。

南風之薰兮，可以解吾民之慍兮。
南風之時兮，可以阜吾民之財兮。

這就是它的歌詞，音曲方面也只由五音而成，是相當穩重而莊嚴的曲調。

其次，最古的琴曲，一般被認爲還有一個稱爲〈神人暢〉者，這是堯帝所作。不過，這只是記載於《琴操》的書中，而此書的作者並無確實的記錄，恐怕是後代人假託古人之作。

琴有大、中、小三個種類，其絃數也因古書的記載而有不同。根據陳暘《樂書》的記載，大的有二十絃，中的有十絃，小的有五絃。《釋樂纂》把大琴稱作離，有二十七絃，……

可是，一般使用的是七絃琴。這是最初的宮、商、角、徵、羽，與依五音的順序調律的五絃琴，再加上周文王在宮與商的音階上加上二絃，誠然有其事似的。

根據《周禮·春官篇》，在冬祭時，以雲和之材所作的琴，在地上的圜丘演奏，夏祭時，以空桑之材所作的琴，在澤中的方丘演奏。而龍門的琴，只在宗廟中演奏。

然而，有不少理由，這種樂器離不開君子。

天地之和，無任何東西可比得上欣賞樂的，而欣賞樂則以琴爲尊。那是因爲琴，不像八音中其他的音（金、石、竹、匏、土、木、革）一樣，其音律被固定得毫無變化，且其音色也不像其他只有單色的音。確實，琴是一種極富變化的樂器。如想用今日我們所使用的平均律式十二種調來演奏也是可能的，即使其音大時亦不覺吵鬧且不會散漫，音小時也不致於消失得聽不見。

而且構成一台琴的各小部分都有其緣由，感覺上像個小宇宙。

首先，琴身是削嶧陽的桐所作成，絃則使用壓桑的東西，各部位鑲上麗水的金，絃卷是使用崑山的玉所造成。其造形是由手工所完成，其音則具有太古的韻味。其長之所以爲三尺六寸六分，是象徵一年的三百六十六天，而寬的六寸，象徵六合；絃的五音，象徵五行，腰幅的四寸等，象徵四時。上面象徵天成圓形，下面成平坦的四角形，是象徵地。其十三個部位是表示一年的十二月，其他的一個是閏年。據說，整體的形狀讓人覺得像鳳的原因是，這種南方的靈鳥是樂之神的原故。而演奏的左右五指是象徵日、月、風、雲、山、水……等。

又用於製造古琴的桐材本身已具陰陽的性質。長期受太陽照射的一面屬陽，而照射不到的另一面則屬陰。自古以來的實驗方法是，把好的桐材放置於水上任其浸浮。如此一來陽的一面必定浮出水面，而陰的另一面則沈入水中。

不過，造琴的桐材，還是以自然的古木最爲尊貴。大概製造樂器的人，都把桐材長期的浸在水中，或將其取出掛在竈上，或讓其吹風、日曬等，用盡所有的方法想製造出古材，雖然如此，仍無法製造出優於自然的桐材。

那是因爲存在於天地中之萬物，經年累月自然地接受陰陽之氣，當氣足後即成材，並由壯而衰，由衰而老，接著便死亡，陰陽之氣自該物離去而還元，再和太虛合體，這種造化之妙，以區區的人力誠難加以仿效。

因此君子透過此種樂器能因此而悟道是極有可能的事。可見，其所以禁止無故琴不得離身，也可以說是當然的事。

到了後代，用琴裝飾於房間，以作爲君子的表徵。

孔子與琴的事

孔子不僅喜好彈琴和歌唱，而且常因某種事接近琴，並以彈奏表達當時的心情。這與單純的娛樂，或為改變氣氛而利用為消磨時間的手段，意義大不相同。當然也不是有教養的人的一種餘興。那是孔子的生活的一部分，就像每天的飲食和排泄一樣，除了參加葬禮以外，幾乎沒有不唱歌或演奏樂器的日子。特別是琴在其身邊時，不僅可為其伴奏歌唱，而且只因在其身邊即可滿足當時的表現慾。

其次，從出現於諸經書中孔子和琴的關係，提出一些來說明。

一

孔子某次在房間休息時，在自己的房間內彈琴。在外面聽到音樂的閔子馬上告訴曾子說：「我們老師的樂音，總是響亮、柔和、清純，而且已經達到爐火純青的境地。可是，剛剛聽過今天的樂音，不知為何卻完全變成幽沈的音樂。不是說，幽音是利慾時所發出的，沈聲是當精神腐化而有貪慾時發出來的，到底今天老師發生甚麼事呢？我們一起去問個究竟。」

於是和曾子兩人決定進孔子的房間去問個明白。孔子回答說：「正如你們所說的，剛才我看了貓想捉老鼠的場面。心裡正想讓貓捉到老鼠，故以音樂聲援貓。」

——錄自《孔叢子．記義篇》——

二

孔子遊泰山時，在山麓看見一個身穿鹿皮，腰間毫不造作地繫著繩子的老人，正在很愉快地彈琴唱歌。

孔子問道：「先生爲何如此快樂呢？」

老人回答說：「我有許多快樂的事。不過，可以舉出其中最大的三個給你聽。天創造萬物時，把人創造成最寶貴的東西。我能夠生爲人，就是我第一個快樂。其次，俗稱男尊女卑。而我是男人，這可以說是我的第二個快樂。最後，有的人生出來還沒看到日月就逝世，或未離襁褓就死亡。而我呢？已經九十五歲了。這可以說是我第三個快樂。貧窮是文士常有的事，死亡是人與生帶來的命運。常處之，且得完成命運，何憂之有呢？」

孔子只有感嘆地說：「善哉，善哉。」而已。

——錄自《家語》——

三

孔子於母喪後第五天開始彈琴，但其樂不成音。到第十天才能唱出像笙的歌。

——錄自《禮記・檀弓上篇》——

四

某日早上，孔子立於堂上時，聽到外面有很大的哭聲。且那是非常悲傷的哭聲。據說，此時孔子所彈奏的琴聲，和那哭聲完全一樣。

——錄自《說苑・辨物篇》——

省察——如果此節爲事實的話，則足以證明孔子的耳朵的正確性與敏銳性。不知爲什麼，讓人聯想到今日流行的絕對音感教育。而且此節下面繼續這樣記述著：此哭聲非普通的哭聲，即因家貧如洗，無錢爲死去的父親舉辦葬禮，而爲此準備賣子充當費用，這就是當時生離死別的哭聲。

可見，孔子把這種深切的感情也能夠表現在音樂上。

五

有同屬魯國人，名叫孺悲的。常和孔子學喪禮等事，但對孔子常有不禮貌的言行，平日孔子就很討厭他。某日，爲某事拜訪孔子，孔子以生病爲由予以拒絕。當該男子剛離開門口時，孔子把琴拿出來胡亂地彈及唱歌，且爲使該男子聽得更清楚，故意用力亂彈，亂唱。

——錄自《論語》卷九——

有一說法是，孺悲以不禮貌的方式強要與孔子見面，所以孔子便以這種方法教導他禮貌。

六

孔子遊南方，正想赴楚，有一天走近河邊時，看見一個年輕女子，帶子上的玉叮噹叮噹地發出聲音，忙著洗衣服。於是孔子說：「這是一位相當懂情理的女子。」說著從琴上取下絃卷（用玉作成的）拿給子貢。並且說：「很有禮貌的跟她談談看。會如何回答，好好觀察一下。」

於是子貢便走過去，對該年輕女子說：「來到這裡絃卷從琴脫落下來。實在很抱歉，想請您替我們調律好嗎？」

該女子回答說：「我是住在北方邊鄙的鄉下人，對於五音等並不感興趣，怎麼可能會作像調律那樣的大事呢？」

子貢回來照實的告訴孔子。

孔子說：「不說出來，我也已經知道。」

——錄自《韓詩外傳》——

七

某日，孔子與子路、曾皙、冉求及公西華等四人，照例在談論四人志向時，孔子對四人提出以下的問題：「把我當做老師，但不要過於拘束，自由地發表自己的意見看看。假如這裡有眞正知道你們的君子的話，你們要以何事回報那個人呢？」

於是子路主張，「要富國強兵，把人民從飢餓及他國的侵略解救出來。」冉求回答說：「希望擁有方五、六十里的國土，讓居住在其中的人民都過著豐衣足食的生活，而且請求君子教他們禮樂之道。」公西華則回答說：「在國家祭祀或諸侯會同時，自己要禮冠端服，協助那些儀式。」最後問曾皙時，他正在彈琴，剛好到休止的地方，立刻放下樂器站起來說：「我與各位有很大的不同……」

「不，不用客氣，請您說說看吧！」

於是曾皙說：「在暮春時，穿上剛作好的單層的春衣，帶著成人五、六位和小孩六、七位，到城南的溫泉沐浴，在舞雩（祭天或乞雨用的壇，在有森林的地方）的樹陰下享受微風的吹拂，而且想邊唱著歌回來。」

聽了這段話後，孔子深深地感嘆說：「我也和你有同感。」

——錄自《論語》第六卷——

孔子也作琴曲

孔子所以一刻也不曾把琴離開其身邊，並不一定如儒學家所說的，只在於樂之修養上的效用。以當今的話來說，寧可說，孔子本能上是音樂家。我們不須參考其他各經書，而只要參閱司馬遷的〈孔子世家〉一文即可明白。當然，本能上是音樂家的人，對琴特別摯愛是極其自然的事。

尤其，從琴的絃所發出的音，較其他笙及簫等吹奏樂器，或磬及鼓類的打擊樂器，更富於變化，能發出有深度的音色。而且，人越是有音樂素養，越需要持有更大的表現力與更複雜的音色的樂器才能滿足。

前面只不過是一部分資料，事實上孔子和琴有很深遠的關係。琴對孔子而言，是他的最愛，因此琴是他最了解的樂器。我們若越深入了解某種事物，越會對該事物發生更深的摯愛。而若對於深愛的樂器片刻也不會讓它離開身邊的話，一有任何事，任何感動一定藉著該樂器表現出來，這也是自然的事。

的確，一有事，孔子馬上會走近琴彈奏一曲才會罷休。不過，對我們音樂家來說，若對他到底彈的什麼曲子，不加以追究的話，是不會罷休的。上面曾論及孔子以極其嚴謹的態度，學文王的操曲，但也可推測，當他歷遊各國時，也可能學習當時仍留存下來的各種琴曲。

和任何今日的音樂家也曾有過的經驗一樣。當我們受某事感動時，一定僅演奏別人的作品。所受的感動越深，或沒有充足的時間去尋找過去的適當曲子時，我們越會做即興演奏。即使在今日，把作曲和演奏清楚地分開，其情形也是一樣。何況在古代的孔子，更容易清楚地想像出來。

依筆者自己的想像，孔子彈琴時，大半的曲子，恐怕有一半以上是近乎即興的演奏。因爲，如捕捉老鼠的曲子，或趕走討厭的人的曲子，或哭得很悽慘的曲子……等，要想從今日的極端誇大其表現力的現代作曲界中找出來，並不容易。

孔子在他的生活中，一定隨時彈奏有關其生活的音，或曲子。即孔子遭遇某種事物時，一定創作像即興曲般地曲子。又事實上，從各種書籍也可了解，孔子實際上曾作過有關琴的曲子。

現在，舉幾首看看。

息陬操

根據〈孔子世家〉，最後衛也不用孔子，只好去拜訪西方的趙簡子，當他走到黃河時，聽到簡子殺害其賢大夫，即其恩臣竇鳴犢、舜華的消息。在此孔子感嘆當時周朝王道的衰微，及禮樂漸趨泯滅的混亂天下，終於連黃河也沒有渡過去。於是如〈孔子世家〉所說：「……乃還息乎陬鄉，作爲陬操以哀之」，即回去陬鄉休息，並以操的形式創作琴曲〈陬〉，供奉二人的靈。

周道衰微，禮樂陵遲，文武既墜，吾將焉歸，周遊天下，靡邦可依，鳳鳥不識，珍寶梟鴟，眷然顧之，慘然心悲，巾車命駕，將適唐都，黃河洋洋，攸攸之魚，臨津不濟，還轅息陬，傷予道窮，哀彼無辜，翱翔千衛，復我舊盧，從吾所好，其樂只且。

據傳此即其曲詞，今日則以琴曲留存。然而，究竟是否爲孔子所作，或後代假託孔子之名，尚無法查證，不過，至少孔子爲悼念二賢大夫曾作過曲子的事，可信爲事實。

關於這點，《孔叢子》有如下記載：

趙簡子使聘夫子，將至焉，及河，聞鳴犢竇犨之見殺也，迴輿而旋之衛，息陬為操……。

在《家語》中也記載：

還息於鄒，作槃琴以哀之，即此歌也。

這種說法似乎認為，此曲詞也是孔子的作品。

龜山操

孔子在五十六歲時，當了魯國的大司寇，而自他掌握了宰相的實權後，魯國便「國治而俗改」。於是鄰近的大國齊，開始不安起來。如果孔子長期擔任魯國的宰相，魯國一定稱霸天下，基於此種恐懼感，於是用計想讓孔子喪失其地位。這就是後來出現的美人計。即在齊國中選出八十個美女，讓這些美女穿上漂亮的流行衣服，並乘坐裝飾漂亮的馬車來到魯國的城下。這些美女們在那裡表演樂舞。唱呀，跳呀……的充分作到挑逗魯國國君的效果。結果，以魯國國君爲首，和季桓子以下所有的君臣，以巡視城下爲名一起去觀賞。

桓子終於接受此贈物。於是三日不問政，祭天地之日亦不送供品給大臣……。已無心聽政，忘卻一切，一時天地無光。

而當時擔任大司寇的孔子，非常失望的說，爲何仍留在這樣腐敗的國家呢？於是孔子便匆匆地離開魯國。

此時所作的琴曲，即所謂的〈龜山操〉。此曲主要描述孔子悔恨的心情，即雖提諫言都未被採用，就像龜山遮蔽魯國一樣，對使魯國陷入陰暗的桓子的暴行，想一斧將他砍倒。

予欲望魯兮，龜山蔽之，手無斧柯，奈龜山何。

猗蘭操

孔子雖歷遊各諸侯之間，但最後沒有一個地方要用他。於是決定從衛回故鄉的魯。半途發現有一澤中長著茂盛的薌蘭，因此，喟然感嘆地說。蘭因其高貴的香味而居百花之王。可惜的是如今卻群草混在一起。於是拿起琴開始彈奏。即爲自己遭時不遇而感傷，以蘭爲比喻歌唱其命運。

> 習習谷風，以陰以雨，之子于歸，遠送予野，何彼蒼天，不得其所，逍遙九州，無所定處，時人闇蔽，不知賢者，年紀逝邁，一身將老。

此即其曲詞。

從以上各曲詞觀之，若立刻斷定這些都是孔子的作品，仍有不能理解的地方。事實上，現在歌唱同一事實，竟出現兩三種不同的曲調，多少會讓人覺得奇怪。然而，我們並不想在此追究這些曲詞的眞假，而想去考慮孔子又創作曲子的事實。即使這些曲詞是後代的人假借孔子所作的作品，孔子遇有某種事物時，總是演奏自己的曲子，這個事實，無論如何，筆者並不會加以懷疑。

不，假如筆者是司馬遷那樣的歷史家的話，也許會更誇張，甚至於更詳細的寫也不一定。例如會見妖婦南子的曲，或被盜跖趕出來的曲，聞麒麟被殺的曲……從一音樂家去想像的話，這位孔子一定在那種情形下，必然會藉著琴彈出鎮靜其心的一曲。

那麼，透過上面兩項，在此我們可以找出一個結論。即孔子在演奏琴的方面，是一位相當偉大的演奏家。

大體上，在中國，現在也一樣，作曲的人必定精於某種樂器。亦即某種演奏家也必然具有作曲的才能，且演奏自己的新曲子（即使那是爲了表現自己優秀的技巧）。這就是作曲。不然的話即使想作曲也沒有可以依靠的東西。即使在今日不知道甚麼是作曲理論的現代年輕人，得意自己修得甚麼德國式的和聲學，或法國式的對位法，認爲這就是作曲法，而忘記中國有中國特有的旋法，有中國本身的和聲及對位法。一九四一年的現在還是一樣的狀態。

不過，這不僅僅是中國的問題，任何國家在作曲的出發期都是一樣。不，時至今日，作曲家即使不是名演奏家，對演奏仍要求常識以上的理解和詳細的知識。事實上，對演奏一種樂器不具有精通的技術和知識，一定不知道如何爲該樂器作曲。從近世紀的西洋音樂史來看，帕格尼尼及薩拉薩替的小琴曲（從藝術性看並不算很高級）等是最好的例子，李斯特的鋼琴曲當然不用說，如果看到巴哈或貝多芬的作品很容易想像出他們相當精於演奏風琴及鋼琴。又看到白遼士及華格納的管弦樂總譜，誰敢斷言他們對管弦樂法都沒有任何經驗。

在今日，作曲若保持目前的狀態，絲毫不變的話，將不成音樂。那是以演奏爲前提，而寫在紙上的一種智慧的生產物。把寫在紙上的東西，由另一種音樂家，以音表現出來給我們聽，即經由演奏家的手是絕對必要的。因此，作曲不像雕刻家或詩人把其作品原封不動的表現在觀賞者的眼前，而必須考慮，經過演奏者的手後會有相當的變形。經由演奏者的手後，曲子變成生氣勃勃，變成死氣沈沈，或被扭曲等事常常會發生。因此，今日可稱得上進步的演奏者，並非爲了自己的快樂或爲使他人快樂而演奏，而是注意重視作品的眞正價值。優美或快樂與否是次要的問題。

然而，在古代中國，作曲家同時是演奏家，而這一演奏家有時也必須同時扮演批評家及聽衆的角色。

孔子批評音樂

子謂韶盡美矣，又盡善也。謂武盡美矣，未盡善也。

這是孔子對當時所留下之六代的音樂，所作的部分批評。此爲以《論語》爲首，任何經書也都記載的一句。

從今日我們的概念來說，若眞正盡美的話，其本身應該也包含善的性質。可是，在孔子的時代，所謂美是指堂上樂或堂下樂等龐大的外觀或隆盛的音樂，而不是指精神上深入的東西（這方面的美，孔子則稱爲善）。因此，把武王的武樂批評爲，只盡美而未盡善，是極有可能。從不定天下，而其勢力已到頂點的周武王來看，當然有成爲如此的可能。

觀察孔子說這一句話前後的語氣及態度時，浮現在筆者眼中的是，他那斬釘截鐵的口氣，及其自信滿滿的樣子。在孔子的時代，雖禮樂已經衰廢，但各種音樂卻殘存於各地。孔子在衛或魯，杞或宋等，一有機會便盡可能學習音樂，這種情形可從其傳記中看出來。從這句話中也可感覺出，孔子把分散在各地且漸漸泯滅的古代音樂，如蜜蜂一樣地將其精髓集聚於一身。

因爲，對於無所知者，必無所言。縱然言之所回來的也只有鸚鵡學話的程度，或隨便說好話而已。想批評某事，我們必須對其十分了解，且對其具有眞正的認識才行。到底，一切無所知且未眞正理解的人，如何去評價那件事呢？

在中國音樂史中，最可信的紀錄，且對音樂提出批評的，恐怕這是最早的一句。孔子就是這樣的人。

依筆者的想法，孔子不僅是位音樂批評家，而且光孔子二字即已讓人覺得是位非常優秀的人生批評家。《春秋》就是批判歷史政治最激烈的書；《論語》是對人物的批評和自我批判的書；《禮記》則爲批評一般禮樂的書。站在這位孔子面前時，好像覺得連心底的深處也會被看透似的，不允許有一分一釐的不純或虛僞。對於存在於人世或世界的一切事物的現象，孔子總是以其明亮的眼光透視其原形。

上面說過，孔子學韶樂花了三個月的時間。有關〈武〉樂，僅舉出其批評，至於花多少時間去學習，並無所知。不過，可確信的是，孔子也學〈武〉樂，且非常精通。例如在《樂記》中的「賓牟賈侍坐於孔子……」長長的一節，閱讀孔子對〈武〉樂的諸意見，即可充分了解。

> 賓牟賈侍坐於孔子，孔子與之言及樂……夫樂者，象成者也；總干而山立，武王之事也；發揚蹈厲，大公之志也。〈武〉亂皆坐，周召之治也。且夫〈武〉，始而北出，再成而滅商，三成而南，四成而南國是疆，五成而分周公左召公右，六成復綴，以崇天子。夾振之而駟伐，盛威於中國也。分夾而進，事蚤濟也。久立於綴，以待諸侯之至也……。

而且在同《樂記》中有這樣一節。或許對一般人來說不覺得重要，但多少會引起音樂家注意的一節……。

> 〈大章〉，章之也。〈咸池〉，備矣。〈韶〉，繼也。〈夏〉大也。殷周之樂，盡矣。

大體上，此節爲惟一能夠讓今日的我們想像，古代的朝廷樂爲如何形式的東西。（其他的音樂書也大概引用此節）這是說，〈大章〉爲堯的朝廷樂。其音樂猶如章明堯帝之德於天下般的響亮。〈咸池〉爲黃帝的朝廷樂，其音樂正如黃帝的德已具備周遍至天下的各個角落似的。而舜帝的〈韶〉樂則猶如承續堯帝之德似的，禹帝的〈夏〉樂有如更發揚光大堯帝的德光似的，湯的〈大濩〉樂或武王的〈大武〉樂，則眞實的把人事的美帶到極致。

對今日的人們而言，或許會驚訝那是何等抽象的批評。然而，有關古代的樂，這是惟一可能知道的線索。若考慮當時的情況，恐怕只有孔子一個人能了解全部的音樂，且有分辨音樂的能力。

在古代，這些正樂均隨朝代的改變而重新制定。不過，其音樂性並不是根本改變的新作，大概是承續前代的東西再做一些修改而已。但有的時代也必然有幾乎等於新作的作品。例如只從此節判斷時，大概堯、舜、禹等是來自同一系統，而湯與武則另一種音樂。

孔子擊磬

子擊磬於衛，有荷蕢而過孔氏之門者曰：「有心哉，擊磬乎！」（《論語》）

鐘、磬、琴、瑟在古代中國音樂的地位，恰好與今日西洋音樂所說的弦樂四重奏，或鋼琴三重奏相當。若說其爲小編制的室內樂或許較爲恰當。若和正式祭典時的大編制相比的話，其設備較爲簡單，因此在士大夫階級的家裡大概都備有一套。其中的磬是用石作成。雖稱其爲石，普通是指硬度極高的玉，這種石長時間露出地面受風吹日曬者最爲尊貴。是因爲它的音質，很靈敏的緣故。因此，由此種石所作成的樂器——磬，如〈樂記〉中的記述，因其音清澄而明敏，故在大合奏時其音也不會消失，在節奏樂器方面扮演極重要的角色。

關於它的用法，孟子也討論過，不和鐘那種發出金屬音的樂器同時敲擊。即先發出金聲，接著是玉振。然後，再發出金聲，再接著是玉振，這樣周而復始，綿綿不絕。一曲的開始與終止是以柷和敔做信號，因此，一音的前半一定是金聲，而後半必須擊玉磬。（現在也以同樣的方法演奏）

此樂器爲吊著「く」字型的厚石板，因敲擊而發出聲音，如敲擊其角部或腹部等不同部位，因敲擊部位不同，會發出複雜的音響。因此，雖看起來好像是極其簡單地打擊樂器，實際上，要精通此樂器必須相當熟練才行。

孔子今天也在練習吧？有一個肩上挑著籠子的人經過門前。不知挑的是甚麼東西？或是胡瓜和南瓜吧？總而言之，這個人是屬於以流汗挑東西爲生的那一類人。這個人說：「竟能有那種雅興啊！還能在這兒玩弄磬。」

在春秋那樣的亂世，即使當時的衛國也不免受波及，一般人民均被課以重稅，即使整天全身冒著大汗挑著東西到處奔跑，能否維持生活尚成問題。假如正好在太陽最烈的中午時刻的話，會聽到以上的話是極爲自然的事。

而且當時孔子的舉動及服裝，在聖人中與釋迦或耶穌等大不相同，以現在的話來說，他是一位相當灑脫的人。《論語·鄉黨》第十，幾乎都在記述有關孔子這方面的事，在此，想從述其服裝部分中摘要說明：

> 君子不以紺緅飾，紅紫不以爲褻服。當暑，袗絺綌，必表而出之。緇衣羔裘，素衣麑裘，黃衣狐裘……。

當天孔子穿甚麼衣服雖不得而知，無論如何「儒不亂其服」，因此，筆者可以想像，一定配合當時的情況穿得很整齊，前面放著壯觀的編磬，一音一音專心的在敲擊的情景。確實看起來有如一幅圖畫。

事實上，孔子是一位相當灑脫的人。當時也有一部分人，覺得過於高傲，而常成爲其攻擊的藉口。例如，齊景公在孔子年輕時，想重用他而封給尼谿之田，晏嬰曾進言：

> 夫儒者滑稽而不可軌法，倨傲自順，不可以爲下……破產厚葬……周室既衰，禮樂缺有間，今孔子盛容飾，繁登降之禮，趨詳之節……。

如此長篇的攻擊孔子做作的舉動和傲慢……等，且說那是只重形式而不辨時節之盛容飾……等壞話。莊子也有同樣的話貶低他。

如果只看其外表，恐怕連今日的我們也會認爲，孔子是一個不識時務的人，若在北京的王府井或在東京的銀座碰見時，也許會悄悄地遞給他警告牌。

孔子擊磬。這時流著汗挑著重的籠子的男子經過那裏，這難道不是無論如何都會被提及的一句話嗎？

即使在今日也是如此。

所謂從事音樂創作，無論是在什麼時代都會被如此誤解。即使是在和平的時代中，也必需覺悟會被如是說。

當然，這是筆者從《論語》中的一句所感受到的文字背後的情景，或者是筆者感性的解釋，與歷來的說法大相逕庭，這樣的解釋說來也不過是筆者一個人快感的想像也說不定。

一般來說，到目前的解釋，這個挑籠子的男子，被視爲也是聖者之一，那是爲避世所以以此打扮來行走人間，偶然聽到孔子清徹的磬音，便如賢人知賢人，天才發現天才般地，察知孔子的心情，說他大概是爲孔子而感嘆這世界吧！

但是，無論如何，所謂從事音樂工作，不論怎麼看，它總被誤解爲是一種遊戲。無論如何是無濟於事的，是遊手好閒的人所作的事，不管任何時代，人們不是都這樣想的嗎？

困苦中的孔子和音樂

圍孔子於野，不得行，絕糧。從者病，莫能興。孔子講誦弦歌，不衰（〈孔子世家〉）

楚是擴張到周的南方的一個大國，雖然如此，這時的楚國、秦國，看起來仍是未開化之國，何以如此？這是因它遠離魯、齊、衛，無論如何看起來就像是文化上的野蠻國家。但是，實際上，正因爲如此可以看出其潑剌新興之國的意氣，是有實力的。

楚在某個機會，剛好在那個時候，知道孔子來住在蔡，想招聘他。但是若是孔子爲楚所用的話，對鄰近的陳、蔡兩國，是相當危險的事。因此，陳、蔡協力，趁孔子尚未到楚時，唆使暴力集團，把孔子一行人圍在陳蔡國境的荒野中。

一行人不能動彈，在左思右想之際糧食已斷絕，有人生病了，大家萎靡不振。這樣，一行人的帶頭者孔子，究竟該如何處置呢？他仍然不受影響地講讀，彈琴唱歌，僅專心於那樣的事。

一行人的數目，大概有幾十個或幾百個吧！實則，孔子不得不稱之爲是個細心的領導人。即使是我們，也會想批評他沒有責任感，都什麼時候了還有那個閒情逸致。實際上，弟子中也有當眞面露兇色如子路者，便如此逼問了老師，結果孔子回答道：

君子固窮，小人窮斯濫矣。

換句現在的話，即君子本來就會遭遇各種困頓，且那是應有所覺悟的事。而小人一遭遇困境，則立刻會出亂子，做出見不得人的事。對於這段孔子斷然回答弟子的話語，筆者非常佩服。

換個角度來看，這句話裏，聽起來似乎有點不認輸的意味。食物沒有了，病人在呻吟，晚餐的米還沒有著落，我們想一想，如果在這種環境下會如何呢？不用說子路或子貢，凡是人都會焦躁。

不過，筆者在此並不想追究孔子的責任。也不是對此聖人的絲毫不覺狼狽而鎭靜的態度再次表示敬佩。我所敬佩的是作爲音樂家，在那種環境下仍不忘音樂，在那裡唱歌與彈琴。那已非單純的娛樂，或爲排除無聊而採取的消磨時間的手段。因爲，在那種環境下，音樂已完全屬一種無力的東西，也是一種悽慘的存在之故。

實際上，一般人當他最得意的時候，或徹底絕望時，會完全把音樂忘得一乾二淨。不，恐怕無論何種藝術，在如此境遇下的人的面前會變成完全無力的存在。處於如此兩極端，仍實實在在地能夠從事音樂的人，若非不把名譽及金錢，或貧困及苦難不當一回事的具有音樂本質的音樂家，不然即爲不受任何境遇所動且仍不失其內心之平衡，能夠發現藝術中之光的偉大人物才能作得到。

我們翻閱東西音樂史時，可以找到許多有關此的例子。的確，只有具有音樂本質地音樂家才會不屈就於任何誘惑或困難，而完成其藝術。而凡俗的所謂藝術家，當其最得意時或徹底失望時，都喪失其從事藝術的能力，只是茫然，連置身何處也都忘了。沒有食物家中還有病人，這不僅是音樂家，也是一般藝術家最普通的經驗。這時候我們是如何忍耐熬過去呢？

從這個例子，孔子照例讀書，彈琴或唱歌，宛如未曾發生過任何事似的，把慌張的弟子作對象，不忘諄諄地教導他們。

又筆者對於從未忘記音樂的孔子表示敬佩。孔子即使在那種逆境中也透過音樂能夠找出其光明。即孔子總是維持其內心的平衡。那是否因音樂才能保持其內心的平衡呢。或因內心平衡，才能夠從事音樂呢？

從一音樂家的眼睛裡所映現的是，對孔子來說，音樂並非單爲了安慰或修養，而是他本身爲一位極具音樂本質的音樂家。

成於樂

孔子將音樂評價得非常高是極其自然的事。從修身的意義上來看，完成人格的最後階段是要靠音樂，從治國的意義上看來，則主張：「禮樂刑政，其極一也」。這是說，把禮與樂和一國的刑法及政治並列在一起。

事實上，遠較今日大膽地主張藝術至上主義者先提出其主張，至於將音樂與政治同等看待，今日所謂進步的政治家看來，實不值得一笑。

然而，我們在此必須注意的是，孔子的主張並非空中樓閣似的東西。雖然也有自三代以前的傳統，但重要的是已看透人的本性。

普通，我們一談到道德，從這兩個字所感受的印象是和宗教有所不同，道德本身包含更理性的東西。孔子了解，在實踐道德時，只靠理性的東西並不能充分轉爲實際的行動。因此他說：「知之者，不如好之者；好之者，不如樂之者」。如這是說，不僅要知德，而且要好德，甚至於要能享受道德。從我們今日的想法，所謂喜好當然含有感情因素在內，要達至享樂也必然已屬於與美有關的東西。

然而，美的東西常出自人的內心。那不是來自規定日常的道德律或規則，而是自人的內心流露出來時，才有美的東西的存在。

現在，我們考慮到日常生活的行爲時，若該行爲只適於禮，且雖符合道德的規範，並不算充分。因爲，那只是在一定規定下的一種機械式的舉動，並非出自人本身的東西。因此，在此所見到的不是人的個性，而是由人所構成的社會所行使的行爲。可是，好的行爲並非出自社會本身，而是基於構成社會的每個成員，即人的善良個性而來。因此只符合在一定規定下的道德律的行爲，或在其範圍內的行爲，實際上，即非道德的，亦非善的東西。不錯，此雖給予我們一種立場，但那裡並無任何足以促進生命之發展的東西，只是一種無法融通的固定的東西，所以也不會帶來進步。孔子蔑視這種道德家，耶穌罵這種人爲僞善者。而這種僞善，對藝術家來說，也意味著死。

無論一社會或一個人，若想要確保眞善，或使其向新的方向發展進步，必須有美的東西來配合。即要發展並發揮眞正地道德，藝術性的東西一定有它的需求。孔子曾明白地說：「興於詩，立於禮，成於樂」。

當然，在古代中國，在我們今日所稱的藝術的各種領域中，只有樂與詩而已，繪畫尙未出現，舞蹈則包含於樂之中。勉強找的話，也許六藝中的書相當於今日我們所稱的繪畫。而且詩也包含在樂之中。

可見，樂在古代中國文化中應占有極重要的地位。的確，樂對孔子而言，其本身是道德，其本身擁有一個不經污濁且美麗的世界。若聯想到西方的古希臘，把美與善視爲永遠密切地結合在一起的東西時，至少可以說，在這一方面東西都是一樣。

孔子也了解，當眞正地道德發揮作用時，美的要素也已經含於其中。

樂與音樂

不過，孔子各經書中出現的樂，和今日人們所稱的音樂，在意義和解釋上有不同。例如，當時是點一支香，在姿態端正的情形下演奏，且非完全爲了享樂，但現代的音樂，則穿著浴衣邊喝酒邊唱歌，或邊聽歌。不，在今日之十之八九都會說，音樂是指後者而言的。

成於樂，若在今日有人說，人格的完成其最後階段有賴於音樂的話，人們不知道怎麼想。如果說不太了解其義還算不錯，恐怕除了極少數的人，誰也無法接受吧！音樂已經變形成這種程度了。

音樂到了今日，無論站在哪個街道的角落，或從哪個方向都會不停地傳過來，若從表面上全都市都氾濫著音樂的情況來觀察，或許會認爲，音樂已經有十足的發展與成長，已達全盛時期。

可是，究竟是否如此。連作爲音樂家的筆者本身，也不敢以自我維護式的爲此辯護。事實上，談不上甚麼發展或成長。反而在某種意義上，可以說已墮落到上述那種地步。今日的音樂祇不過是聽覺的安慰之物。已經化爲一種娛樂品，甚至以所謂「健全的娛樂」這種巧妙的話來支持其相反的想法。

有鼓舞士氣，或表現一個盛大的歡聲的歌曲，也有流於以低調的流行歌的俗曲爲基調的東西，眞不知怎麼說才好。

今日，不僅我們，連西洋的近代音樂也同樣遭遇其極端地混亂與挫折。事實上，人們一直認爲，今日的音樂除了成爲娛樂品外別無其他用的話，或許音樂終將變爲邪道而成爲無可救藥的東西。不，像果實一樣自然的從裏面腐化，而自我毀滅。如果只屬於那種程度的音樂的話，已不可能有其大用，可以明白地說那是奢侈而多餘的東西。

然而，本來音樂並非那樣的東西。在藝術所有的領域中，最爲純粹且具有最能表現人的心聲的力量。孔子也曾說：「樂者，樂也」。這是說，音樂當然會使人獲得聽覺上的快樂，可是那畢竟在引導人生活上的快樂，應該是更「思無邪」的快樂才行。雖然肉體中的耳朵發生作用，但必須是懷著善意的快樂。

「放鄭聲，鄭聲淫」，在孔子的時代也和今日一樣，橫行著奇怪的音樂。當時鄭國的音樂非常頹廢，有的甚至於足以敗壞善良風俗的作品，似乎都是不懷善意的作曲家所作的作品。孔子憎恨那種音樂。故曾說：

惡鄭聲，恐其亂雅樂也。

孔子懼怕亂先王傳下的清淨而無邪的正樂，所以當時非常憎惡鄭的音樂。畢竟人不一定會經常愛好正確的或精神上的東西，有時故意和好奇地去尋找淫蕩的或肉體的東西，或者想去接觸將人導入死亡的快樂。事實上，有些人如果沒有邪淫或俗惡的東西即不覺得快樂。孔子也知道此事。孔子憎惡這類的作品。這種會把人導入邪惡與死亡的藝術，從孔子的思想來判斷，當然沒有存在的價值。此種藝術也違反了人類的意志。孔子曾對那種表面性的音樂加以諷刺過。

樂云樂云，鐘鼓云乎哉！

人們說音樂啊！音樂啊！敲鐘打鼓，即使聽起來好像熱鬧，但即使怎麼好，也不能稱爲音樂。

就今日的我們來說，事實上，即使有多麼堂皇的肉體，其中也一定含有優秀的心靈。我們相信，優秀的心靈可使肉體也變成優秀。實際創作音樂而受過苦的人，過去誰也有過這種經驗。

樂與仁的接觸點

前文所述的再次提出來說明。對孔子而言，樂本身就是道德的，就是未經污濁的一個美麗的世界。因此對極具音樂素養的他來說，樂已經遠超越所謂娛樂的境地，當然就當時來說，與今日所謂音樂藝術云云，意義上有很大的不同。這就是孔子的情形。不過，到了後世，不知不覺中樂已漸漸有所不同。

樂者，樂也。

儘管先賢曾說這樣的話，樂已多少失去其本來的意義，已變成教訓的樂，或單爲修養的狹義的樂。在今日，對儒教來說，音樂僅僅是修身上的一種手段而已。然而，音樂在修身上，究竟有什麼價值呢？關於這點稍作思考。

衆所周知，意志的構成及其發動，至少不能否定有感情的存在。從儒教的教義中，找尋此感情要素時，我們發現六藝中的樂含此要素最爲豐富。所謂六藝是指，禮、樂、射、御、書、數，這是孔子爲教育人們所不可或缺的最高課目，在其晚年時才完成。

照理說，在儒教的意志生活，尚需更重視樂。樂的修成，與其說是只爲教義上的必要，不如說是根本上人類生活所絕對必要的一個過程。

實際上，孔子想把樂的實踐性修養，和禮的道德性規律結合起來，以便實現仁的生活。實現仁！這才是孔子之教的最高目標，儒學家想努力的終點，也是人類生活上、道德價值的至善。

本來所謂仁，從其字面上來看，是由「二」和「人」兩個字所組成。二人是指一個人和另外一個人的關係。我們的社會生活經常都是一個人對另一個人之間所發生的行爲。我們自己以人類的一份子要生活之同時，他人也一樣以人類的另一份子必須生活。於是在此關係下，便出現人類社會生活的一切現象。

仁者，人也。

即仁是從自己是人，同時他人也應該是人開始。自己覺得痛的，他人也一樣會覺得痛，自己所討厭的事，他人也必定不喜歡。像自己愛自己，也要愛屬於另一個自己的他人。仁所指的就是此意義下的人。亦即人與人相親相愛就是仁。

於是，我們也不難想像，當構成社會的每一個人，相親相愛而創造和諧的秩序時，整個社會就成爲和諧社會，一個國家與另一個國家，相親相愛而創造和諧的秩序時，整個世界就成爲保持美而和諧的世界。

由此可窺見，孔子完全以個人的倫理作爲其治國方針的根據。所以他說：

修身、齊家、治國、平天下。

孔子的時代，如前所述，是個極爲混亂且無秩序的時代。爲了在此亂世重建整個國家的新秩序，而主張先從每一個人的教育開始，實很值得我們的參考。

一個人人格的完成，孔子曾說：

立於禮，成於樂。

所謂禮，在前面的總論中也已談論過，那是屬陰，而樂則屬陽。禮始終是固體的東西，相反地，樂則爲流動的東西，禮若是善的話，樂以今日的話來，終究屬於美的東西。一個是由事物所規定，所限制，相反地，另一個則成爲清純的音樂發出美麗的響聲，而飄到大氣中，且具有高達上天的性質。

《樂記》中曾說：

樂者天地之和也，大樂與天地同。

這是說，樂爲表現天地間之調和原理，其本身就像一個宇宙的存在一樣。而在倫理上，則爲：

樂者爲同，同者相親。

這是說，音樂統合人與人之間的感情，一旦統合，人即相親相愛。我們在此可看到，仁與樂的接觸點。而孔子也從相反的方面來記述其關係：

人而不仁如禮何，人而不仁如樂何？

然而，如果在此允許一音樂家的主張的話，筆者想更誇大樂的功能。此種更具感覺的且更富於感情的樂，與其說以仁或忠恕等一個個的行爲規範，求得人們的和諧，不如說只要以一闋樂曲即能使更多的人們互相融合爲一。那並非由禮或德一個一個的累積而成，而是能一次就飛躍地感覺。孔子也一定有此經驗，且也能感覺到。

那是遠比由道德規定所造成的前進，更爲直接的東西。因爲，感情或感覺比起道德的努力，爲更容易前進。而且其作用是直線的，聽覺的刺激和興奮，也會極其強烈的傳到我們的腦皮質。

當然，從道德考量時，那是正面的，絕不會變成負面的。確實，在此感性與理性之間有樂的存在。在此不也有樂的倫理價值嗎？

學不倦的孔子

這樣觀察過來，我們已經了解孔子是位極具音樂素養，且懷有相當敏銳地感性的音樂家。然而，孔子絕不曾把自己看成天才。周遊各國說服諸侯，不失爲一位教導萬人的良師，並懷著自我自覺的心懷，但從未認爲其才能爲天生者。自己曾這樣說過：

> 我非生而知之，好古敏以求之者也。

且曾對弟子中之一人，自我批評說：

> 其爲人也，學而不倦。

這是說，自己並非生而知之，而是學而不倦的結果。

畢竟，生而知之者，可以說是，有如自然的一部分。自然並無須追求或探索。自然是自然地創造及產生萬物。看起來那似乎是超越方法，漠視規則而不斷地創造萬物。而且極其自然的進行，其結果，本身又形成另一個自然。

孔子也知道尊重與此自然物相似的天才。他曾說：

生而知之者上也，學而知之者次也，困而學之又其次也。

這是說，生而知之者應該置於最上位，學而知之者爲其次，而經過苦學而知之者爲再其次。別人以三分力即可獲得的，有的人也許要七分力才行。這種付出過多的努力才能夠知道的人，可以說是能力薄弱的人。孔子了解有的人能很快地掌握所求的東西，而有的人則天生即有此能力。從以下孔子的話，可以看出他並不曾認爲自己是屬於最上位的天才。

吾嘗終日不食，終夜不寢，以思無益，不如學也。

曾有人說過，孔子遇有問題時也曾耽溺於冥思。常常白天不進食，終夜不就寢的思想，並得不到結果。所以他斷然地認爲，不如去學習才是上策。不過，雖如此說，孔子絕非一位遲鈍的人。他說：

不憤不啓。

這是說，冥思亦無法悟出東西，思想也得不到解答，而更發憤學習反而能啓發其智慧。又說：

舉一隅不以三隅反，則弗復也。

就如對弟子時，教其一而知其三者才教他一樣，我們也可以想像，孔子本身也必學一而能知三吧！

這樣的孔子，以今日的話來說，可以說是一位有能力才幹的人。能才是爲師者不可或缺的東西，使學習者能盡快領悟事實的才能。孔子就是持有這種獨特的形態的人。他雖不創造，但卻努力的去追求，雖非獨創，但他把學習的綜合起來再組成他自己的世界。這正如他有名的一句：「述而不作」以及「溫故而知新」，所包含的意義。

當然，也可以這樣想，這又是一個具有新價值的世界。

孔子在音樂方面的成就

孔子在音樂方面，大概可依前面提到的來推想。

如前所述，誠然，根據記載，孔子時周室的國勢已衰微，禮樂已無可見，但六代的舞樂，或《詩經》的歌謠，或各種器樂曲等，則尚保存於各地。只是沒有集中於中央，而分散於各地罷了。在此，願把《論語》中與此有關的記載列舉如下：

大師摯適齊
亞飯干適楚
三飯繚適蔡
四飯缺適秦
鼓方叔入於河
播鼓武入於漢
少師湯　擊鼓襄入於海

這是記述音樂家都這樣分散在各篇的一節。（大師、亞飯……等均屬樂官名。摯、干、方叔……等爲音樂家的名字。）

不過，這只是說四散而已，和湮滅的意義不同。當然，孔子不會輕易放過。從他周遊各國期間也學習所有的樂器的演奏法，且收集散落各地的樂曲的性格，我們不難想像出來。在晚年時他曾這樣說：

吾自衛反魯，然後樂正。

這句話也正足以證明其性格。

從衛回到魯國，他已達六十八歲的高齡，也是他省悟理想不可能在當時的社會實現的時候。在此他決心退回故鄉，專心從事著作與門徒的教育。當時教育上必須修習的課目爲：《詩》、《書》、《禮》、《樂》等。那些教材都是孔子自己撰作。根據司馬遷的《史記》的記載，爲追求三代的禮而定書傳，爲正樂而將「雅」與「頌」等樂式歸於原位，整理古詩三千餘首，並加以分類後編纂成《詩經》三百零五篇，將衰亡的禮樂予以復興，訂定禮書和樂書，全部恢復其原形。再者，根據《周易》著作《易傳》，依魯史記作《春秋》。

而此時孔子在音樂方面的實力，反而是本職的音樂家，魯國的樂長，對於雅樂的演奏原理也有如下的論述：

始作翕如，縱之純如，皦如，繹如也，以成。

這是說，開始演奏樂曲前，應善加調合各樂器的音調，使一齊開始時也能音調統一，全奏時避免不協和的音，應以諧和和音演奏，各樂器獨奏時，其音色可以清楚地聽出，演奏中必須避免音的中斷，各樂器各司其職，這樣才是一首樂曲演奏終了之處。

此時孔子的音樂才能，實已凌駕專家之上。特別是其音樂上的成就，已經達到專門音樂家所無法達成的量與質。

大體上，所謂專門的音樂家，不論時代如何，總受限於音樂的小小世界裡，來思考或探求事物。他們並不太注意，也不曾考慮，從那個時代的文化立場去判斷，音樂有何種價值，應處於何種地位等問題。

音樂所處的時代

比較來看，在孔子的教義中，對音樂的重視及所給予的地位均遠超出今日的程度，只要是今日的人，誰都會覺得不可思議。這可能是因爲像孔子自身，本質上就是一位音樂家，再把三代以前的傳統結合起來，必然表現出這種現象。

至於從三代以前如何地祭拜天地，敬奉祖先的諸靈，且在舉行祭祀或祀宴時，樂如何成爲其不可或缺的東西，有關這些事情，在前篇中談論過。

值得注意的是，樂與禮已合而爲一，且在儀式上，已被提高到表現一種社會標準的地位，並形成一個社會習慣。自孔子以前，天子要奏何種樂，諸侯得奏何種樂，已經有清楚地標準。就如祭天是天子的特權一樣，只許天子使用的樂也由天子親自決定。相反地，那種音樂也同時代表天子，故那種樂所以變成天子的象徵，應該是極其自然且可能的事。（這在後代，遂發展成「非天子，不議禮，不作樂」，極端地加以強調的情形。）

遵行禮樂的基準最完全的時代，還是春秋以前的周公旦的時代，孔子的時候，天下已非常不上軌道，不守秩序，此種基準已成爲紙上空談，完全崩壞。在《論語》中有這樣一句：

孔子謂季氏八佾舞於庭，是可忍也，孰不可忍也。

從此句中似乎可看到，孔子對於不辨上下的亂臣是如何地憤慨的樣子。這是相當強的語氣。以孔子來說，很少有這種極端氣憤的話。季氏只不過是魯國的一個大夫而已。作爲大夫，從那時的習慣，只能使用六佾舞。他把天子才可以使用的八佾舞，越權舉行。所以孔子氣憤的說，這樣作還能忍耐的話，天下已經沒有不能忍的事了。

孔子並認爲：「臣弑其君」等於大逆的事。

孔子的時代正是那種時代。如書籍所說是沒秩序的時代。即孟子所說：

邪說暴行有作，臣弑其君者有之，子弑其父者有之。

像這樣極爲混亂的天下。那是一個不求王道求霸道，不求道德求武力的時代。暴君、惡吏、弑、殺、……墮落、邪淫、奢侈、……夏姬、文姜、南子……征服、暴力、鬥爭等，即當時的實際情況。而春秋二百四十年間，臣下弑君發生過三十六次。特別是其中子弑父情形占大半。到底，何謂上，何謂下，在權力之前，這個時代的人似乎已不須要太花心思。

政者正也，子率以正，孰敢不正。

這是孔子攻擊當時之爲政者所說的話。隨便把正與不正，以自己的方便作解釋的政治，是甚麼政治呢？已經把匡正善惡是非、眞僞的標準隨便顚倒。連文字或語言也隨便的使用。因此孔子說：

觚不觚，觚哉，觚哉。

這如果只是一句諷刺的話，似乎過於悲愴。尤其，當想到這句話是從孔子這樣的學者所發出時，似乎可以了解當時孔子的感受。在世上已經沒有四角（矩）或圓形（規）的東西。已經變成不管四角、六角或圓形都一樣稱呼的人世了。甚麼是觚呢？有眞的似乎聽到了孔子發出悲鳴，似乎也聽到極其懊悔與絕望的一句。

如果是在如此人世中的話，當時與孔子根本不同的思想，也必然同時在那裏橫行。果然，有少正卯在。有鄧析在。有老子在。長沮、桀溺、接輿、柳下惠等也在。破壞性的思想，虛無性的思想，厭世的思想，無所不有。連不得志的孔子本人也被這樣說壞話或嘲諷。

鳳兮，鳳兮，何德之衰。已而，已而，今之從政者殆而。

滔滔者，天下皆是也，而誰以易之，且而與其從辟人之士也，豈若從辟世之士哉。

樂的治國價值

雖然如此，孔子仍努力想從極端混亂中拓展先王之道。不，越亂他越覺得有此必要。確實不畏懼，不厭其煩地走遍各國，諄諄地想說服天下。敬慕於巍巍蕩蕩地堯舜之德，並想復興周公井然有序地禮樂制度所建立的和平盛世，而繼續東奔西走，且毫不吝惜自己付出的一切努力。

首先他這樣呼籲：

天下有道，禮樂征伐，自天子出。

只許天子做的事，當時的群雄卻任意去處理。禮樂等當然已失其效用，自己隨便稱王，征伐反覆不絕，像這樣的時代，當然孔子會說出這句話。他又說：

名不正，則言不順，言不順，則事不成，事不成，則禮樂不興，禮樂不興，則刑罰不中，刑罰不中，則民無所措手足……

此節與上述的「觚不觚，觚哉，觚哉」相關聯，即首先必須正名。而且必須明白區分，何者爲善，何者爲惡，何者爲眞，何者何假。言語和文字爲表現思想的一種符號，因爲是記號，若沒有正確的意義，就沒有是非的標準。暴君與惡吏所行使的政治也是政治的話，就會：

以非爲是，以是爲非，是非無度，而可與不可日變。

不法之徒也會爲非作歹。一旦是變成非，可與不可每天隨便被變更，這樣的情形下，人民到底要怎麼辦呢？當然，會變成禮樂無法復興，刑罰無據，濫用權力的情形。於是他又說：

是故先王之制禮樂也，非以極口腹耳目之欲也，將以教民平好惡，而反人道之正也。

這就是說，在此種情況下禮樂的使命，並非爲了使人們肉體上的各感官獲得滿足，而是教導人民選擇好壞的標準，使人有好的興趣，爲了引導人走向正途，故先王制定禮樂。這是孔子對禮樂在此無道時代的效用，所提出的看法，他更進一步的提出其結論。

故禮以道其志，樂以和其聲，政以一其行，刑以防其姦，禮樂刑政其極一也。

這是說，無論禮、樂、政、刑，其方法及效用雖全然有別，但其最終目標均一樣。

此思想並非始於孔子，從三代已成一種傳統，不過流爲形式化，後來一直成爲中國政治的中心思想。在那種上下不分，毫無秩序的時代，爲了把人民從塗炭的苦難中拯救出生，孔子提出此一方法，應該說是正確的事。要想回歸堯舜之道，再現周公的治世，只要觀察，那井然而隆盛的禮制與樂制是否已恢復其正位，就可明白。孔子之所以對禮樂寄以如此重大使命的理由，亦在於此。就國家而言，因祭拜天地等的儀式，而引發人民敬畏神的觀念，從家庭而言，因尊敬長輩的觀念，而引發對上下間的愛情等發生直接的影響。看起來這些似乎都是過於儀式化的呆板行爲，但事實上，孔子之所以注重這些呆板的儀式，是爲了藉此打動人民的內心，即利用其心理作用等爲目的。眞正正確的禮的行爲，總是從極度敬愛的心念中自然地滲透出來。

因此，從孔子的各經書中，我們所看到的禮樂二字似乎比必要的來得多，這也是當然的事，對於將禮樂與刑政並列，感到可笑的近代人，若考慮到孔子的時代時，也許也會點頭贊同，那是如何地眞摰！

吾自衛反魯，然後樂正，雅頌各得其所。

以那種時代，且禮樂傳統具有如此重要的意義等加以觀察時，孔子年老後的著作生活中，所以對於樂方面的活動，其範圍較爲廣大是極其自然的事。

正樂是把它復原成本來的型態。〈雅〉與〈頌〉分別恢復其本來應有的地位。

雖只有此兩句的記述，但只有樂已恢復正確的位置這句話，便可以感覺出，其背後所涵蓋的是那隆盛地周的樂制已重新恢復其正位。尤其像雅或頌等形式的樂，以今日的言語來表示的話，即皇室專用的音樂，總是和朝廷、宗廟結合在一起。人世若失去秩序，樂也同時會被濫用，是極爲自然的事。

在此必須特別說明的是，將當時的古詩或民謠等三千餘篇加以分類整理，而選出其中的三百零五篇編成《詩經》的事。至於此三百餘篇的詩，有這樣的記述：

孔子皆弦歌之，以求合韶武雅頌之音。

就是說，孔子親自將它們一一用琴彈奏，並試唱是否符合〈韶〉、〈武〉、〈雅〉、

〈頌〉等的樂式及音律。他於是斷言：

關雎樂而不淫，哀而不傷。

這是說，《詩經》才是引導人擁有快樂的生活，且眞正具有優美感傷的音樂。事實上，今日也一樣，庸俗惡劣的感傷與點綴滋潤人生優美的感傷，經常都僅一紙之隔而已。

不過，所謂《詩經》大半是當時民間的情歌。從儒教的教義來批判時，有不少違反其教義的情歌。這樣的《詩經》，孔子只說：「思無邪」，而將此採用爲教材。而且以「興於詩，立於禮，成於樂」的一節爲首，在《論語》中也有不少重視《詩經》的記述。尤其教育自己的兒子鯉（伯魚）時，有一節是鼓勵他讀《詩經》，或許有人會覺得奇怪。

子曰：「小子！何莫學夫詩？詩：可以興，可以觀，可以群，可以怨。邇之事父，遠之事君，多識於鳥、獸、草、木之名。」

子謂伯魚曰：「女爲〈周南〉〈召南〉矣乎？人而不爲〈周南〉〈召南〉，其猶正牆面而立也與！」

此處所稱的〈周南〉、〈召南〉是《詩經》第一卷〈國風〉的最初二詩集，其內容爲，

〈周南〉詩十一首中，女性關係就占九首，其中有關戀愛者有四首，表現女性美及其生活的有五首。另一方面，至於〈召南〉詩十四首中，與女性有關係有十一首，有關戀愛的有三首，失戀的爲一首，結婚問題的有二首，表現女性美及其生活的有五首。

可注意的是孔子還鼓勵他自己的兒子閱讀這些詩。我們只有感嘆，孔子有如此深遠的理解力，及宏大的包容力。尤其，有關〈鄭風〉，不僅儒教的教義上，連看法相當進步的今日也會覺得有不少在風紀上值得顧慮的地方。以唱片來說，馬上會受到禁止販賣的處分。

然而，即使如此，孔子總是認爲那些是思無邪，樂而不淫。（有關此《詩經》的音樂，只有這些就能單獨成一冊書，現若只將其要點簡單地記載時，這些詩並非像今日留下來的只有歌詞而已，而是全部都同時附帶能夠唱的音樂。其歌詞也非後代的儒學家牽強附會地讚頌某個帝王，或某事件，或爲攻擊或責難，全部都是更單純的，自然地流露出來的人的聲音，也是純粹的詩人之歌，那裡有《詩經》崇高的藝術價值。）

當作參考——當然，後代對於孔子編纂《詩經》的事，也曾提出其修正說。其理由，是太多的淫詩，其歌詞的取捨及整理沒一定的方針與標準，也有學者還舉出其他二三個理由，想否定孔子的刪詩說。

但是，從音樂家的立場來考量時，即使孔子未清楚留下刪定《詩經》的記述，他也必定會留下某些功績。根據《史記》則說：

禮樂自此可得而述，以備王道，成六藝。

實際上，由於孔子的出現，已荒廢的禮與樂才重新恢復其地位。往王道的大道也因此具備，教育人的最高課目的六藝也形成。可是，此六藝究竟是否照原形傳承或保留下來。在當時曾被說成：

弟子蓋三千焉，身通六藝者，七十有二人。

不過後代的儒學家，到底有否忠實地照那樣修業或實踐。對於其他領域，筆者恐怕沒有資格說，但有關樂的事，則有一點疑問。對於至少稱之爲樂的樂，其實際的音樂性，或已失傳，或已不知去向的今日來看，以人格統合爲主的儒教，無形中改變了其原來的面貌。眞的不知如何解釋此種現象才行。若允許一音樂家出言不遜的話，眞想說，後代的儒學家已使孔子成爲殘缺不堪的人。

孔子批判與復興古樂的精神

那麼，孔子在匡正古代諸樂曲時，採取何種方法與態度使其復原呢？有關此，在

《史記．孔子世家》中，也有引起我們作曲家之興趣的一節，孔子說：

觀殷夏所損益，曰：後雖百世可知也。

這是說，爲使荒廢的禮樂能夠復興，孔子首先必須溯及夏、殷、周三代，研究其歷史。對夏而言，孔子雖十分知其禮，但當他造訪其後裔居住的杞作調查時，卻未能取得可資證明的資料。至於殷朝的禮，同樣的事也在其後裔住處宋發生。不過，孔子從比較研究殷、夏之間的差異及變化，而了解了其變遷的趨勢。因此他說，雖百世之後，亦可得而知。孔子並推斷，他認爲最理想的制度周的文化，完全融合此二代的遺風而成。

他說：「郁郁乎文哉，吾從周」，也是這個時候。

總而言之，孔子曾想從那亂世中重現周公時代的理想國，因此，復興周的禮樂的權威，亦即表示發揚周的文化精神，和恢復其權威的意思。實際上，孔子雖然不可能看到其實現，但在他的著作中，仍將周記述爲最高理想，這是極其自然的事。

而且他所以決定周爲最安全的制度，並非盲目狂信，事實上如上所述，孔子是以其一流的判斷力所作的決定。

或許會被認爲，那是在遺物中，或從原始的古物中進化發展而作。由孔子的判斷創造什麼新的價值。但也許說，那是經堯舜以下三代所創造的原生的精神，再經孔子創造出新的面貌，可能較爲正確。

雖然孔子曾說，「述而不作」，但這並不表示只有復原或復興而已，事實上，也會讓人感覺出其建設性的一面。因此，針對《周禮》這本書的存在問題，古文派與今文派之間曾有過激烈地論戰，但對一音樂家而言，實際上，那是無關緊要的問題。

此種批判性的發展精神，從大處看，是爲解決今日全東亞文化上的各種問題，從小處看，是一作曲家在創作上所不可或缺的東西。

結語

然魯終不能用孔子，孔子亦不求仕。

如上所述，儘管孔子是位懷有如此敏銳的感覺，深刻的洞察力，及正確的判斷力，加上付出其不吝惜地努力，且懷抱著如此高遠的禮樂的理想的大人物，但不僅是他的出生國，最後沒有一個地方肯用他。孔子本身也沒有急著求仕的念頭。尤其他曾說過：

苟有用我者，期月而已可也，三年有成。

說出這樣充滿自信的話。這是說，若用他的話，只要三年一定能實現其理想，這樣向天下呼籲。

但是，在現實中失敗的他，在簡短的篇幅中，記載其理想的《春秋》，到底有多少效力呢？那是孔子以完成一世紀的遺書的態度所寫的書，他自己還這樣說，

知我者其惟《春秋》，罪我者其惟《春秋》乎。

不過，雖然孟子對此歷史政治的書，這樣說過：

孔子成《春秋》，而亂臣賊子懼。

但至少觀察其後中國的歷史也可了解，總是反覆著同樣的事，可見這句話或許是孟子爲了維護其老師的權威，多少帶有誇張的說法。而且讓人啼笑皆非的是，此歷史政治的書《春秋》，從修辭學的價值來看，反而對於中國的語言及文學有很大的貢獻。想到此時，眞的不知該說甚麼才好。政治是只在語言上，文章上表現的東西嗎？

孔子也許把政治視同藝術一樣，是一種極爲清澄的東西。事實上，把音樂與政治並列的也是他。以他個人，極端地尊重藝術教育，復興詩，並期待以樂完成人格，也都是他。恐怕古代一切文物，經過他手的無一不與禮樂發生關係。他本身似乎是一位過於純粹的藝術家。儘管他是位無論風采或舉動都稱得上非常俐落的灑脫者，但他不

像其他在亂世中逃避現實的音樂家，或躲在象牙塔裡的人，而以一個鄉下出身的政治家，十年如一日的諄諄遊說天下，不厭其煩地且從不厭倦地談論先王之道。事實上，今日的人們實際見到或碰到時，一定會認爲這個人是不是腦筋有問題。至少對我們音樂家而言，不得不說那是不可思議的怪物。當然，那也就是爲何孔子之所以爲孔子的原因吧！

這樣的孔子，在他的人生過程中，不得不以其孔子之名渡過其一生。即無保護他的君主，也無他可以實現理想的自己的土地。他所說的先王之道與那亂世之間距離太遠。而且也不因想去求取權力，而像任何霸者或武力獻媚或說好話。反而認爲霸道或權力等爲遠離常情不切實際的途徑，因此努力想正其名。以提倡並發揚禮樂代替刀劍或弓矢。依想法的不同，他又是一位時代的叛逆者。他徹底堅持與當時的思想或習慣完全不同的東西。因此，無論哪一國的君子都不想用他，甚至於不想保護他，是極其當然的事。假如我們也活在那個亂世，而看到當時的孔子的話，我們到底會做何感想呢？

現在我們接觸到孔子的經書時，才會有一種虔敬地感覺，但若想到孔子本身時，雖然活在那個時代，他仍不得不採取與當時的需求相反的言行，那絕不是一件快樂的事。而且他才是正確的一方。他實在是：

是知其不可，而爲之者與。

正如當時的人們批評他一樣，那是不可能，而他則雖知不能，還想努力推動自己的理想。

事實上，我們周圍的現實，有數不清的各種各樣的矛盾。想遵循某種規定時，有時會同時觸犯，並打破其他規定的例子並不少。而我們則必須從中努力保持和諧生存下去。有時奇妙的是，雖屬矛盾卻無論自己或他人都覺得不太矛盾似的。

他的想法是眞摯的，理想也是崇高的，因此對於那種平凡的想法與辯解並不加以考慮，孔子仍冷靜地想突破該平面，築造他自己的尖塔。因其理想眞摯且崇高，故從其遭遇所受的反彈也大。反之，只用妥協而不抱理想的人，經常平穩無事，也不會遭遇任何阻擾而相安無事。確實從平凡的現實社會或卑俗的人世看來，甚麼眞摯，甚麼理想等，反而被認爲只是一種阻礙，一種讓人爲難的東西。

對音樂而言，也一樣。

那種情形在任何時代都是一樣，即使完全沒有，對該時代也不會造成困難。時代稍有變動時，才會轉化爲不需要那種東西罷了。而剛好有識者的出現，當他向人們主張其重要性時，聲音越大，人們越覺得不需要而已。

然而，音樂永遠與國家同在。

那永遠是一國之歌，人民的聲音。

——譯自江文也著：《上代支那正樂考——孔子の音樂論》（東京：三省堂，一九四二年五月）。翻譯時，曾參考陳光輝先生譯本（收入《江文也文學作品集》，臺北縣立文化中心，一九九二年十月），謹致謝忱。

附錄

附錄一

儒的意義

狩野直喜著·林慶彰譯

上

儒是什麼？誦先王典籍，以德行和學藝教士子的人，爲何稱爲儒？

今要討論儒的意義，可分四個段落：一是儒學見於漢土文獻的，是起於何時？二是孔子之學，將其學稱爲儒，是在何時？三是儒學的意義如何？四是儒這名稱，是孔子或是其門徒爲了標榜他們的學問而用的，或是反對孔子之學的諸子異端之徒戲侮儒學所用的名詞？第三和第四個問題因互有關係，將一併加以說明。稽一事，究一言，在達到下定論之前，不能不多蒐集證據。唯胸有成見，漫逞想像以作論斷，那最爲危險，畢竟不是實事求是之學。但古籍中與本題有關的材料非常少，先儒所解的字義雖頗多解費，但仍不足以究原委。這篇文章，希望能儘量闡明此義。又有時加入想像，也不免空疏之譏，鄉壁虛造之咎。這些希望讀者能原諒。

首先，是第一個問題。在中國文獻裏，儒字是什麼時候出現的？依我看來，時間並不太久遠。如一般學者所說，儒者之道是堯、舜、禹、湯、文、武、周公相傳之道，孔子只不過祖述憲章而已。即如荀子，廣義的來解儒學，將周公納入儒中（〈儒效篇〉），韓嬰以文王為大儒（《韓詩外傳》卷五）。若儒學最初有那麼廣泛的意義的話，在上古文獻裏，沒有不記載的道理。其實不然，近年，在古昔殷都的舊蹟所發現殷人作龜卜之用，刻有種種文字的龜甲獸骨，我友羅叔言君努力研究，作《殷虛書契考釋》，書中所載文字極多，古代的官名也大略具備，但卻不見儒字。若夫三代鐘鼎彝器中所鑄的文字，檢視各家所集錄的，也不見儒字。當然，和原有的相比，羅書所載龜卜文字，也僅不過如九牛一毛。三代的金石文字也如此，像羅書所輯錄的金石文字之內，也沒有儒字，在上古總不能斷定沒有此字，但應該注意的是，在古代和儒相同，以德行和學藝掌教育之事，有師和保兩人。師保是在各自之下加氏字，如師氏、保氏、又後世稱太師、太保等。位列三公的教育官，不過是師、保二氏的延長。而這師、保二字，往往散見金石文字中，在薛氏、阮氏的書中，或師保連言或叫師氏、太師、太保等的文字。在古籍《易》、《書》、《詩》等，都不見儒字，而師保二字則散見各書中。《書·顧命》有：

召太保奭、芮伯、彤伯、畢公、衛侯、毛公、師氏、虎臣、百尹、御事。

在《詩》有：

楀維師氏。（〈十月之交〉）。

掌女子教育的，也把它叫師氏（〈葛覃〉）。把保和師並稱，在〈尚書君奭序〉中有：

召公爲保，周公爲師，相成王爲左右。

《禮記・文王世子》也有：

入則有保，出則有師。

在金石文字和古籍中都沒有儒字。唯《周禮》一書有儒之名。古今學者解儒的意義多據之以爲說，茲將全文記之如下：《周禮・天官・冢宰》條，有冢宰「以九兩繫邦周之民」：

三曰師，以賢得民。四曰儒，以道得民。

而鄭玄注云：

師，諸侯師氏，有德行以教民者。儒，諸侯保氏，有六藝以教民者。

又〈地官・大司徒〉中，有提到以本俗六來安萬民，其中有：

四曰聯師儒。

鄭玄注說：

師儒，鄉里教以道藝者。

《周禮》的儒字是師儒連言，這並未見於他書。其次，應引來爲證的，是大家都熟知的，《論語・雍也篇》有孔子的話：

子謂子夏曰：汝爲君子儒，無爲小人儒。

《周禮》是周公所作，在周官中已有儒的職稱，這距離孔子之時，年代相當久遠，爲何古籍中不見此儒字？實在相當奇怪。我認爲所以不用儒字，是用於教育者意義的，並不用儒字。儒是用作其他的意義，《左氏傳》襄公四年冬十月條，邾、莒二國伐鄫時，魯以臧紇爲大將來救鄫，魯師侵邾，在狐駘激戰，魯大敗，死傷甚多，魯人埋怨襄公用了臧紇，作歌曰：

臧之狐裘，敗我於狐駘。我君小子，朱儒是使。朱儒朱儒，使我敗於邾。

朱儒不是稱呼，而是因臧紇身材短小的罵語。《國語・晉語四》，文公想用陽處父爲其子讙（即後來的襄公）的老師，詢問胥臣的意見，胥臣答說：

侏儒不可使援。

也是說身材短小之義，和現在所說的儒不同。這說明有師儒意義的儒字，在《周禮》和《論語》之外並沒有，而《周禮》如爲周公所作，是記載行於周初的制度的話，儒字已廣爲人所知，又《周禮》如果是六國人所作，也不能相信它是孔子以前之書。《周禮》一書的眞僞，以前的學者聚訟紛紛，甲論乙駁，莫衷一是。如相信《周禮》是否周公所作，與我所要證明的是大有關係，暫不作本文之批評，但相信該書應作於孔子之後。又從上舉《周禮》的師儒連言來看，也頗爲可疑。如前所述，周代的教育官員只稱師和保，是師保連言，但《周禮》於保之外，別立儒字。而叫師儒。相信《周禮》的學者鄭玄，注意到它們間的差異，爲辨明這點，以爲師是「諸侯師氏」；

儒是「諸侯保氏」，但說到同是掌教育之官，天子之官稱師保，邦國即諸侯之下，稱師儒。有這名稱的理由，賈《疏》說：

> 四曰儒以道得民者，諸侯師氏之官。又置一保氏之官，不與天子保氏同名，故號曰儒。

但鄭注、賈《疏》所言，幾乎是不通的。若如賈《疏》所言，因諸侯之官名和天子之官名相同，避保字而改稱儒的話，諸侯的師氏和天子的師氏相同，爲何又不改了呢？且如賈《疏》所說，邦國並沒有保氏，只有儒，但其實不然。案《國語・晉語九》記載郵無正諫趙簡子的話，其中說到簡子的祖父遭逢變亂時說：

> 失趙氏之典刑，而去其師保。

又敘述父景子注意簡子的教育時說：

> 擇師保以相子。

趙子是晉的世卿，對天子來說，只不過是陪臣。然家臣可置師保，諸侯有師保也可以想見。從這點來思考的話，說爲避天子的保氏，而把諸侯的保氏稱爲儒的說法是不通的（俞樾的《群經平議》也說，師氏、保氏不限於天子之官）。我想《周禮》把師儒連言，是後來有儒之名，而其職重在以六藝教人，而相對立，進而想像《周禮》本文起初是作師保，儒家興起後，爲對其他學派誇示其學，爲表示周公時已有儒的官職，把儒字用來取代保字。這當然不過是想像，總之，《周禮》一書所載儒之名，不可認爲是周初的階級。那麼，儒之名起於何時，不外是我前面所舉的《魯論》孔子之語作爲證據。《論語》的編纂，恐要到六國之時。雖是本來孔門弟子忠實記錄老師之言，後來加以編纂而成，孔子之時已有其名，是不用置疑的。

那麼，第二個問題，即將爲孔子之學的人稱爲儒，是起於何時？要解決這問題之前，要先繞一下路。是關於孔子告訴子夏君子儒，小人儒之意義的說明。《論語》中可見的孔子之言，或是簡潔如先儒之解一樣，即如此章，孔安國注（正平本何晏之言，皇疏本作馬融曰）：「君子爲儒，將以明道，小人爲儒，則矜其名。」。朱子也同意這說法而引程子之語「君子儒爲己，小人儒爲人」。大抵來說，爲明道的目的，換句話來說的話，以自己的修爲爲目的而作學問，稱爲君子之儒，以學問向世人衒耀，以取名利爲目的而作學問的，稱爲小人之儒。但試著想想，子夏是在孔門四科之目，十哲之內的人，察其志向，明道之外，爲學豈有矜名求利之意。若如孔、朱諸家之解，孔子之訓誡似乎並不適切。蓋君子小人之語，其義頗多，以道德優劣，人品高下爲言。又位都市之人，即今所謂市民之意，也用君子之語。這時，相對於君子的是所謂郊外之人的野人。此外，以地位來別君子小人，即有士以上的地位，負治人之責的是君子，小人是庶民階層，受人統治之人。孔子之學其目的不外治國平天下，換言之是治人之學。但是，所謂治人，後來法家等也有這主張，唯不是以嚴法苛令治人，不是以功利的目的治人，並不合明德和親民之學。小人之學反之，治於人之學，換言之，是受人使用之學，並非在學爲人，而是在學器械之學，小人之學雖非無用，然其本身不能立於人之上而治人，只有君子在上，小人爲其所用，小人之學方能發揮其效用，「君子不器」正是這個意思。和此章可以互相發明的是《論語．子路篇》樊遲請學稼章：。

樊遲請學稼。子曰：「吾不如老農。」請學爲圃。曰：「吾不如老圃。」樊遲出，子曰：「小人哉，樊須也！上好禮，則民莫敢不敬；上好義，則民莫敢不服；上好信，則民莫敢不用情。夫如是，則四方之民，襁負其子而至矣，焉用稼？」。

樊遲請學稼作圃的事，並不是起致己之富的利慾心，樊遲之意，是農爲國本，不學稼穡的話，民無以遂其生。樊遲從學之餘，深思此一民生必用之學，以爲世用，根據《漢書．藝文志》，周時有農家一派之學問，在孟子時代，這一學派倡導一種社會主義，這屬於後世的事。可以反映其學的是周盛時掌此事的官。孔子之道是先王之道，所包至廣至大。《漢志》所說農家之學，原出於周官，孔子無不知之理。因此，學有大小本末，君子治人之學和小人治於人之學。君子之學給人理想，先修其身然後治人，是治國平天下之學，農國之學不過給與農國必要的知識。能學得的人，其人比作爲器械開始被使用，孔子大概責備樊遲僅注意小節目，而忘了治天下的大道，感嘆見識卑下。故以「小人哉！」「上好禮」云云，來說他。

以上是君子儒小人儒的解釋，現在要回到本論進行我的考證。《論語》中可見的儒字前文已有列舉。但孔子自己稱儒，把其學和後世所謂儒家所說稱爲儒學，予以爲不然。《論語》中孔子並沒有自稱其學爲儒。孔子自己叫它爲道，門人叫孔子之道，多說是吾道或先王之道，又門人說是夫子之道或是子之道，孔子或其門人自名其學爲儒或儒之道等的話。唯以孔子對子夏說君子之儒、小人之儒，並不是作爲孔子或門人自命爲儒的證據。但應該注意的是，在《禮記·儒行篇》，魯哀公有對孔子問「夫子之服，其儒服與？」之問，而以爲儒的特色不在其衣冠，而在其德行。力說儒者之行比常人卓越，起先哀公戲侮儒者，聽了孔子之言，改變了以前對儒者的態度。根據《禮記》的這段記事，孔子已把所屬的學派叫做儒，以自己爲儒中的一人自居。但如先儒所討論的，這篇是戰國時代的儒家受其他學派的辯難攻擊，欲張大其學，在《莊子·田子方篇》可見到是仿效哀公和莊子的問答而作。說文體，所述又誇張儒者的行爲，就其架空的記事，可知是戰國末年的人所作。康有爲等公羊學者，根據他們的意見，或以孔子作爲儒教的開山祖，孔子自創儒之名，並以之自居，予並不能苟同。

下

《漢書·藝文志》本於劉向的《別錄》、劉歆的《七略》。志中所載，是經籍史子書的目錄，六經及諸子百家各述其特質，明其長短得失，吾人根據這些，可得知周代學派的異同和其起源及其流別。但《志》最先舉六經有關專家的著述，其次是《論語》一家，然後，列儒、道、陰陽、法、名、墨、縱橫、雜、農等，以儒家出於司徒之官，以道家出於史官，陰陽家是羲和之官，法家是理官，名家是禮官，墨家是清廟之守等，以所有起於周代的儒家及諸子之學，皆起源於周官，又在六經及《論語》等，僅闡明其學之特質及此等之學在漢代傳授之始末，對其內容並不加什麼樣的批評。相反地，對儒家及其他諸子，在周官中尋求其起源的同時，敘說其主張學說的大要，又加以批評。例如：以儒家爲出於司徒之官，一面贊美其「助人君，順陰陽，明教化」、「遊文於六經之中，留意於仁義之際，祖述堯舜，憲章文武，宗師仲尼，以重其言，於道最高。」一面批評其短處，用「然」這一轉語說：「惑者既失精微，而辟者又隨時抑揚，違離道本，苟以譁衆取寵。」其態度對道、墨、名、法諸家也都是長短並舉。劉向父子或班固本身都是儒者，何以取這種態度？和我在前稿所申述的，這種人，以儒家爲出於孔子，孔子之道即先王之道，以這稱儒家這一學派，並不應與戰國諸子同列。換言之，孔子之說是高於此學派，且可涵蓋他們。故記孔子言行的《論語》，並不著錄於儒家類。而次於六經，在儒家之條，則著錄晏子、子思、曾子及其以下之書。〈藝文志〉之意，是以孔子非儒學中人，這與前文所說，孔子自己並不以儒自居的考證是一致的。但爲何孔子對子夏說君子儒、小人儒等的話。這問題後面會論到，首先在《論語》以外的古典，檢索在孔子時代是否有儒的用例。根據我的解釋，《左傳》有其用例。哀公二十一年，即孔子卒後六年的記事，有提到儒書。

敘述其事實的話，哀公十七年魯侯、齊侯在蒙地會盟，齊侯用稽首之禮，而魯侯僅以拜禮答之。齊人因魯侯之無禮而大加責備。當時作爲魯侯之相，隨時在會場的孟武伯辯解說，據周禮，魯君對天子行稽首之禮，對同列諸侯不必行此禮，故用拜禮。當時以無事收場，齊人餘恨未消，至二十一年，齊侯、邾子結盟，把魯侯招到顧地，齊人責備前數年魯侯對自己國君行稽首禮而不以稽首禮回答的事，因而唱歌說：

魯人之皐，數年不覺，使我高蹻，唯其儒書，以爲二國憂。

這意表對魯侯、齊侯作無禮的舉動，以數年來皆不悟其咎，齊、邾二國遠路來會盟，以至於再度以前次不答稽首之罪，加以責備。這畢竟是魯君臣所信奉的儒書，堅守不合時代的周禮的頑愚之見，以至於兩國都受困擾。我們可以得知這歌謠至少是在孔子卒後數年的時代，在魯作學問，習先王之禮樂有心得，齊人稱爲儒，又稱其經典爲儒書。又魯侯所以沒有稽首的理由，孟武伯認爲是本之周禮。在《論語》中有孟武伯問孝的記載，其父孟懿子是孔子弟子。父子同受孔子之教的薰陶，根據禮，稽首和拜禮的區別，那是很堂皇的辯解。唯應該注意的是，儒書的話，本出於齊人之口。魯之君臣所研習的一般稱爲儒書，不得不令人懷疑。且案這個歌謠的意思，帶有嘲諷魯國君的語義。因此，儒者的儒原不是美稱，文字中含有多少嘲諷的意味，後面想加以討論。

可見到儒之名的古典籍是《墨子》。但《墨子》的時代並不明確。僅《史記·孟子荀卿列傳》有「或曰並孔子時，或曰在其後。」縱使其出於孔子之後，年代也不會相隔太遠。到了墨子之書則以儒家來稱呼孔子及其學派。批評攻擊儒的主張的，有〈非儒〉一篇。關於儒之道，舉出侈音樂、厚葬禮，加以攻擊的同時，墨子和孔子一樣也稱道堯、舜、禹、湯、文、武等。又引《詩》、《書》之文。從它的說法，墨子並沒有命自己的學派，而是反對孔子及其學派以儒爲名，以此作爲攻擊的目標。這也是儒家以外之人總括孔子及其學派，在攻擊其學派時，以儒爲名的例子，在儒家經典中，除《論語》的君子儒、小人儒外，見不到儒的名稱。不用說，孔子門人的書大多亡佚不傳。被引到的古書，今日尚存者多不可信。大抵來說，看不見稱自己爲儒的例子，可說相當奇怪。《大學》雖被稱爲孔子之遺書，並不見儒字。《中庸》雖是子思所作，仍沒有儒字。大抵來說，孔子以後至孟子，行孔子之學的，並未見到自稱爲儒的。至孟子才開始標榜儒學。孟子生於孔子之後百餘年，距楊墨，明孔子之道，把奉孔子之道者稱爲儒。從「逃墨必歸於楊，逃楊必歸於儒」（〈盡心〉），可知把它當作一個學派之名來用儒之名。但是，孟子並不是爲了要和其他學派作區別而不用儒的名義。如他說：「楊墨之道不息，孔子之道不著。」又說：「吾爲此懼閑先聖之道，距楊墨，放淫辭，邪說者不得作。」又說：「堯、舜既沒，聖人之道衰。」（〈滕文公〉）都未必用儒的名義。但到了稍後於孟子的荀子，書中很明顯地多用儒之名。而荀子是在區別儒的價值。說到俗儒、雅儒、小儒、大儒（〈儒效篇〉），或是用陋儒、散儒（〈勸學篇〉）、腐儒（〈非相篇〉）等用語，而很明顯地把孔子列爲大儒，從這裏可以看出擴大了儒的語義範圍。大概儒的話，僅是誦習先王之經，以之教導士子，或限於作一定的職務。荀子則擴大了它的意義，把先王自身也包括在儒名之下。有一例，說到周公之行時，「夫是之謂大儒之效」（〈儒效篇〉）推尋荀子之意。堯、舜、禹、湯以下也稱聖人。應該也稱儒。而在戰國末期，儒家以外的諸子，如莊子、韓非子都如何說，皆把孔子及其學派稱爲儒，以此作爲攻擊的目標，儒家也以儒之名來標識自己的學派，來和他們相爭，可說歷歷可見。《荀子·儒效篇》說到儒的效能時，對「儒者無益人之國」的說法作了辯解。前文提到的《禮記·儒行篇》把儒家和其他諸子對立，形成爭衡的狀態。在〈儒行篇〉之末，提到孔子說到儒行之可貴，哀公才受感動，而「沒吾世不敢以儒爲戲」。在前述孔子和哀公的問答，是戰國末年，儒家爲張大其學所編的故事，「沒無世」的話，可知當時的儒者是受到一般人的嘲弄。

我們想要敘述的，當時的儒受到其他諸子的攻擊，又受一般人的嘲弄，在儒的主張、儒的言語中，是否含有嘲弄的意義。這問題是，儒之語是儒家自命其學，或者是起先孔子及其學派以外的人創立此一名稱，後來儒家也用這一稱呼？如我在上文所說，儒家以儒家爲總名來名其學，始見於孟子。孟子之前的墨子，用「儒之道」的話來排擊孔子及其學派，本來儒的話並不美稱，讓人想像，它並不是用作一種誹謗的標識，雖然這不過是想像。要探究這點，首先非究明儒字的意義不可。

關於儒的意義，在先秦古書中，並不見作言語學的解釋，根據我所知，漢韓嬰的《韓詩外傳》有：

> 儒者儒也。儒之爲言無也，不易之術也。千舉萬變，其道不窮，六經是也。

同樣地，應劭《風俗通義》（《後漢書·杜林傳》引）中有：

儒者區也。言其區別古今，居則翫聖哲之詞，動則行典籍之道，稽先王之制，立當時之事，是通儒也。

這是有關儒學，漢儒的解釋中最古的。但是把儒解作無、作區，所謂疊韻法是漢人最喜歡用的方法，以這並沒有直接的正解，大抵來說免不了牽強傅會。鄭玄《三禮目錄》則說：

儒之言優也，柔也。能安人，能服人。

又說：

儒、濡也。以先王之道能濡其身。

梁皇侃的《論語義疏》又以濡來解儒字：

儒者濡也。夫習學久則濡潤身中，故謂久習者爲儒也。

《說文》人部有儒字，解釋說：

儒，柔也。術士之稱，从人需聲。

鄭玄、皇侃等的說法，是正確嗎？把儒解作濡，能以先王之道濡潤其身，故稱爲儒。又把儒解作無，作區之類都不是正解。皇侃所說「習學久則濡潤其身」也不可從。凡是習學久的話，即使什麼樣的學問，都可以達到濡潤其身，決不僅限於儒學。大抵來說，都不是表現儒的特質之義。但以上各說中，以何義爲正解，以雙聲疊韻法來解釋，我以爲把儒解作優、作柔最爲恰當。爲何以優或柔之義來解釋，最能顯示儒家的特質呢？前舉鄭玄相信《周禮》，而《周禮》是以師儒並稱，在把儒變成美稱的前提下，解釋爲「能安人能服人」，如我前面所舉的那樣，要了解是否恰當還眞有點難。

予想從儒字形體的構造來考察。儒字是从人从需。儒字的構成要素是需，既是音也是義。儒字如前文所述，在孔子以前的文獻，除《周禮》外並不見，至於需字，《周易》六十四卦中已有需卦。先儒關於誰來重卦的說法雖然很多，假如成於文王可察其字之舊。根據《易》所說，需是☵☰（乾下坎上），下是想進於剛健之德的乾卦，上是有險難（坎爲險難）來妨礙它，阻止強進，以慢慢等待時機成熟作爲需之義。即以「待」作爲需之本義。但爲何以需字來表現「待」呢？《說文》雨部：「需，䇓也，遇雨不進止䇓也，从雨而」。合上之雨下之而構成需字。而《穀梁傳》也有緩辭，凡一事接續另一事時用而字，從一事移到另一事，需要多少時間故稱爲緩辭。即「而」緩辭之上有「雨」字，因逢雨而不進，慢慢等待天晴。凡是慢慢等待時機到來，換言之反對急迫強行的態度就是優、柔，而優柔和迂愚是相接近的概念。我們試著以「需」作爲基礎，把它加上偏旁，就可以窺知以上所述意義的文字。例如：以需从口是嚅。嚅是囁嚅，即以從口說出又躊躇作爲本義，即舒緩的意思。从內从需是臑，《說文》有臑臂、羊豕曰臑，段《注》：「臑之言濡也，濡者柔也」，取肉的柔軟義。合需和米爲糯，即「糯米」，是有黏性而柔軟之意。合需和衣爲襦，《說文》解作短衣，碰觸肌膚有柔軟之意。合心和需爲懦，合水和需爲濡，水的浸潤其勢不急，是舒緩的意思。見他如嬬、如孺，也都有柔弱之意。在由需作爲一部分所構成的文字中，如前所述有緩、優、柔、弱等之意來看的話，不難想像同樣从需的儒字有這種意思。《荀子・修身篇》有「偷儒轉脫」之語；楊倞把它注爲「儒弱畏事」。又「偷儒憚事，無廉恥而嗜乎飲食」，皆注作「儒弱怠惰，畏勞苦之人。」是以儒弱來解釋儒。又《禮記・玉藻》有「儒者所畏」《釋文》云：「儒，怯儒。又作儒。人于反，弱也。」這是古來儒、儒二字共用的證據。又儒有緩之義，從後世有儒緩的話也可以得知。《北史・王憲傳》記述他兒子嶷的事有：

孝文初，爲南部尚書，在任十四年，時南州多事，訟者塡門。嶷性儒緩不斷，終日昏睡。

又同書〈劉芳傳〉說：

出除青州刺史，爲政儒緩不能禁止姦盜。

《唐書・鄭畋傳》記述賊將王璠攻畋說：

璠內輕畋儒柔，縱步騎，鼓而前。

可知都是取舒緩、柔懦之義。（以上三條參考桂馥《說文解字義證》）。

其次想說的是，儒有怎樣的特色才來稱呼它。我想儒之名大概是因儒衣服的特色。又從其學說得之。因限於篇幅不能詳說，聊發其端。孔子時，孔子和其弟子穿一種特別的衣服，表示其禮文威儀之盛，受一般人注意的事是前所舉《禮記・儒行篇》中哀公對孔子，有「夫子之服其儒服與」的話也可得知。看孔子及其弟子穿逢掖之衣，繁揖讓之禮，絃歌而樂先王之道的態度，給一般人有舒緩、優柔之感，又孔子常稱堯舜、尊德治、不好言兵旅之事，或讓衆愚疑其柔弱。《左傳》記夾谷之會，有叫犁彌的武人向齊侯獻策，孔子雖知禮而無勇，使萊人以兵劫魯侯，必得志焉的故事。孔子以禮讓治國，以接鄰國作爲要道。在以攻伐爲事重視武力的齊人看來，或者不如所想的那麼勇也說不定。又孔子的政治理想，人君先修其身來治人，完成其天賦之德，以遂其生。明德和親民相須，政治和教化合而爲一。換言之，用政刑導民，以不滿足免恥，以德禮臨之，有恥且格，而達成其目的。但因其理想高遠，一時無法收效。就如所說「善人爲邦百年，亦可以勝殘去殺，誠哉是言也。」孔子之說法，雖是正道，當前要收事功似乎不太可能，當時有迂遠之譏，子路待衛之君子，問爲政應以何者爲先，答以正名，「有是哉子之迂也，奚其正。」門人已以孔子爲迂，世人所見的孔子之事如何應該知道。孟子是學孔子的人，根據《史記》說：

道既通，游事齊宣王，宣王不能用，適梁，惠王不果所言，則見以爲迂遠而闊於事情。

迂遠即向目的時或沒有一直線前進而採迂迴之謂，正相當於舒緩之義。又孔子之道是用德治、以禮樂化民。以刑罰嚴令爲政的一部份人來看的話，有流於優、弱之感。以這樣的理由把爲孔子及其學加上儒之名，我以爲雖本有嘲弄的意思但並沒有奸邪的惡稱，以至於最後儒家也接受了它。教人闡揚聖人之言的，以其道爲天下之道。因有這樣的信念，作爲自己的一個學派，和其他的分開，並不會窄化了他們的道，因此並沒有自名其學的必要。附上其學派之名時，或不屬於當時其學派，但看其特色而作一種稱呼。在一般流行開來，到了其學派的人也用它，在古今東西，其例甚多。不單是學派、宗教、政治黨派之名往往如此。儒之名和這也相同，儒家起先並不自名，流行開來後，遂襲用它。這大概要在孟、荀以後的事。孔子所說的君子儒、小人儒是受困於當時的用語，孔子自己並不以儒家限定其學。

——譯自狩野直喜著《支那學文藪》（東京：みすず書房，一九七三年四月），頁一四〇—一五五。

附錄二

原始的儒、儒家、與儒教

許地山

在原始社會中，凡長於一技，精於一藝底人，他必定爲那群衆所敬重。因爲他能辦群衆所不能底事，所以他在那社會中底地位最高，且具有治人底能力。在草昧時代，人民最怕的是自然界一切的勢力，疾風、迅雷、景星、慶雲，乃至山崩、河決，無一不是他們所畏怖底。他們必要藉著「前知」或「祈禳」底方法來豫防，或解救那一切的災害。然而「前知」「祈禳」底事不是人人能辦底，在一個團體中至多不過是三五個人而已。這樣具超常人能力底人，必能制度、創物。這等人在中國古代，高明者爲「聖人」，次者也不失爲「君子」。但無論是聖人也罷，君子也罷，他們底地位即是巫祝，是宰官，或者也是君王。女媧煉石，神農嘗藥，蚩尤作霧，史皇（蒼頡）制書等等，都是聖人能作物底；同時，他們是君主。（史書多說蚩尤好亂喜兵，少說到他底好處，可是他也不定是很暴虐的人。他也是個儒者，《管子·五行》：「昔者黃帝得蚩尤而明於天道；得大常而察於地利；得奢龍而辯於東方；得祝融而辯於南方；得大封而辯於西方；得后土而辯於北方。黃帝得六相而天地治，神明至。」看來蚩尤還是一位助人君知天時底人哪。）時代越下，依聖人曾經創作底事物而創作底人越多，「聖人」「君子」底尊號，當然不能像雨點一般，盡落在這些不發明而制物底人底頭上，於是古人另給他們一個名字叫做「儒」。

「儒」這個字，《說文》解作「術士」。依這兩個字底解釋，是辦事有方法底人底意思。（「術」，《說文》解作「邑中道」，《廣雅》解作「道」。「術」「道」相通，可見「術士」即是「道士」。）從制字底本誼說，「儒」從人需，「需」《易象》說是「雲上於天」。〈序卦〉說是「飲食之道」。由前說是天地之道，而後說是人道，那就是說，儒是明三才之道底人。這個意思，漢朝的揚雄給他立個定義說：「通天、地、人，曰儒。」（《法言．君子篇》。）最初的儒—術士—都是知天文，識旱潦底，他底職分近於巫祝，能以樂舞降神。他是巫官，是樂官，又是教官，〈虞書〉載舜命夔典樂教胄子，以諧神人，即是此意。其後衍爲司樂之官，「掌成均之法，以治建國之學政，使有道有德者教國之子弟，死則爲樂祖，祭於瞽宗。」（《周禮．大司樂》文）。儒者皆以誨人爲職志，其淵源未必不在於此。怎麼說最先他也不過是巫覡瞽矇一流人呢？古人以衣冠爲章身序官之具，因具形式辨別那人底職分，儒者所戴底帽子名「術氏冠」，又名「圜冠」，圜冠是以鷸（翠鳥）羽裝飾底帽子，用來舞旱暵求雨底。《莊子．田子方》有一段話說：「儒者冠圜冠者知天時；履句屨者知地形；緩佩玦者事至而斷。」可見周代底儒，雖不必盡爲舞師之事，而他底衣冠仍然存在著先代底制度，使人一見就可以理會他是「通天地人底人」。（參看章太炎《國故論衡．原儒》。）又詩傳所謂「建邦能命龜；田能施命；作器能銘；使能造命；登高能賦；師旅能誓；山川能說；喪紀能誄；祭祀能語；君子能此九者，可謂有德音，可以爲大夫。」這九能中，巫祝之事佔了一大半，然而不失其爲大夫、君子。

儒者既爲術士的統稱，所以凡有一技一藝之長對於所事能夠明了、熟練，和有法術能教人底都可以稱爲儒，儒爲術士。故「教之以事，而諭諸德者」爲師，（〈文王世子〉文。）「有六藝以教民者」爲保，保就是儒。「藝」、「術」、「道」三字，在典籍中幾成爲儒者底專賣品。〈天官．大宰〉職說「儒以道得民」；〈地官．保氏〉職說「養國子之道，乃教之六藝。」這裏底「道」，是技術材藝底道。《晏子春秋．內篇第五》說：「燕之游士，有泯子午者，南見晏子於齊，言有文章，術有條理，巨可以補國，細可以益晏子者三百篇」。又《呂氏春秋．博志》：「孔、墨、甯越，皆布衣之士也，慮於天下，以爲無若先王之術者。」我們可以看出泯子午所有底是補國益身底法術；孔、墨、甯越所學底是先王底經術。「法術」、「經術」都是儒者底職志，是聖人所務底。《禮記．鄉飲酒義》說「古之學術道者，將以得身也，是故聖人，務焉。」「術道」就是藝術。到這裏，我們不能不略講一點「藝」底意思。

保氏所教底是藝。《漢書・儒林傳》：「古之儒者，博學虖六藝之文。六學者，王教之典籍，先聖所以明天道，正人倫，致至治之成法也」。明六藝是先聖致治底道術，是世儒所習所教底。六藝是政教學藝底基礎，自來就有今文古文兩派說法。主這說底為「純乎明理」為今文六藝；「兼詳紀事」為古文六藝。此外還有保氏所教底六藝——禮、樂、射、御、書、數。《大戴禮》有「小藝」「大藝」底分別，故此，我以為六藝可以分為小學六藝和大學六藝。小學六藝是小藝，就是童子八歲出外就舍所學底，五禮、六樂、五射、五馭、六書、九數。大學六藝是大藝，即所謂六經，是束髮時在大學所學底《易》、《書》、《詩》、《禮》、《樂》、《春秋》。不過大學所習底六藝古時只有四樣，〈王制〉：

> 樂正崇四術，立四教，順先王《詩》、《書》、《禮》、《樂》以造士。

《莊子・天下篇》也說：

> 古之人其備乎！配神明，醇天地，育萬物，和天下，澤及百姓，明於本數，係於末度，六通四辟，大小精粗，其運无乎不在。其明而在數度者，舊法世傳之

史尚多有之。其在於《詩》、《書》、《禮》、《樂》者，鄒魯之士搢紳先生多能明之。《詩》以道志；《書》以道事；《禮》以道行；《樂》以道和；《易》以道陰陽；《春秋》以道名分。其數散於天下而設於中國者，百家之學時或稱而道之。

這裏明明有大小藝的分別，「其明在數度」，即是先聖遺留下來，揖讓升降；舞勺，誦詩；白矢，連參；諧聲，轉注；鳴鸞，逐禽；均輸，方程等等技藝底成法，所謂「六通」，是通於此；世人所傳，也是傳此。至於載於竹帛底《詩》、《書》、《禮》、《樂》，是古聖政事、典章、學術、名理之所從出，要辟這四藝非入大學不成，故只爲鄒魯一部分底士，和縉紳先生所能明。道陰陽底《易》，和道名分底《春秋》，本不在大學六藝之列，也許因爲這兩樣是卜史所專掌，需要在官然後學習底緣故。韓宣子觀書於魯大史氏，見《易象》與《魯春秋》（見左昭公二年傳。這時孔子十一歲。）孔子晚年才學《易》，刪定《春秋》，足見這兩書不藏於黌宮，孔子在大成之年也未必獵涉過底。

凡是一種理想，都是由許多成法擠出來底。六藝既是先王經世底成跡，那鑽研經術底儒生在習誦之餘，必要揣摩其中的道理。於是在六藝中抽出一個經緯天下底「道」，而「道」「藝」底判別，就越來越遠了。這個「道」是從六經產出，是九流百家所同宗底。所以不習六藝所產底「道術」觀念就不能觀九家之言，便不能明白儒家底淵源。百家所持，原來只有從六藝產出底一個「道」字，這個「道」本不專爲一家，乃是一個玄名，自劉向以後，始以老莊之說爲道家，《漢志》說「道家者流蓋出於史官」，其實古代神政，能誦習典冊底，也只有祝史之流，正不必到衰周王官失守，然後流爲一家之言。且在官者皆習六藝，各家底思惟也是趨於大同，也是「違道不遠」底。

「道」是什麼意思呢？說起來，又是一篇大文章，我只能將他底大意提些出來和儒家所主底比較一下而已。道只是宇宙間惟一不易的根源，是無量事物之所從出底。《韓非．解老篇》：「道者，萬物之所然也；萬理之所稽也。」《莊子．天下篇》說：「古之所謂道術者，果惡乎在？曰無乎不在。」又〈在宥篇〉說：「一而不可不易者，道也。」〈中庸〉「天命之謂性，率性之謂道，修道之謂教。」《易》說「一陰一陽之謂道。」又說「立天之道，曰陰與陽，立地之道，曰柔與剛。立人之道，曰仁與義。」這陰陽、柔剛、仁義之道，是一般術士所傳習底。所以道家主柔弱，說「致虛極，守靜篤」，而「儒」訓爲「柔」。道主「無爲」，而孔子說「無爲而治天下其舜也歟？夫何爲哉？恭己正南面而已。」道推原於天，如〈天道篇〉說：「古之明大道者，先明天，而道德次之。道德已明，而美次之。……以此事上，以此畜下，以此治物，以此修身。知謀不用，必歸於天，此之謂太平，治之至也。」而儒以順陰陽爲職志，故〈祭義〉說：「昔者聖人建陰陽天地之情，立以爲易。易抱龜南面，天子卷冕北面，雖有明知之心，必斷其志焉，示不敢專，以尊天也。」《易》是中國最古的書，是六藝之祖，百家，尤其是道家底思想都從這裏出發底。孔子所修底道，多在實用方面，故說「修道以俟天下。」而他底行教目的也是要和這經緯六合之「道」同流底。看他所說「吾道一以貫」和「志于道，據于德，依于仁，遊于藝」四個大教義，也可以理會得道儒之分別。

我們既然知道，「藝」、「術」、「道」，是一般儒士所常道底，儒不過是學道人底名稱，而後人多以儒爲宗師仲尼底人。這是因爲孔子和他底門人自己認定他們是儒底正友，是以道藝教鄉里底。孔子對子夏說「女爲『君子儒』；無爲『小人儒』。」因爲子夏當時設教，夫子告以儒之道，教他要做識大體而可大受底「君子儒」。此後社會上就把儒這個字來做學「孔子道」底人底專名（見《淮南・俶眞訓》「儒墨」注）。原來在孔子以後不久，這字底意義就狹窄了。孟子自己說他底道理是儒，而墨者夷子亦稱孟子所傳爲「儒者之道」（參見〈滕文公上〉，〈盡心下〉）。儒既成爲學「孔子道」底專名，所以《漢志》說：「儒家者流，蓋出於司徒之官，助人君順陰陽，明教化者也。游文於六經之中；留意於仁義之際。祖述堯舜，憲章文武，宗師仲尼，以重其言。於道爲最高。」又應劭《風俗通》說：「儒，區也。言其區別古今，居則翫聖哲之詞，動則行典籍之道。稽先王之制，立當時之事，此通儒也。若能納而不能出，能言而不能行，講誦而已，無能往來，此俗儒也。」訓儒爲「區」，明其對於道與諸家有不同的地方。這如猶太教中一部分持律底人自以爲「法利賽」底意思相仿。至於「通儒」、「俗儒」，仍是孔子「君子儒」、「小人儒」底意思。

儒這個名字，怎樣到孔子以後就變爲一種特殊的教義呢？這有三個緣故。

一、當時社會底光景，使他成爲一家之說。要知道孔子正生於「天下無道」底時代，他對於當時的人民要積極地在思想和行爲方面去救度他們。他對於邪說、橫議，要用「正名」底方法去矯正。要爲他們立一個是非底標準，故因魯史而寄他「正分名」、「寓褒貶」底大意思。孟子發明孔子作《春秋》底意思說「孔子成《春秋》，而亂臣賊子懼。」又說「王者之迹熄而《詩》亡。《詩》亡，然後《春秋》作。晉之乘，楚之檮杌，魯之春秋一也。其事則齊桓，晉文；其文則史。孔子曰，『其義，則丘竊取之矣。』」孔子用這個方法，本來是很好的，因爲人都願意留個好名聲在史冊上，若個人的善惡行爲在史冊上都有一定的書法，實在可以使「亂臣賊子懼」。我見這個比輿論更有勢力。

二、他要實行他師儒之職，以道德教人。道德不是空洞的，是要舉出些人來做榜樣底。所以他所立底標準人物是古代的「聖人」、「君子」。他要「祖述堯舜，憲章文武」，可見還是行著師保之職，只以先聖底道藝教人。《漢志》說儒家蓋出於司徒之官，這「蓋」字用得很好，因爲儒者都以教學爲職志如司徒底屬官一般，儒者既是「游文於六經之中，留意於仁義之際」，故凡事必師古；從典籍上傳來底成法，都要學底。「子所雅言；詩、書、藝、禮。」爲重先王之典訓，故「正言其音」，也是爲學底方法。

三、他對於政教底理想是偏重「《書》的」。胡適說孔子對於改良社會國家底下手方法全在一部《易經》。但「《易》的思想」，是士君子意識中所共有；在百家中沒有一家不歸根於《易》底。我以爲儒所以能成爲一家；是出於孔子底「《書》的意思」。就是他所解說底《易經》也是本著這個去解釋底。《尙書》即所謂古昔聖賢底典型，孔子說到政事或他的理想底時候，少有不引他來做佐證，或攝取其中的意思說出來。

（甲）孔子第一個理想是「孝友」，看〈爲政〉載：

或謂孔子曰：「子奚不爲政」？

子曰：

《書》云，「孝乎惟孝！友於兄弟，施於有政。」（逸書。東晉僞古文采入〈君陳〉。）是亦爲政。奚其爲爲政？

孔子這段逸書，意思說政治的根本是在「孝於父母，友於兄弟」。因爲孝友是齊家底要政，孝弟既「不好犯上」，那也就「不好作亂」了。所以孝弟之道明，則天下後世底「亂臣賊子」無所養成。

孔子底孝說，也是託於《尙書》底。孝是儒教底重要教義，也是要入儒教團體（做聖人之徒）底人所當履行底。儒者看父母像天神一般地不可侵犯，在生時固然要盡孝盡敬，死後也不許你一下就把他們搬在腦後，要終身追慕他們，──形式上要行三年底喪服。這三年喪服底觀念也是出於《尙書》底。〈說命〉載「王宅夏，亮陰三祀。既免喪，其惟弗言。」引起子張底問（文在〈憲問〉）。以後孟子更伸引〈堯典〉「二十人載，放勳乃徂落，百姓如喪考妣。三年，四海遏蜜八音。」（見〈萬章〉，原文今入〈舜典〉。伏生《尚書》原只〈堯典〉一篇，無「粵若稽古帝舜」二十字，至齊建武年始誤分爲二篇。）底話，歷說舜禹，行三年之喪底事實。

三年之喪是否儒家，「託古改制」底一例，自來就是一個疑問。毛奇齡〈賸言〉有一段很可以幫助我們。

滕文公問孟子，始定爲三年之喪，豈戰國諸侯皆不行三年之喪乎？若然，則齊宣欲短喪，何歟？然且曰吾宗國魯先君亦不行，吾先君亦不行，則是魯周公伯禽，滕叔繡並無一行三年之喪者。往讀《論語》子張問高宗三年不言，夫子曰「何必高宗，古之人皆然」，遂疑子張此問，夫子此答，其周制當無此事可知。何則？子張以高宗爲創見，而夫子又言「古之人」，其非今制昭然也。及讀《周書》康王之誥，成王崩，方九日，康王遂即位，冕服出命令誥諸侯，與「三年不言」絕不相同。然猶曰，此天子事耳。後讀《春秋傳》晉平公初即位，改服命官，而通列國盟戒之事，始悟孟子所定三年之喪，引「三年不言」爲訓，而滕文奉行。即又曰「五月居廬，未有命戒」，是皆商以前之制，並非周制。周公所制禮，並未有此，故侃侃然曰，周公不行，叔繡不行，悖先祖，違授受，歷歷有辭，而世讀其書，而通不察也。蓋其云「定三年之喪」，謂定三年之喪制也。然則，孟子何以使行商制？曰，使滕行助法，亦商制也。

看來，「三年之喪」是儒家「好古敏求」底事實，大概古來只行於王侯輩，不過儒家把他推行到士庶身上，爲底要「民德歸厚」罷了。

（乙）孔子第二個理想是法天。〈泰伯〉載：夫子讚美堯底話說：「大哉，堯之爲君也，巍巍乎，唯天唯大，唯堯則之。」這是發明〈堯典〉「乃命羲和，欽若昊天，歷象日月星辰，敬授民時」底意思。以後他在《易．繫詞上》說：「古者，庖羲氏之王天下也，仰則觀象於天；俯則觀法於地。」又說：「黃帝、堯舜，垂衣裳而天下治，蓋取諸乾坤。」又〈堯曰〉全章（「堯曰」至「公則說」，是一篇《論語》後序。《論語》自〈微子〉說夫子之言已訖，故子張問皆記弟子之言。至此更集夫子遺語遺意綴於冊末，以爲後序。可惜文字脫佚不少，後人遂把子張問併在裏頭。「子張問」以下古原分別爲篇，因書成後，才得著，故附於後序之後。），是總結孔子政教思想底全部底，我們看在這零篇斷簡中，出於〈典〉、〈謨〉、〈誥〉、〈範〉底也不爲少。

（丙）第三是孔子底「富教主義」，〈洪範〉所陳第九疇底五福——壽、富、康寧、攸好德、考終命——是一個具足生活順序底理想。說人先要多壽（健全的生命）然後能享諸福。既有了生命，不可不有資生底財祿。既有財祿，當使之身心沒有疾病、憂患。衣食既足，身心既建，然後教之，使好好德。這個理想變成孔子底話，看〈顏淵〉：。

子貢問政。子曰：「足食，足兵，民信之矣。」

又子路有一段，也可以說明這個意思。

子適衛，冉有僕。子曰：「庶矣哉！」

冉有曰：「既庶矣，又何加焉？」

子曰：「富之。」

曰：「既富矣，又何加焉？」

曰：「教之。」

（丁）第四孔子底「禮樂主義」也是出於《尚書》底。禮樂是陶冶品性，養成道德習慣底利器。我們藉著禮樂可以調節身心，更能發展我們道德意識的習慣。所以要調節底原由，是因人從天地底氣質受生，性格底剛柔厚薄，各各不同，務要使大家達到一個中和的地步。禮是要實踐底，一個人有沒有禮，只要先看他底容貌行爲如何，孔子服膺〈典謨〉裏所言九德——寬而栗，柔而立，愿而恭，亂而敬，擾而毅，直而溫，簡而廉，剛而塞，疆而義。——所以他自己是一個「溫而厲，威而不猛，恭而安」（〈述而〉）底人。他底學生子夏也說「君子有三變；望之儼然；即之也溫；聽其言也厲。」（〈子張〉）要這個樣子才能達到中和底地步。不然孔子就說「恭而無禮則勞，愼而無禮則葸。勇而無禮則亂，直而無禮則絞。」（〈泰伯〉）又說，「敬而不中禮謂之野。恭而不中禮謂之給。勇而不中禮謂之逆。」（〈仲尼燕居〉）

禮樂本是相爲表裏底，所以虞舜令夔典樂，對他說：「夔，命汝典樂，教胄子，直而溫，寬而栗，剛而無虐，簡而無傲。詩言志，歌永言，聲依永，律和聲，八音克諧，無相奪倫，神人以和。」（〈舜典〉）孔子以爲「達於禮而不達於樂」底是「素」；「達於樂而不達於禮」底是「偏」。夔只達於樂沒有辦到舜所囑咐底話，只說「於—予擊石拊石，百獸率舞。」所以說他是「偏」。（參照〈益稷〉和〈仲尼燕居〉）。

禮樂本是儒者舊業（巫史之事），不過孔子特別提了出來，且變本加厲，把他們納入他底中心教義「仁」字裏頭。他說禮節是「仁之貌」，歌樂是「仁之和」（〈儒行〉）；又說，「人而不仁，如禮何？人而不仁，如樂何？」（〈八佾〉）因爲禮樂所以飭仁，故只有仁者能行禮樂。

孔子以孝弟和禮樂底教義，傳授弟子們。但他在生時，弟子也未必都服從他一切教訓，如漆雕開，顓孫師是其最著者。自他死後，派別漸多，二百年間已有八派。《韓非．顯學篇》「自孔子之死也，有子張之儒，有子思之儒，有顏氏之儒，有孟氏之儒，有漆雕氏之儒，有仲良氏之儒，有孫氏（荀卿）之儒，有樂正氏之儒。」諸儒底派別，據《群輔錄》說：「夫子歿後，散於天下，設於中國成百氏之源，爲綱紀之儒。『居環堵之室，蓽門圭竇，甕牖繩樞，併日而食。』，以道自居者，有道之儒，子思氏之所行也。『衣冠中，動作順，大讓如慢，小讓如僞』者（說明子思子張學派底話都出於

《小戴·儒行》)，子張氏之所行也。顏氏傳《詩》為道，為諷諫之儒。孟氏傳《書》為道，為疏通致遠之儒。仲良氏傳《樂》為道，以和陰陽，為移風易俗之儒。樂正氏傳《春秋》為道，為屬詞比事之儒。公孫氏傳《易》為道，為潔淨精微之儒。」錄中所列八儒，與〈顯學〉互有出入，所說「綱紀之儒」是孔子底正傳，親自隨從夫子學過度底。說孟氏傳《書》，很有道理，因為《書》的思想，到孟子以後更成正統派儒家底專用品了，諸家宗旨許多已經失傳了，我們念〈顯學篇〉，儒行荀子儒教，〈非十二子〉諸篇，大概還可以窺探一點。

無論什麼道理，若經多人公訂，或實現於行為之後，必要發生「勞相」，不是趨於極端，便是因循故事。荀卿譏子張派，只會裝聖人底威儀，子夏氏務於沈嘿，子游氏只圖哺啜，說：「弟佗其冠，神禫其辭，禹行而舜趨，是子張氏之賤儒也。正其衣冠，齊其顏色，嗛然而終日不言，是子夏氏之賤儒也。偷儒憚事，無廉恥而耆飲食，必曰，『君子固不用力』，是子游氏之賤儒也。」漆雕氏一派很有儒俠之風。他所傳底，是〈儒行〉所謂「儒有委之以貨財，淹之以樂好，見利不虧其義，劫之以眾，沮之以兵，見死不更其守」一流底人。故韓非給他們底評語說，「不色撓，不目逃；行曲則違於臧獲，行直則怨於諸侯，」以後這派流為任俠，荀卿底輔弼信陵，也帶著幾分俠氣(參看太炎《檢論·儒俠》)。」又孔子底正傳，孝弟思想底毒焰，到現在還沒有完全熄滅。這因當時，曾子一流底人物把「孝」字看得太重了，結果使人只存著「身爲父母之遺體」底觀念。走到極端，反動便來了。這反動形成了《大學》《中庸》底教義，《大學》《中庸》是明「修己」、「治人」底方法底。爲什麼要修身？爲底是事親，知人，知天。以身爲一切行爲思想底基礎，早已把正教的「孝」改換過來了。孝是「家人的」，身是「個人的」，這注重個人底教義，開了孟子荀子以後的派別。

《大學》《中庸》底思想，簡明而有系統，我們可以不費工夫來講他們，只要列個表出來，就夠了。（列表請見次頁）

《大學》《中庸》底主養在使人止於至善，而其方法只用一個「誠」字。「誠」是個人天性盡量的表現，這成爲後來儒家重「心術」底源泉。孟荀二家就是從這潮流中泛出來底。孟子荀子生於戰國之世，天下儒術，幾於廢絀，他們兩個幸而生於齊魯附近的國，故能沾一點「聖澤」。孟子之學是出於子思底。荀子底師承不明，但他底書中常以仲尼與子弓（有人說是仲弓）並稱，也許是出於冉雍之門。孟子底思想，還是《尚書》的，所以對於修己治人之道主用仁義，而稱先王。冉子曾學禮於孔子，假使荀子之學是從他出來底，那麼，他底禮論就有出處了。因爲他是主禮底，禮於三代猶有所損益，故先王之典型不盡是可法，當法後王。（後王不是未來的王底解法，只是指近代的王。荀子底意思大概是指文武）。

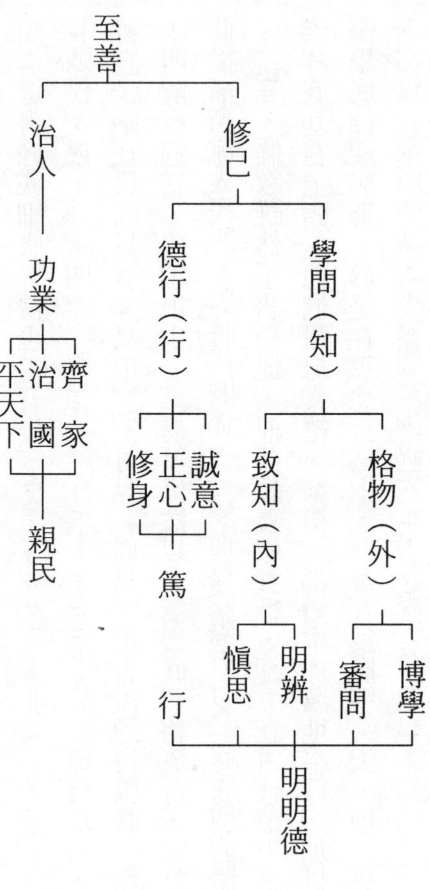

自孟荀以後，我們又要顧一顧戰國末年和秦代底一般思想和社會，知道儒教在那時期底境地如何。對於這個我們應當從幾方面看。

一，在西紀元前四世紀至三世紀，中國正是要從分割歸一統底時候，人民因厭亂而起出世思想，神仙底迷信大爲盛行，尤其以山東諸國爲最，神仙之說，本出於江漢底巫祝或靈保，以後漸向北方蔓延底。照當時光景，登萊半島是最適於神仙觀念發展底地方。因爲那時齊國是收海利底，許多人入海，入海底人難免不會到了一個他們所不曾到過底境界。加之，海邊底蜃樓，懸在天上，要使不明白物理底人不猜到那是神山，也是不可能底。於是有一派人造出求仙之說，說仙人有靈藥，人服了可以長生不老。有些自說到過神山，見過仙人，仙人授給製藥之方，回來就大講其鍊丹底道理。這一等人，即所謂「方士」者。

二，從《易經》產出來底陰陽思想，充滿了當時人底腦筋。易有《連山》、《歸藏》、《周易》三種，雖是一部極古的字書，其中寄託許多神話，和哲學思想，然而許久就給人當做卜筮之書了。《周易》是成周王朝所用底卜筮書，當時的侯國也少有知道這書底底細底。當惠王五年（西紀元前六七二，魯莊公二十二年。）周史始以《周易》見陳侯；靈王二十四年（西紀前五四八年，魯襄公二十五年）流行於齊，景王五年（昭二年）韓宣子始在魯國見著《易象》。可見《周易》這書流通得很晚。而在列國中，得著孔子所解釋過底，恐怕很少。《易》仍然以卜筮書底資格流行，是意中底事。《周易》此後漸漸流入民間，因時代關係，一變而爲陰陽五行之說，所謂陰陽家，即起於此。

三，儒教雖然不語神怪，而其教義底實行，卻立在古代遺下來底祖靈崇拜和自然崇拜底基石上頭。他們對於喪禮、祭禮，都變本加厲地奉行。加以當時淹中、稷下、儒墨底接觸頻繁，於是在思想行爲上，二家互爲影響。天、地、鬼、神、報應等等觀念都爲二家所樂談，不過儒家少說天帝，多說天命而已。

儒家對於天底觀念，多是從《詩》《書》來底。孔子因〈召誥〉：「天其命哲；命吉凶，命歷年」底話，說：「天生德於予。」他以爲天既生得他那麼明哲，吉凶自有天命在，不能爲人事所轉移底。又「居易以俟命」（《中庸》），「殀壽不二，修身以俟之，所以立命」（〈盡心〉）等等，都是從《詩》《書》底「天秩有禮」，「天生烝民，有物有則」一派的遺訓生出來底。

四，讖緯說底成立，影響了秦漢底儒教不少，讖底意思，是「執後事以驗前文」，與《老子》所謂「前識」，《中庸》所謂「前知」相似。戰國末年，大有復現，少昊時代「民神雜糅，家爲巫史，民瀆齊盟」底光景。所以太史公述荀子著書底意思說：「荀卿嫉濁世之政，亡國亂君相屬，不遂大道，而營於巫祝，信機祥。鄙儒小物，如莊周等，又滑稽亂俗。於是推儒墨道德之行事興壞，序列著數萬言而卒。」（《史記·荀卿列傳》）。是當時上下篤信機祥，侈言豫察，於是大多數的儒生多用這樣的話語來做經籍底「索隱」。以後今文家用讖說經底時候尤其多。

經學分古文今文始於秦，但起先不過是傳寫文字底不同，後來今文經生以圖讖之說殽亂經義，致二家分途而行。圖讖本不是儒家所有底；看《中庸》「索隱行怪，吾不爲之」，和夫子言「天道不可得聞」底話可以知道。秦人信神仙，采納方士之說，故秦底諸生皆通其學術。《史記·始皇本紀》所載博士爲僊眞人詩；博士言「水神不可見，以大魚、蛟龍爲候」，是知當時所謂諸生、博士，於經學外實兼明推步占候之術。圖讖之起，根於緯書。《隋、唐經籍志》說「孔子既序六經以明天人之道，知後世不能稽同其意，故別立緯及讖以遺來世。」緯書託於孔子底緣故，是因「孔子道」在戰國末年已形成了一種特殊的教門。六藝雖是孔門底經典，然而爲諸儒所共有，單說經文，不足以號召異學，加之孔子自己說過「聖則吾不能」「述而不作」，他又不是帝王，習孔子道者以爲這空前的教主既不是王，又不是聖，怎能擅革典章，來實行他作君作師底職務，故不得不加之以「素王」之號，強派他有寫緯書底事實。這意思，我們可以從鄭玄底話探出來。《禮記》孔疏引鄭玄釋「三時田」說：「孔子雖有聖德，不敢顯然改先王之法以教授於世。若其所欲改，陰書於緯藏之，以傳後王。」其實孔子何嘗不敢改作舊貫，只因當時，一方面看他過於神聖，一方面又要用「非天子不制度，不考文」底律令來科他，所以有這個結果。緯書既經流行，又加上方士的迷信，於是圖讖大有決河東下之勢，浸潤了一般明王賢師底頭腦了。

秦朝底期間很短，可是做了一件驚動天地底事，始皇三十四年（西前二一三年）因厲行「同文」和「挾書」之令大燒書籍，又明年，大坑儒生，以致經學博士們死底死，逃底逃，經籍也隨著失散了許多。秦楚之際，項羽焚秦宮室，蕭何入關只顧收檢秦丞相御史所掌的律令圖籍，於是六藝存在官府底也沒了。所留只有少數私自埋藏著底，和幾位老博士底記憶。儒教受這樣大的迫害，自然是很恨秦廷。故陳涉一起兵（秦二世元年，西前二〇九），魯國諸儒抱著孔氏底禮器去歸附他。甚至孔子底八世孫孔甲也願意去當他底博士。

原來孔子死後（敬王四一年，西前四七九年）弟子們不但爲他服心喪三年，且當他底墳墓爲聖地，弟子們和魯國底人甚至於搬家到他墓邊去住。因就孔子舊宅立廟，以歲時奉祀。諸儒亦在那裏講禮，如〈鄉飲〉、〈大射〉之類，都照時節舉行。這個宗教團體平平安安地繼續了二百多年。孔子底嫡派子孫簡直和傳經的祭司沒有什麼區別。自挾書和偶語《詩》《書》棄市底律令行了以後，這儒教底「正教會」也就幾於離散了。

漢高帝十二年（西紀前一九五），自淮南過魯，始以太牢祀孔子，是帝王對於孔子第一次底祭祀。但高帝起先也是厭惡儒術底。《史記·酈生傳》說「沛公不好儒，諸客冠儒冠來者，沛公輒解其冠，溲溺其中。與人言，常大罵。」又罵陸賈說：「迺公居馬上而得之，安能事詩書？」（《史記·陸賈傳》）。叔孫通以儒服見他，他很厭惡，乃變服短服。這都是高帝不知「皇帝之貴」以前，對於儒術底態度。惠帝四年（西紀前一九一年，自令行至是凡二十三年），始除挾書律，然而朝廷並未顯然以「孔子道」爲重，文帝和竇后都不是儒者，他們夫婦二人雅好黃老之學。文帝臨崩，遺詔短喪，顯與孔門教義牴牾。而《漢書·外戚列傳》說：「竇太后好黃帝老子之言，景帝及諸竇不得不讀老子，尊其術。」又以議明堂事下趙涫、王臧吏；問轅固老子，對不稱意，命他入圈刺豕，足見竇后對於儒術窘迫得很厲害。

自文景以後，儒教漸見尊崇，但武帝既好儒術，又好神僊，於是諛儒多以「曲學阿世」。董仲舒以大經師猶身爲巫師，作土龍以求雨，侈陳災異；其他更可想而知了。儒生以曲學阿世底結果，一方面雖使經義殽亂，而他方面使儒教增幾分勢力。文景以前百家都是平等底，到武帝時，才推崇儒術，罷黜百家，使不得在學官之列。由是只有六藝底博士，其餘底，都歸失敗了。

在這個「罷黜百家，表章六經」底關鍵中，和儒家抗衡得最厲害底是黃老，和法家。漢家以陰謀得天下，開國元勳多是這一流人物，忽然要使這般仗著一張嘴談仁說義底儒生來做士林底綱領，勢必惹起許多反動。宣帝好以刑名繩天下，夫子勸他進用儒生。他很生氣說：「漢家自有制度，本以霸王道雜之，奈何純任德教，用周政乎？且俗儒不達時宜，好是古非今，使人眩於名實，不知所守，何可委任？」他甚至說「柔仁好儒」底太子會亂漢家天下，看來，宣帝時代還不是很崇儒術底。但他也不是絕對排斥儒教底。如信梁丘賀底筮法，至以他爲大中大夫。甘露三年（西前五一）又召諸儒講五經異同於石渠閣都可以看出他對六藝也不忽視。元帝成帝都是好儒術底。元帝遵儒教底事實很多，如永光三年（西紀前四一年）因貢禹底奏章，而罷在郡國底祖宗以應古禮。復以韋元成議，毀太上皇、孝惠諸寢廟園，是他服膺儒道底表現。他又詔褒成侯霸，以所食祀孔子。這是世爵奉祠之始，成帝河平三年（西前二六年），以中秘書頗散亡，使謁者陳農求遺書於天下，命劉向、劉歆父子操校理底責任。由是尊儒底政策大告成功。不幸儒教正在公佈成立底時候，王莽早又懷著「周公輔成王」底心事。因爲這個，不得不更崇孔子，所以在平帝元始元年（西紀元）追謚孔子爲褒成宣尼公。孔子有謚號，實從此始。

孔子道給王莽借用了不少：他假符命四十二章以愚民，故能偷了十幾年底天下。西漢底儒者，不過推步災異，緣飾陰陽，猶不敢以偏說淆亂先王舊典。自王莽引經作讖，以《易．巽卦》「伏戎於莽」爲己之應，而圖讖之說大行了。光武之興本不必假借緯候，但以王氏既假符命滅漢，故亦欲假符命以明漢氏之當再立，互爲提倡，便形成東漢道士派底儒學了，東漢經師每信圖讖，如鄭康成以經學大師，且爲緯作注，其《六藝論》至云「六藝，皆圖所生」是很可怪底。這派道士底儒學實爲儒教正式成立後底神學。明帝永平二年（西紀元五九年）始命辟雍及郡縣學校，行鄉飲酒禮，皆祀周公，孔子，牲用犬。國學郡縣祀孔子自此始。十五年帝東巡，過魯，始以七十二弟子從祀。此後，所有的衣冠制度，都就了孔子道底範式，再沒有何等迫害了。

講了半天，儒底道理底精華處到底是那一點呢？我可以說是在君師底理想上頭。

我們所學所問，不是專爲學問而學問，是要致用底。致用是在齊家，治國，平天下上頭。學底是古典謨，而功業在當世，所以說「修己以安百姓」，「修己正南面」。這儒底君師理想，彌漫了我民族幾千年底頭腦裏頭。我們常以爲單是學問不能算爲學問，必得把他現於實用才算，歷來在政府有勢力底，所謂負有經時濟世底才幹底都是大儒者。章太炎、康有爲、梁啓超，乃至胡適們，都是不以他們底學問爲滿足，都懷著不同的治人理想底。太炎自己承認他是政治家，若說他的政見不能比他底學問強，他就不高興了。儒教裏頭，積聚了許多可貴的道理，可惜現在只有少數人從事尋繹，而多數人正在做西方文化轉運手，把它鄙棄了。

儒教在今日若能成爲一種宗教，那它就是一個具社會靈魂底宗教，它所求底只在社會底安寧，和「立身，行道，揚名於後世」這樣底名譽恭敬。它底運動方向只以社會安寧爲至善底鵠。至於人和宇宙間更深遠玄渺的連絡，個人對於「我」底去處，是儒者所不樂道底。儒教運動，計起來似乎要比神教運動更合理性，但人生本是很滑稽的，我們常不能滿足於這樣不玄的動作。科學家說花是某某等原質湊成底，要怎樣培養它才能使它好看，但這只是講堂內和園丁底事，一般人都是賞花底。一般人對於花，各個心中只有各別的奇妙理解和欣賞讚歎罷了。我不是要儒教做出些神怪，或印行些感應篇，只是要它在人群上找一個更高的連絡，因爲社會在宇宙間本算不得什麼，本不是生活底根源。要萬事治理，需從根源起，治末梢是不中用底。儒教能用宋儒底精神，用新宗教底方法去整理它底舊教義，它便能成爲一個很高尚的宗教。

——錄自許地山著：《國粹與國學》（上海：商務印書館，一九四七年六月上海初版），頁一——二二。

附錄三

「儒」的意義

張壽林

一

一個民族的建立，如果都有他自己的中心思想的話，則我們中華民族的中心思想是受著誰的支配呢？設使你去研究中國的思想史，那麼你就可以知道儒家的思想，在中國過去的思想界，佔有如何重要的地位。從戰國直到現今，幾於在每一個時代，儒家的思想，都是異常的活躍著在。那意思就是說，我們中華民族的中心思想，是始終受著儒家的支配的。

中國的思想，在先秦的時代，是異常活躍的，從孔子以至韓非，頗能向各方面發展，傑出的思想家之多，也幾於會使我們驚異。但是到了東漢，因爲君主的倡導，卻只有儒家思想的勢力最大了。中間經魏晉等朝，直到清末，差不多我們中華民族的思想，都是在儒家思想的掌握中的。此其間，雖有許多思想的起落，如魏晉的老莊思想，六朝隋唐的佛學，都曾經一度起來與儒家思想競爭，但終於是敵不過他的勢力。這原故，固然是因爲歷代的君王要借他的繁文縟禮，愚弄人民，使他自己的地位可以安定；但同時儒家思想的本身，也自其不可磨滅的價值，所以始終不失爲我們中華民族的中心思潮。

所謂儒家思想，據一般的解釋，即是孔門所傳的思想。但爲什麼要把孔門的思想，稱作儒家的思想呢？我們在研究儒家思想以前，似乎對於這個問題應當加以相當的思考。不然，連這個名稱的含義都弄不清楚，怎麼能進一步去研究他的思想呢？不過有些人對於這個問題並不注意，有些人以爲所謂「儒」者，就是讀書而有德行的君子的稱謂。但他們都是錯的，儒字的含義是否如他們所想像的那樣簡單，大有討論的必要。現在，就打算對於它的含義，加以詳盡的探討。

依我的肊見，要明了儒字的含義，應當分三部分來解釋：第一，就文字學的立場，去尋求儒字的本義；第二，就古籍中探尋「師儒」之說是不是儒字的來源；第三，以古籍爲依據，若把孔門之學稱爲儒家，是由於他們自己的標識，還是由於反對派用來譏侮他們的名辭。這樣，我們才可以明瞭儒字眞實的含義。我這篇短文，即是想依據以上的順序，來解釋儒字的意義。不過這篇東西，差不多是盜譯日人狩野直喜之說，並參考本國明哲的學者的意見，間或就自己肊見所及，加以補充的說明與例證，所以雖是迻譯，但全篇都經我重行組織過，這是應得聲明一下的。

二

依往昔學者的解說，所謂儒者之道，即是堯、舜、禹、湯、文、武、周公之道，而孔子不過是獻章祖述，以發揚光大之，他自己說他不是「述而作」。所以在我們的意識中，總以爲儒字是一個很古遠的字了；但是際並不是這樣，在地下沒有新的發現以前，案文字學的立場說，儒字到發生，最早當不出周代。因爲近年在古昔殷都所發現的龜甲文字，據羅叔言先生的《殷虛書契考釋》等書所錄，雖則數量極多，即古代官名等，亦大略全備，但其中卻並沒有儒字。這固然不能絕然斷定周以前沒有儒字，但至少我們可以說儒字在那時還不多見。

儒字的使用，既已是周時的事了，則我們解釋它的含義，自然應從周代學者的解釋說起。現在，我就他的本意加以解說，有他和孔門發生關係以後的解釋，則暫待下文再來述說。

先儒中解釋儒字的本義的，據我所知道，當推《韓詩外傳》爲最早，他說：儒者儒也，儒之爲言無也，不易之術也。千變萬化，其道不窮，六經是也。

其次是應劭《風俗通義》的解釋，他說：

儒者區也，言其區別古今，居則觀聖哲之詞，動則行典籍之道，稽先王之制，立當時之事，是通儒也。

他們把儒字解作無，解作區，都是用的所謂疊韻法來解釋，這雖不失爲漢儒所喜歡使用的一個好的方法，但是我以爲都不免牽強附會，而不是儒字的確解。其後鄭玄又在他的《三禮目錄》中下這樣的一個解釋說：

儒之言優也，柔也。能安人，能服人。

但同時又下這樣的一個解釋說：

儒，濡也。以先王之道能濡其身。

梁時的皇侃在他的《論語義疏》中，也依從鄭氏的第二說，他說：

儒者濡也；夫習學久則濡潤身中，故謂久習者爲儒也。

這種說法，把儒字解作濡，說是「以先王之道能濡其身，」所以稱作儒；似乎也和把儒字解作無，或解作區一樣，覺得頗爲牽強，而不是的解。並且如皇氏所謂「習學久則濡潤其身」，所以久習者稱作儒，則更是講不通，因爲無論什麼都可以習學久而濡潤其身，絕不能表示儒字特殊的含義。但鄭氏的第一種說法，把儒字解作優柔，卻比以前諸說都覺得近是些。我以爲把儒字解作優，解作柔，是很適切的，所以許愼《說文》儒字條下說：

儒，柔也。術士之稱。从人需聲。

在儒字的許多解說中，爲什麼解作優，解作柔最妥切呢？這原故當如下面的說明。

現在讓我們就文字學的立場來解釋儒字的含義，也就是要對於儒字形體的構成加以考察。據《說文》說需字「从人需聲。」但我以爲在或一方面說這是錯的，因爲中國的形聲字，不單是它的形有意義，就是它的聲也有意義，所以形聲字什九皆兼會意。如「戔」是小的意思：以聲函義，所以絲縷之小者叫綫，竹簡之小者叫箋，木簡之小者叫棧，貨幣之小者叫錢，車之小者叫棧，……凡是「戔」聲的字，都含有小的意思，所以不應當說「戔聲」，而應當說「从戔，戔亦聲」。因此之故，我以爲儒字也應當說「从人，从需，需亦聲。」而且有時字聲表示的意義，比字形所表示的意義更爲重要，所以我們不妨從這方面去尋求儒字的本義。

需字的意義，在《易經》上已經有〈需卦〉了，《易經》六十四卦的重卦究竟成於何人之手，今姑不論，他解釋〈需卦〉的意義說：

䷄（乾下坎上）需，有孚。光亨貞吉，利涉大川。〈象〉曰：「需，須也，險在前也。剛健而不陷，其義不困窮矣。」

則〈需卦〉的意義是危險當前，不勉強進行，而徐待機會，所以他說「需，須也」，就是等待的意思。但需字爲什麼當「待」字講呢？《說文》雨部需字條下說：

需，𩂣也；遇雨不進止𩂣也。从雨而。

上面一個雨字，下面一個而字，相結合而構成一個會意的需字。「而」的意義據《穀梁傳》的解說有緩的意味，所以遇著雨的時候，就稍緩不進，因此遂生出了等待的意義。更因爲不急迫進行，又引申出優柔舒緩的意思，所以凡需聲的字，都含有優柔舒緩的意義，略舉幾個例如下：

嚅，躊躇不決，說得很遲緩的意味。

懦，畏怯不前，優柔寡斷的意味。

需，浸潤舒緩的意味。

嬬，柔弱緩慢的意味。

孺，幼小柔弱的意味。

臑，「臑之言濡也，濡者柔也。」（段玉裁說）

由以上諸字的解釋看來，可見凡是需聲的字，都含有優柔舒緩的意味，所以我們不能不承認把同爲需聲字的儒本義，解作優柔是最確切的解釋。

我們就形聲字的一條假設，用需字的含義，確定了儒字的義是優柔的意味；現在，再在古籍中找出幾條把儒字解作柔字的例，來證明我們的話是對的。據《荀子·修身篇》「偷儒轉脫」的楊倞注說：

皆謂懦弱，怠惰，畏勞苦之人。

是以儒字解作懦弱了。又據《禮記·玉藻》注「懦者所畏」的〈釋文〉說：

懦，怯懦也。又作儒，人于反，弱也。

則懦儒二字，在古時本來是可以通用的。而且因爲儒字的本義有緩的意味，所以古籍中往往把儒緩兩字連用，《北史·王憲傳》記述他兒子嶷的事說：

> 孝文初，爲南都尚書，在任十四年。時南州多事，訟者塡門，嶷性儒緩不斷，終日昏睡。

又同書〈劉芳傳〉說：

> 出除青州刺史，爲政儒緩，不能禁止姦盜。

又《唐書·鄭畋傳》記述賊將王璠攻畋說：

> 璠內輕畋儒柔，縱步騎，皷面前。

都是以舒緩柔儒的意思解儒字，也足以證明我們把儒字的本義定爲優柔是不錯的。

依以上的敘述、考釋，則儒字的本義是舒緩優柔，已無疑義；所以與其說是一種美稱，不如說是一種嘲笑的稱謂。

三

既知道了儒字的本義，其次，讓我們看一看所謂師儒之說，是不是後來儒字含義的來源。一說到儒字，彷彿在我們的意識中，就會想到一個德行學藝可以爲人師的教育者吧，關於這一點，《禮記》和漢儒都有相同的解釋。據說，似乎師儒之說是可信的，但我們去參閱往古的載籍，事寔上卻並不如此。在古時，司長教育的人只有師、保，又或稱作師氏、保氏。在金石文字中，已經有這樣的稱謂了，它們或把師保二字連用，或稱作師氏、太師、太保等。而且在我國較古的《易》、《詩》、《書》三書中，雖沒有儒字，但卻有師保二字散見其中。《書經·顧命篇》說：

召太保奭、芮伯、畢公、衛侯、毛公、師氏、虎臣、百尹、御事。

三百篇〈十月之交〉章說：

楀維師氏。

又同書〈葛覃〉章說：

言告師氏；言告言歸。

此外，還有把師保二字對舉的，如《書經·君奭》的〈序〉說：

召公爲保，周公爲師，相成王爲左右。

《禮記·文王世子篇》說：

入則有保，出則有師。

這些記載，都說師保是司掌教育的有德行的人。但在這些金石文字和較古的書籍中，卻沒有把儒字作那樣解釋的。把儒字解作掌管教育的人，已是《周禮》的說法了，所以其後凡把儒字解作師儒的，都是以它爲依據。《周禮·天官·冢宰》條，舉冢宰「以九兩繫邦國之民」說：

三曰師，以賢得民；四曰儒，以道得民。

而鄭玄的注卻說：

師，諸侯師氏，有德行以教民者；儒，諸侯保氏，有六藝以教民者。

又同書〈地官·大司徒〉的文中，有「四日聯師儒」的話，鄭玄注說：

師儒，鄉里教以六藝者。

他們都把儒字解作司掌教育的人，但《周禮》一書的時代，往昔的學者，聚訟紛紜，甲論乙駁，莫可一是，因與本題無關，姑且置之不論，不過至少我們應當承認它是纂集戰國秦漢間的儒家言而成，所以我懷疑周禮師儒連言是晚出的說法。

如以前的敘述，周時司掌教育的官只有師氏和保氏，所以向來是師保連言；至《周禮》出，才於保字之外，另立一個儒的名字，而連稱作師儒。其所以要用儒字代保字者，據信任《周禮》的學者鄭玄的意思，以爲他們的差別在於師是「諸侯師氏」，儒是「諸侯保氏」。但同是司掌教育的官，爲什麼天子則稱作「師保」，諸侯則稱作「師儒」呢，這理由據賈《疏》說：

四曰儒，以道得民者。諸侯師氏之官，又置保氏之官，不與天子同名，故號曰儒。

但他們的解釋是錯的，因爲假使照賈《疏》所說，諸侯之官，不敢與天子之官同名，所以避保字而以儒字代之。那麼，諸侯的師氏亦與天子之官同名，爲什麼又不避諱了呢？可見師儒之說是講不通的。且如賈氏所說，則諸侯的保氏都應當稱作儒，但寔際上並不這樣。案《國語・晉語九》載鄄無正諫趙簡子，其中敘述簡子的祖父文子遭逢變亂說：

失趙氏之典刑，而去其師保。

又敘述簡子的父親景子注意簡子的教育說：

擇師保以相子。

趙氏是晉的世卿，不過是天子的陪臣，但他的家臣中，已有師保之職，則諸侯之可以有師保，更無容疑。此亦足證諸侯因爲要避免與天子的官職同名，而把保氏改成儒的解釋是靠不住的。

照前面的說明，已經可以證明師儒之說的晚出了；但是因爲要使我們的話更爲可信的原故，所以不妨加以補充的說明與例證。據《論語・雍也篇》說：

子謂子夏曰：「汝爲君子儒，無爲小人儒。」

假使在周時諸侯的保氏已稱作儒，孔子不容不知；但細讀這句話的意思，絕沒有司掌教育之意，而另有其他的意味。並且《左傳》襄公四年冬十月條下說：

邾人、莒人伐鄫，臧紇救鄫，侵邾，敗於狐駘，國人逆喪者皆髽，魯於是乎始髽。國人誦之曰：「臧之狐裘，敗我（於）狐駘；我君小子，朱儒是使。朱儒朱儒，使我敗於邾。」

又在《國語．晉語四》敘述文公欲以陽處父爲其子傅，以問胥臣，胥臣回答說：

侏儒不可使援。

所謂朱儒、侏儒，即是軀幹弱小的小醜，是頗含有一種譏嘲的意味的，可見孔子以前，並沒有用儒字代保氏的情形。

師儒連用，既是晚出的說法，所以我疑惑它已是儒家思想成立以後的解釋了。鄭玄說所謂儒者，是「有六藝以教民者」，這一點是很值得注意的，我以爲在周代是只有師氏和保氏的，及儒家思想成立之後，其後學想張大他們自己的學派，因此遂用儒字去代替了保氏，而說是「有六藝以教民者」，以表示在周時，已有所謂司掌教育的官職；但在寔際，儒字和司掌教育的官並沒有關係。這雖是推想的話，但大約不會很錯，因爲以儒字代替保氏不始於孔子之前，已在上而說明了。

四

從上面的敘述與論證，我們可以知道在古時並沒有稱作儒的司掌教育的官，而在戰國以前，差不多都是把儒字用作一種嘲笑的意味的。那麼，如現在我們解釋的一樣，把儒字解作有德行而精於六藝者的名辭，把孔門當作儒家，是由於儒家自己的稱讚呢，還是由於反對派用來譏嘲孔門的呢？關於這個問題，我們將在下面加以解說。

班固的《漢書·藝文志》，依據劉向的《別錄》與劉歆的《七略》，著錄諸家撰述，並且於著錄書名卷數之外，還於各家的特點與優劣加以簡略的論列。他是先著錄《易》、《書》、《詩》、《禮》、《樂》、《春秋》六經的撰述，其次列舉《論語》一家的撰述，然後才把各家的撰述分爲儒、道、陰陽、法、名、墨、縱橫、雜、農諸家，而說他們都是出於王官。並且他對於六經《論語》的撰述，僅敘其特質及其流傳的始末，卻並不下如何的評判，但對於儒家以下的諸子，則都加以批評，他說儒家：

儒家者流，蓋出於司徒之官：助人君，順陰陽，明教化者也。游文於六經之中，留意於仁義之際，祖述堯舜，憲章文武，宗師仲尼，以重其言，於道最爲高。孔子曰：「如有所譽，其有所試。」唐虞之隆，殷周之盛，仲尼之業，已試之效者也。然惑者既失精微，而辟者又隨時抑揚，違離道本，苟以譁眾取寵。

一方面稱譽儒家「於道最爲高」，一方面又批評它「譁衆取寵」，其態度完全相對於道、墨、名、法諸家一樣。

劉向父子和班固自身都是儒者，但他們對儒家爲什麼持這樣的態度呢？其原故是因爲他們以爲孔子是祖述先王之道的，而孔門卻與諸子一樣，同是戰國時的一個學派。換一句話說，即是他們認爲孔子之道，寔在一般學派之上，所以他們把《論語》列於六藝之下，而在儒家中則僅著錄孔門的撰述。可見劉氏父子和班固都以儒家這個名辭是孔子以後才成立的。不過我的意思以爲班氏說「儒家者流，出於司徒之官」，這一點是錯的；但他說儒家的名辭出於孔子之後，卻是對的。

關於儒家不出於司徒之官這一點，胡適之先生在他的〈諸子不出王官論〉中，已經有很詳細的辨證，這裡用不著再說，但儒家之名出於孔子之後，卻應待說明一下。假使孔子的時候已有儒家的名稱，或是孔子自已標諸其學爲儒家；那麼，孔子當時會常常說到儒字，甚或對於儒字加以具體的舉說。但據現在所存的記孔子言行的《論語》一書中，卻只有前面曾經引述過的〈雍也篇〉的「汝爲君子儒，無爲小人儒，」一句，不過這句話的儒字，既可以成君子，又可以成小人，則不是後來儒家的儒字的意義，是顯然的。雖則孔安國把這句話解作：

君子爲儒，將以明道；小人爲儒，則矜其名。

而程子又解作：

君子儒爲己，小人儒爲人。

但我以爲他們的話都不免失之牽強附會。由此，可見孔子之時，並沒有以儒字認識其學。

我以爲要解決儒字是孔門自己的標識，或是反對派的譏嘲，應得先知道在古籍中，最早使用與我們現在所解釋相近的儒字是在什麼時候。據《左傳》哀公二十一年，也就是孔子卒後六年，有一條記載說：

秋八月，公及齊侯、邾子盟於顧。齊人責稽首，因歌之曰：「魯人之皐，數年不覺，使我高蹈；唯其儒書，以爲二國憂。」

杜預的《注》說：

二國，齊邾也。言魯據周禮，不肯答稽首，令齊邾遠至。

這裡所說儒書的儒字，頗與我們現在的解釋相近，但是據《左傳》哀公十七年記述魯不答稽首事說：

> 公會齊侯盟於蒙，孟武伯相。齊侯稽首，公拜。齊人怒。武伯曰：「非天子，寡君無所稽首。」

並沒有依據《周禮》的明文，所以杜預的注釋，不一定是對的。不過在《論語》中有孟武伯問孝的記載，而孟氏的父親懿子又是孔子的弟子，則孟氏受孔子的濡染是當然的。在這一點看來，所謂儒書或指孔門之書。但這裡應當注意的是，「儒書」這個名辭，是出於齊人之口；而且案這個歌謠的意思，乃含有一種嘲諷的口氣，所以雖是古籍中最早使用與我們解釋相同的儒字的例，卻仍保存著如前面所說的儒字的本義。

稍後於這條記載，則在《墨子》中也常常提到這個字，而且據我所知道的，彷彿是從墨子之後，才有所謂儒家的名辭。但墨子的時代，雖則《史記·荀卿列傳》說：「或曰並孔子時，或曰在其後。」但據先儒的考證，大約生於周敬王二十年與三十年之間，死於周威烈王元年至十年之間（公元前五〇〇至四一六），當他生時，孔子已在五十歲至六十歲之間了，孔子死時，墨子不過十幾歲。到了墨子的時候，他凡說到孔門的思想，便總稱爲「儒之道」，於是後來遂以儒家稱孔門思想。墨子說：

儒之道足以喪天下者四政焉；儒以天爲不明，以鬼爲不神，天鬼不說，此足以喪天下。又厚葬久喪，重爲棺槨，多爲衣裳，送死若徙，三年哭泣，扶然後起，耳無聞，目無見，此足以喪天下。又弦歌鼓舞，習爲樂聲，此足以喪天下。又以命爲有，貧富，壽夭，治亂，安危，有極矣，不可損益，爲上者行之，必不聽治矣，爲下者行之，必不從事矣，此足以喪天下。（《墨子．公孟篇》）

在這一段話裡，他駁擊孔門的主張，而總稱之爲「儒之道」；但他和孔子一樣，也是稱頌堯、舜、禹、湯、文、武、周公之道，而托古改制，所以《墨子》一書中，引用《詩》、《書》的地方很多，可見他所謂的「儒之道」，不過是僅指孔門的主張而已。

齊人和墨子既以儒字稱孔門，頗與我們現在的解釋相近，但這都出於反對派的口中，現在讓我們再回過頭來看一看在孔門自己的撰述中，是不是以儒字來代表自己的學派。但是現在所流傳的孔門撰述，可信的很少，若據較爲可靠的被稱爲孟荀以前孔門的撰述的《大學》與《中庸》二書，則都沒有儒字，更沒有以儒字標識自己學派的情形。當時孔子的門弟子，稱呼孔子的學派只稱作「吾道」，或「夫子之道」，或「子之道」，沒有說儒道的。直到墨子死後四五十年，孔門的後學鄒人孟軻（公元前三七二至二八九），才用儒字標識孔門之學。孟子生於孔子百年之後，力排異己的楊學，而崇奉孔子之道，他說：

逃墨必歸於楊，逃楊必歸於儒，歸斯受之而已矣。（〈盡心篇〉）

據此，則孔門自己的撰述，至孟子才用儒字標識其學。但我以爲孟子不過是偶然襲用反對派所給與的總名，並不是有意以儒字爲孔門學派的標識，他說：

楊墨之道不息，孔子之道不著。

又說：

吾爲此懼，閑先聖之道，距楊墨，放淫辭，邪說者不得作。

又說：

堯舜既沒，聖人之道衰。

則孟子仍和孔子的門弟子一樣，以「孔子之道」、「先聖之道」、「聖人之道」標識其學，可見他並不一定以儒字爲自己學派的總名。

比孟子稍後的孔門著名的後學是荀卿（公元前三一五至二三〇），他卻完全以儒字標識其學了。不但如此，至荀子之後，才把儒字認爲有德行而通六藝者的專名，因此他逐漸漸的把儒字的意義擴大了。他說：

大儒之效，武王崩，成王幼。周公屏成王，而及武王，以屬天下。……固有俗儒者，有雅儒者。……公修而才，可謂小儒矣。（〈儒效篇〉）

又說：

上不能好其人，下不能隆禮，安特將學雜志，順詩書而已耳，則末世窮年，不免爲陋儒而已。……不隆禮，雖察辯，散儒也。（〈勸學篇〉）

又說：

《易》曰：「括囊，無咎無譽」，腐儒之謂也。（〈非相篇〉）

他把所謂儒者，就其價值，區別爲大儒、小儒、俗儒、雅儒、陋儒、散儒、腐儒等，而明白的把孔子稱爲大儒；但在這裡有一點值得注意的，即是他不但以儒字爲其學派的總稱，而且把他以前只稱作聖賢的堯、舜、禹、湯、文、武、周公都稱作儒，於是使含有譏嘲意味的儒字，一變而爲美稱了，所以我以爲儒字的意義，是到荀子以後才完成的。

依前面的論證，可見所謂儒的一個概念，是成於反對派的譏嘲，而不是孔門自己的標識。在孔子的時候，並沒有以儒字標識自己的學派；孔子死後，反對派的人才以含有嘲笑意味的儒字來做孔門思想的總稱。其後，漸漸的習用了，於是孔門的後學孟子也偶然襲用其字，到荀子的時候，始完全以儒字標識其學，並擴大它的含義，於是儒字的現在的解釋便成立了。

五

綜觀以上的敘述，則儒字的含義和它的來源，已可以大略明瞭；最後，似乎對於孔門的反對派，爲什麼要用含有嘲笑的意味的儒字，加之孔門的這一點，加以說明。據我的肐見，孔門的學者之所以取得儒的稱號者，乃是由於他們的衣服、態度、學說，都能夠與人以一種舒緩的感覺的原故。但這不是一篇短文所能夠詳說，現在僅就這一方面加以簡單的解釋。

第一，孔子的時候，是否和他的門弟子有一種特製的衣服，現在雖則已不可考了；但我以爲是有的，而且假使要有的話，一定是一種異常寬大的衣服。《禮記·儒行篇》哀公問孔子說：「夫子之服，其儒服歟？」所謂「儒服」，當即是指孔門的那種寬大的衣服。一個人穿著寬袍大袖的衣服，是頗能表現出一種舒緩的意味的，所以在當時一定曾引起過一般人的注意。

第二，孔門的態度，也頗能與人以一種柔弱舒緩的感覺。他們都十分崇信先王之道，一舉一動都要合乎禮；他們終日穿著肥大的衣服，揖讓周旋，弦歌詩樂，而且都是趨進於德化，而反對兵旅，在當時一般人正以征伐爲強國之計的時候，當然更覺得他們這種態度柔弱舒緩了。所以《左傳》定公十年記夾谷之會說：

公會齊侯于祝其，寔夾谷。孔丘相，犂彌言於齊侯曰：「孔丘知禮而無勇，若使萊人以兵劫魯侯，必得志焉。」

可見孔子在當時已被人懷疑他是柔弱無勇的人了。

第三，孔門的學說，自孔子以下，都是尊崇堯、舜、禹、湯、文、武、周公之道，欲以德治禮樂化天下，他們說：

道之以政，齊之以刑，民免而無恥。道之以德，齊之以禮，有恥且格。（《論語》）

他們主張「化民成俗」，使人民能養成合理的習慣。但這種學說不是旦夕可以見諸寔行的，所以他們自己都說：

如有王者，必世而後仁。（《論語》）

又說：

善人爲邦百年，亦可以勝殘去殺，誠哉是言也。（《論語》）

一般人也說「王道無近功」，可見儒家學說不是一時一地可以立見功效的。《論語·子路篇》記子路問孔子：「衛君待子而爲政，子將奚先？」孔子回答他說：「必也正名乎！」但子路卻說：「有是哉，子之迂也，奚其正？」又《史記》敘述孟子不得志於諸侯說：

道既通，游事齊宣王，宣王不能用！適梁，梁惠王不果所言，則見以爲迂遠而闊於事情。

可見迂遠舒緩，已成了一般人對於孔門學說的批評了。

由以上的三點看來，孔門的衣服、態度、學說，無一不使人感覺很有一種柔弱舒緩的感覺，因此反對派的人，遂以含有優柔舒緩的意味的儒字爲其學的總稱，這是當然而毫不足奇的。

現在一般人的意識中，都以爲儒字是一個美稱，而儒家是孔子自己標識其學派的名辭，依前面的解釋，則全是錯誤的見解。希望研究儒家思想的朋友們，不要忽視了這一點。

——原載《晨報》第十版（晨報副刊），一九二八年三月十二——十五日。

附錄四

日據時期臺灣儒學年表

林慶彰編

編輯說明

一、本年表僅爲《日據時期臺灣儒學參考文獻》之附錄，爲免佔太多篇幅，記事儘量求簡單。

二、日據時期構成臺灣儒學活動面貌的約有三個層面，一是臺灣學者及其儒學著作；二是日本來臺學者及其儒學著作；三是部分中國學者發表於臺灣刊物的儒學著作。本年表所繫事項，也以這三類學者爲主。

三、爲節省篇幅，所繫事項，皆不另註出處。

一八九五年（明治二十八年，光緒二十一年）

洪棄生三十歲（一八六六年生），連橫十八歲（一八七八年生），張純甫（一八八八年生）。

三月三日，李鴻章代表清政府與日本簽訂馬關條約，將臺灣割讓給日本。

本年，儒學家吳德功四十六歲（一八五〇年生）

一八九七年（明治三十年，光緒二十三年）

本年，吳德功作《讓臺記》。

本年，連橫赴上海聖約翰大學學習俄文。

一八九八年（明治三十一年，光緒二十四年）

十月，章太炎來臺擔任《臺灣日日新報》漢文欄記者。

本年，周定山生。

一九〇四年（明治三十七年，光緒三十年）

八月十九日，張深切生於南投廳南投堡三塊厝庄貳佰拾九番地。

一九〇五年（明治三十八年，光緒三十一年）

十二月廿五日，郭明昆生於臺南麻豆。

本年，廖文奎生。

一九〇八年（明治四十一年，光緒三十四年）

本年，連橫開始撰寫《臺灣通史》。

一九〇九年（明治四十二年，宣統元年）

十一月五日，黃得時生於臺北樹林。

一九一〇年（明治四十三年，宣統二年）

六月十一日，江文也生於臺北淡水。

一九一一年（明治四十四年，宣統三年）

二月廿八日，梁啓超來臺遊歷，三月十三日返中國。

一九一二年（大正元年，民國元年）

一月一日，中華民國成立。連橫撰〈祭告延平郡主鄭成功文〉。

一九一八年（大正七年，民國七年）

八月一日，連橫作〈臺灣通史序〉。

一九二〇年（大正九年，民國九年）

七月，狩野直喜在《藝文》第十一年第七號發表〈儒的意義〉。

本年，連橫《臺灣通史》發行上、中冊。

一九二一年（大正十年，民國十年）

三月二十五日，井出季和太在《臺灣時報》（臺灣總督府）第二〇號，發表

〈支那の思想問題と公羊學〉。

五月十五日，譚鳴謙在《臺灣青年》第二卷四號，發表〈孔子教育學的研究〉。

六月十五日，吳康在《臺灣青年》第二卷五號，發表〈荀子教育學的研究〉。

本年，連橫《臺灣通史》發行下冊。

一九二二年（大正十一年，民國十一年）

十一月四日，金博在《臺灣》第三年八號發表〈孟荀賈誼董仲舒諸子性說〉。

十二月一日，高瀨武次郎在《臺灣》第三年九號發表〈苦悶之孔子〉。

一九二三年（大正十二年，民國十二年）

七月，許地山在《北平晨報副刊》發表〈原始的儒·儒家與宗教〉一文。

本年，江文也赴日本讀書。

一九二四年（大正十三年，民國十三年）

五月，吳德功逝世。

十一月二十二日，辜鴻銘應族弟辜顯榮之邀請，由日本來臺演講孔子學說。

一九二五年（大正十四年，民國十四年）

四月，郭明昆入日本第二早稻田高等學校文科。

一九二七年（昭和二年，民國十六年）

四月，張深切返臺籌措革命基金，並領導臺中一中學生運動，被捕，遭判刑三年，入獄二年，史稱「臺灣獨立事件」。

一九二八年（昭和三年，民國十七年）

二月，洪棄生逝世。

三月，張壽林於《北平晨報副刊》發表〈儒的意義〉。

四月，郭明昆入早稻田大學文學部哲學科就讀，對津田左右吉教授的課，特別感興趣。

本年，廖文奎自金陵大學畢業，進入芝加哥大學社會學部就讀。

一九二九年（昭和四年，民國十八年）

三月，今村完道（一八八四年生）被任命爲臺北帝國大學教授。

四月，後藤俊瑞（一八九三年生）被任命爲臺北帝國大學助教授。

本年，洪棄生逝世。

一九三〇年（昭和五年，民國十九年）

三月，如水社學術時事研究部出版林履信著《洪範の體系的社會經綸思想》一書，列入如水社演講集第二輯。

七月十二日，天南在《臺灣新民報》第三二一號，發表〈孔墨並稱說〉。

本年，臺北大龍峒孔子廟落成。

本年，張深切出獄，創立「臺灣演劇研究會」。

一九三一年（昭和六年，民國二十年）

三月，郭明昆畢業於早稻田大學文學部，畢業論文是〈儀禮喪服考〉。

一九三二年（昭和七年，民國二十一年）

二月廿二日，周定山在《南音》第一卷四號，發表〈「儒」是什麼？（上）〉。

三月十四日，周定山在《南音》第一卷五號，發表〈「儒」是什麼？（中）〉。

四月二日，周定山在《南音》第一卷六號，發表〈「儒」是什麼？（下）〉。

一九三三年（昭和八年，民國二十二年）

四月，郭明昆入早稻田大學大學院，在津田左右吉指導下，研究「支那社會史」。

十二月，郭明昆在早稻田大學文學部哲學會發行的《哲學年誌》第三卷發表〈喪服經傳考〉。

一九三四年（昭和九年，民國二十三年）

一月，郭明昆在《東洋學報》第二一卷二號，發表〈儀禮喪服考〉。

六月，郭明昆由日本外務省派遣到中國留學。期間曾拜訪著名社會史家陶希聖。

十一月五日，黃得時在《臺灣文藝》創刊號發表〈孔子的文學觀及其影響〉。

一九三五年（昭和十年，民國二十四年）

六月，後藤俊瑞在《臺北帝國大學文政學部哲學科研究年報》第二輯，發表〈二程子の實踐哲學〉。

一九三六年（昭和十一年，民國二十五年）

二月，郭明昆從中國回日本。

四月，郭明昆擔任第一早稻田高等學院臨時講師。

六月廿八日，連橫逝世。

九月，後藤俊瑞在《臺北帝國大學文政學部哲學科研究年報》第三輯，發表〈朱子の本體論〉。

十月十六日，《孔教報》在彰化創刊，由施梅樵發行。

本年，廖文奎出版《人生哲學之研究》，作爲軍官學校的哲學教本。

一九三七年（昭和十二年，民國二十六年）

四月，日本總督府下令禁止使用漢文。

一九三八年（昭和十三年，民國二十七年）

三月，廖文奎，因中國局勢惡化，離開上海回到臺灣。

九月，今村完道在《臺北帝國大學文政學部哲學科研究年報》第五輯，發表

〈義について〉。

一九三九年（昭和十四年，民國二十八年）

七月，廖文奎再度離開臺灣，遠赴上海。

十二月，後藤俊瑞在《臺北帝國大學文政學部哲學科研究年報》第六輯，發表〈朱子的德論〉。

一九四一年（昭和十六年，民國三十年）

一月一日，江文也在《華文大阪每日》半月刊第六卷一期（第五十三號），發表〈孔子的音樂底斷面與其時代的展望〉。

三月，今村完道在《臺北帝國大學文政學部哲學科研究年報》第七輯，發表〈《周易》の政治思想〉。後藤俊瑞發表〈朱子の禮論〉。

本年，張純甫逝世，享年五十四歲。

一九四二年（昭和十七年，民國三十一年）

五月，後藤俊瑞在《臺北帝國大學文政學部哲學科研究年報》第八輯，發表〈朱子の認識論〉。

五月，江文也的《上代支那正樂考——孔子の音樂論——》，由東京三省堂出版。

十月十二日，後藤俊瑞在《興南新聞》第四千二百十三號，發表〈孔子と現代〉。

一九四三年（昭和十八年，民國三十二年）

十一月廿二日，郭明昆由神戶乘「熱河丸」返臺，經溫州沖水域，該船遭美軍潛水艦擊沉，與長女、次女和長男全家罹難。

一九四五年（昭和二十年，民國三十四年）

八月十五日，日本宣布無條件投降。

九月九日，日本代表岡村寧次在南京簽訂投降書，宣布無條件歸還臺灣和澎湖列島。

十月廿五日，在臺北市中山堂舉行中國戰區臺灣受降禮。即所謂「臺灣光復」。

國家圖書館出版品預行編目資料

日據時期臺灣儒學參考文獻

林慶彰/編.— 初版--- 臺北市：臺灣學生，2000[民89]

冊；公分

ISBN 957-15-1048-3（一套：精裝）

ISBN 957-15-1049-1（一套：平裝）

1.儒家 - 論文，講詞等

121.207　　89016008

日據時期臺灣儒學參考文獻（全二冊）

編者：林慶彰

出版者：臺灣學生書局

發行人：孫善治

發行所：臺灣學生書局

臺北市和平東路一段一九八號

郵政劃撥戶：〇〇〇二四六六八號

電話：（〇二）二三六三四一五六

傳眞：（〇二）二三六三六三三四

本書局登記證字號：行政院新聞局局版北市業字第玖捌壹號

印刷所：宏輝彩色印刷公司

中和市永和路三六三巷四二號

電話：（〇二）二二二六八八五三

定價：精裝新臺幣一二〇〇元
平裝新臺幣九四〇〇元

西元二〇〇〇年十月初版

12140

ISBN 957-15-1048-3(精裝)

ISBN 957-15-1049-1(平裝)

臺灣學生書局出版

台灣研究叢書

①日據時期在臺「華僑」研究	吳文星著
②臺灣史研究	黃秀政著
③臺灣早期史綱	方　豪著
④臺灣史探索	廖風德著
⑤三重埔的社會變遷	鄭政誠著
⑥清代臺灣方志研究	陳捷先著
⑦海峽兩岸編寫臺灣史的反思與整合	陳木杉著
⑧日據時期臺灣儒學參考文獻（全二冊）	林慶彰編